윌리엄 펜

엘리자벳 자넷 그레이 지음
퀘이커 서울모임 옮김

The Quaker Seoul Publishing Committee | SylvanTree

↓ 윌리엄 펜(William Penn, 1644년 10월 14일 ~ 1718년 7월 30일)은 퀘이커(Quaker)로서 오늘날 미국의 펜실베이니아(Pennsylvania)를 건설한 인물이다. 그의 자유와 평등에 따른 민주주의 원칙은 미국 헌법에 지대한 영감을 준다(출처: American Friends Service Committee).

↓ 필라델피아(Philadelphia) 시청의 탑 위에 세워진 윌리엄 펜의 동상. 필라델피아는 미국의 독립 시기인 18세기에는 미국의 수도였다. 미국 독립의 중심지로서 '자유의 종'을 비롯한 유적들이 있다 (출처: American Friends Service Committee).

윌리엄 펜

엘리자벳 자넷 그레이 지음
퀘이커 서울모임 옮김

서문 : 옮긴이의 글

이 책은 깊은 고요 가운데 퀘이커(Quaker) 서울모임이 펴내는 두 번째 책입니다. 퀘이커는 360여 년의 역사를 통해 그리스도의 말씀과 '내 안을 비추는 빛'에 따라 평화 실현을 최고의 이상으로 삼고 있는 그리스도교의 한 종파입니다.

윌리엄 펜(William Penn, 1644-1718)은 영국 귀족가문 출신의 초기 퀘이커로서 한국에서는 생소한 인물입니다. '펜실베니아(Pennsylvania, 펜의 숲)'라는 이름에서 보듯 그는 미국 펜실베니아주(州)를 건설하고 정비한 인물입니다. 1682년, 신앙의 자유를 찾아 고향을 떠나 도착한 펜실베니아에서 그가 공들이고 기초한 민주주의 원칙과 평등사상은 미국 헌법에 크나 큰 영향을 끼칩니다. 무엇보다 악명 높았던 런던탑에 투옥되었을 당시 집필한 『No Cross, No Crown(1669)』은 기독교 문학에 길이 남는 고전으로 "고난 없이, 영광 없다"는 그의 신념을 읽게 합니다. "신분이 낮은 자 앞에서 모자를 벗지 않을 것이라면, 국왕의 앞이라고 해서 다를 것이 없다."라고 외친 윌리엄 펜의 용기는 어디에서 비롯된 것일까요?

이 책을 지은 엘리자벳 자넷 그레이(Elizabeth Janet Gray, 1902-1999) 여사는 어린이를 위한 책을 많이 펴낸 퀘이커 작가로서 나이 마흔을 넘겨 쓴 『Adam of the Road(1943)』는 "반드시 읽어야 하는 뉴베리 상(The Newberry Awards) 수상작이기도 합니다. 『윌리엄 펜』이 여느 전기문학과 달리 모든 연령대를 초월하여 흥미진진한 전개와 큰 감동을 선사하는 것은 아동문학가로서 갖는 그녀의 면모 때문으로 보입니다.

지은이는 1946-1950년까지 일본에서 아키토 천황의 어린 황태자 시절 가정교사로 지내면서 많은 영향을 끼칩니다. 지은이가 황태자의 가정교사가 된 데에는 2차 세계대전 종전 후 일본에서도 구호사업을 수행하고 있던 미국친우봉사회(American Friends Service Committee, AFSC) 소속 에스더 로드(Esther Rhoads)의 추천에 따른 것이었습니다. 퀘이커 서울모임의 이행우 친우는 "내 인생에서 흐트러짐 없이 항상 허리를 꼿꼿이 세우고 앉아있던 모습의 친우가 둘 있었는데 한 사람은 함석헌이었고, 또 다른 이는 자넷이었다."라는 기억을 전합니다.

이 책을 내는 데는 미국 필라델피아 연회(Philadelphia Yearly Meeting)의 우정에 힘입은 바 큽니다. 『퀘이커 350년』에 이어, 2년 만에 출간하는 이번 책이 '내 안의 빛'을 찾아 떠나는 여러분의 여정 가운데 따뜻한 동행이 되기를 바랍니다.

끝으로 "하나님은 빛이시니, 그에게는 어둠이 조금도 없으시다.(요한1서 1:5)"는 말씀을 새기며 출판에 애쓴 친우들의 노고를 기립니다.

2020년 8월 15일
퀘이커 서울모임 출판위원회

목 차

제 1부 아들 윌리엄

3	**1장**	서둘러 귀가하는 펜 함장
7	**2장**	서풍
13	**3장**	장군, 런던탑에 투옥되다
18	**4장**	아일랜드로!
25	**5장**	특별 자비생
34	**6장**	그랜드 투어
40	**7장**	전령 윌리엄
48	**8장**	젊은 해결사
55	**9장**	다시 만난 토마스 로
61	**10장**	아버지와 아들
70	**11장**	「흔들리는 모래성」
74	**12장**	런던탑에서
79	**13장**	젊은이가 보낸 일 년
85	**14장**	그레이스 거리의 소요
92	**15장**	재판
102	**16장**	제독의 마지막 정박지

목 차

제 2부 위대한 지도자

윌리엄과 줄리엘마	17장	107
새로운 시작	18장	116
배와 마차로	19장	124
약탈과 파괴	20장	132
국가의 씨앗	21장	136
위대한 지도자	22장	146
펜실베이니아의 사계	23장	153
총독의 귀향	24장	163
왕의 친구	25장	167
도망자	26장	176
해나	27장	183
펜실베이니아로 돌아오다	28장	188
펜스베리 마너	29장	196
몰려오는 먹구름	30장	203
승리	31장	209

윌리엄 펜

제1부
아들 윌리엄

1장

서둘러 귀가하는 펜 함장

펠로십호는 출항을 기다리고 있었다. 어느 10월 아침, 템스강변 라임하우스 리치구역은 선박들로 빼곡히 들어차 있었다. 화물을 실은 너벅선과 거룻배, 물벌레처럼 잽싸게 넘나드는 나룻배, 정사각형 갈색 돛을 단 네덜란드 어선들, 그리고 뎁트퍼드[1] 마을 기슭을 따라 세워진 가옥들의 가파른 지붕과 오밀조밀한 굴뚝 너머로 하늘을 찌르듯 높이 솟아있는 대형 선박들의 돛대와 삭구들이 보였다. 대포가 촘촘하게 장착된 거대한 잉글랜드 전함들 위에 빨간 반바지와 파란 재킷을 입은 선원들 여러 명이 바삐 움직이고 있었다.

둥근 얼굴에 금발이 드리워진 매력적인 용모의 젊은이가 선미 갑판에 우뚝 서 있었다. 펜 함장이었다. 그의 나이 불과 스물셋이었다. 처음으로 지휘권을 갖게 된 터인지라, 펜은 브리스틀[2]의 펠로십호에 큰 자부심을 느꼈다. 선체를 둘러싸고 있는 굵직한 참나무 판, 대포 28문, 선원 110명, 그 하나하나 모두 자랑스러웠다. 배 아랫부분이 충분히 침수하지 않아 다루기가 수월하지 않았지만 그래도 오롯이 자신이 통솔하는 전함이었다. 이 전함으로 찰스 왕의 군대에 맞서 잉글랜드와 웨일스의 서부 항구들을 지켜내고 아일랜드에서 발호 중인 가톨릭교도들의 반란으로부터 신교도들을 보호할 채비를 하고 있었다.

'스물세 살에 이 정도면 그리 볼품없지 않은 것 같은데' 라고 펜은 생각했다. 작년 1월에 결혼한 펜에게 아버지 자일스 펜 함장은 아들이 해군에서 퇴역하고 레반트 지역[3]

---

[1] 런던 남동부, 템스강 남안 지역.
[2] 잉글랜드 서부의 에이번강에 딸린 항구 도시로 주에 부속되지 않은 독립적인 행정구역이다.
[3] 어원은 프랑스어와 이탈리아어의 '해가 뜬다'를 뜻하는 lever, levare에서 유래하여, 동쪽에 있는 나라라는 뜻이다. 넓게는 그리스·이집트까지도 포함된다. 원래는 유럽·아시아·이집트를 연결하는 대상(隊商) 루트 또는 침공 루트가 교차하는 지역이다. 중세 말기 이래 인도항로가 열릴 때까지 동·서무역의 주무대를 이루었다

에서 무역으로 큰돈을 벌라고 강권했지만, 단호하게 거절했다. 물론 아버지가 바다와 세상에 대하여 누구보다 경험이 풍부하다는 사실은 의심할 바가 없었지만, 가야할 길을 개척해야 하는 당사자는 자기 마음을 잘 알고 있는 자신이라고 생각했다. 게다가 그는 이미 함장이라는 직위로 승급하지 않았던가.

이른 아침 햇살이 말끔히 손질된 돛대와 하얀 돛 위로 불쑥 반사되었다가 템스강의 은색 수면 위로 스멀스멀 올라오는 엷은 안개 속으로 반짝거리며 내려앉았다. 햇살에 펜은 푸른 눈을 찌푸렸다. 부산한 강가, 그 너머 들어선 런던, 특히 런던탑과 템플교회 사이를 메운 수많은 지붕이 아침 햇살에 빛나고 있었다. 불룩해진 돛에 잔잔한 바람이 모였다. 캡스턴[4]이 삐걱댔다. 선원들이 발을 쿵쿵 내리치고 노래 부르며 닻을 끌어올리자, 펜은 배가 살짝 들리는 것이 발에서 느껴졌다. 이윽고 펠로십호는 아일 오브 독스[5]와 뎁트퍼드를 좌우로 끼고 천천히 움직였다.

펜은 몸을 돌려 멀어지는 런던을 쳐다보았다. 런던탑의 포탑 네 개가 눈에 들어왔다. 바로 그때 자신의 눈길을 스친 것이 타워 힐에 위치한 자그마한 집 지붕일거라는 생각을 떨칠 수가 없었다. 지난 해 1월에 아내가 된 마거릿-정리정돈이 서툴렀지만, 명랑하고 온화하면서 느긋한 성품을 지닌 그녀-을 남겨 두고 온 집이었다. 지금 당장은 가세가 넉넉지 못해 불편한 점이 많았지만, 두 사람이 그리 오래 고생하지는 않을 거라고 생각했다. 마거릿이 보유하고 있는 아일랜드 소재 사유지에서 발생할 것으로 예상되는 수익과 앞으로 승승장구할 자신의 미래가 있었기에 그런 기대를 할 수 있었다. 내전과 국왕에 반기를 든 의회의 항거 등의 내홍으로 상황이 녹록치 않았지만, 현재 맡은 함장직의 임무를 훌륭하게 수행하면 해군에서 얼마든지 성공할 수 있다고 믿었다. 그러면 앞으로 태어날 아이에게도 많은 것을 줄 수 있을 거라고 생각했다. 하느님이 내려줄 아들은 제독이 될 자신을 이어 더 높은 지위로 올라 갈 것이라는 희망에 부풀었다.

펠로십호는 강 아래로 나아갔다.

정확히 언제라고 꼭 집어 말할 순 없지만, 얼마 안가서 전갈이 왔다. 펜은 배를 정지시켜 뱃머리를 돌리게 했다. 울위치 리치, 블랙월 리치, 그리고 그린위치를 지나 뎁트퍼

---

4) 닻을 끌어올리는 밧줄을 감은 원통 장치.
5) 런던 현지에서는 '아일랜드(섬)'으로 불린다. 런던의 이스트엔드 지역에 속하며, 삼면이 템스강의 곡류로 둘러싸여 있다.

드 강변에 다시 정박시켰다. 그는 허둥지둥 전함에서 내려와 나룻배에 몸을 실었다. 이 작은 배는 건장한 사공이 템스강을 오르락내리락 하며 손님이 원하는 곳이면 타워 워프와 밀퍼드 스테어스, 시티[6]와 웨스트민스터 구간 등 어디든지 데려다주었다.

펜이 타워 워프에 도착한 때는 10월 14일 이른 아침이었다. 언덕을 뛰어올라 땅에 드리워진 런던탑의 서늘한 그림자를 지나, 위 아래로 방 두 칸이 들어선 자기 집으로 급히 들어갔다. 있는 힘을 다해 서둘렀지만, 방문을 열기도 전에 이미 신생아의 가냘픈 울음소리가 들렸다.

사내 아이였다.

아버지와 아들이 처음 대면하는 순간이었다. 윌리엄 펜 함장과 '아들 윌리엄', 이 두 사람은 앞으로 서로 깊이 아끼면서도 치열하게 맞설 운명이었다.

9일 후 바킹 구 소재 올 할로우스 교회에서 아들의 세례식이 끝나자마자, 펜 함장은 윌리엄과 부인을 남겨놓고 다시 항해 길에 올랐다.

때는 1644년이었다. 잉글랜드 국왕과 궁정은 내전의 반대편 당사자인 원두당[7]에게 밀려 옥스퍼드로 퇴각하였다. 왕의 두 아들인 14세의 찰스왕자와 11세의 제임스왕자도 함께 따라갔다. 한편 이 혼란으로부터 멀리 떨어진 레스터셔[8]에서는 23세의 조지 폭스가 구두를 만들고 목동 일을 하며 은둔 중이었다. 그는 내전을 유발한 종교로는 아무런 위안을 받을 수 없다고 생각하고, 수많은 밤을 홀로 걸어 다니며, 하느님의 말씀을 기다렸다. 런던에서는 태어난 지 18개월 된 여아 줄리엘마 스피릿겟이 하인이 밀어주는 유모차를 타고 여느 때와 같이 링컨스 인 필드 공원의 조용한 산책로에서 시간을 보내고 있었다. 대서양 너머 잉글랜드에서 4,800킬로미터 이상 떨어진 곳의 아메리카 원주민들은 북쪽 뉴잉글랜드 지방의 청교도 정착지와 볼티모어 경이 다스리는 남쪽의 가톨릭교도 식민지 사이에 펼쳐진 광활한 네덜란드령 임야에서 사슴과 야생 칠면조를 사냥하

---

6) 로마인들이 세운 런던 성벽 안쪽 지역으로 상업과 금융의 중심지이다. 다른 별명으로는 스퀘어 마일 (Square mile)이 있다. 영국 군주의 주거지를 비롯해 의사당과 내각은 시티가 아닌 웨스트민스터에 있다.

7) 잉글랜드 절대왕정 이후 헌법군주제 사이에 존재했던 두 정당 중의 하나로 "의회파"라고도 불렸다. 머리를 삭발하고 다녔기 때문에 "원두당(圓頭黨)"이라고 명명되었다. 의회의 권한이 확장되어야 한다고 주장하여, 왕의 측근에서 왕권신수설을 내세우면서 왕의 권한을 유지하려는 왕당파와 대립하였다. 1642-1649년, 왕당파와 의회파(원두당) 사이의 내전에서 크롬웰이 이끄는 의회파가 승리해 공화정을 수립하게 된다.

8) 잉글랜드 중부의 주(카운티)로 사방이 육지로 둘러싸여 있다. 주도는 글렌필드.

고 있었다.

　사방으로 흩어져 각자 삶을 살아가고 있던 이 사람들은 먹고, 자고, 우는 일을 반복하며 자라고 있던 아기의 인생에 모두 자기 몫의 역할을 할 운명에 놓여있었다. 아기가 침대에 누워 바라본 낡고 스산한 런던탑의 가파른 담벼락 속으로 장구한 세월에 걸쳐 셀 수 없이 많은 사람들이 죄수로 감금되었다. 젊건 나이가 들었건, 또는 겁에 질렸건 기가 죽지 않았건, 일단 그곳에 들어가면 살아서 나오는 사람은 거의 없었다. 이 런던탑도 아기 인생에 한 몫을 차지하게 될 운명이었다.

2장

서풍

 1653년 7월 29일. 서풍이 불어왔다. 구름과 세찬 비를 몰고 오는 살을 에듯 차가운 바람이었다. 헤이노 포레스트의 고목들이 바람에 심하게 흔들려 푸른 잎사귀들과 자잘한 나뭇가지들이 땅 바닥 여기저기에 널려 있었다. 6시도 채 되지 않은 이른 아침에 어린 윌리엄은 팔에 『릴리의 라틴어 문법』과 『클레나드의 그리스어 문법』 책 두 권을 끼고 긴 외투 자락을 바람에 날리며 학교로 가고 있었다. 지각할 것 같아 걸음을 재촉했지만, 바람 때문에 쉽사리 앞으로 걸어갈 수가 없었다. 세찬 바람이 외투를 몸 뒤로 불룩하게 날렸다가 돌연 방향을 틀어 다리에 그대로 패대기쳤다. 윌리엄은 아직 아홉 살도 채 되지 않았다. 나이 치고는 큰 키와 튼실한 체격을 가진 잘 생긴 소년을 두고 사람들은 아버지를 쏙 빼닮았다고 했다.

 몸을 구부려 바람을 막으며 힘들게 한 걸음씩 나아갔다. 오늘은 대포소리가 들리지 않네, 그는 생각했다. 바람이 동쪽에서 부는 날이면, 잉글랜드해협에 설치된 대포의 맹렬한 포격 소리가 바람을 타고 에식스[9]의 습지까지 쭉 전해졌다. 멀리서 들려오는 포성에 네덜란드를 대적하여 싸우고 있는 아버지를 떠올리곤 했다. 자랑스러운 아버지는 잉글랜드 함대의 부제독으로 네덜란드 해군을 이끄는 반 트롬프[10]와 교전 중이었다. 네덜란드 적장은 자신의 함대 마스트 높이 빗자루를 매달아 잉글랜드해협에서 잉글랜드 해군을 빗자루로 쓸 듯이 죄다 몰아내버리겠다는 의지를 다져왔다. 그런 적과 싸우는 아버지가 자랑스러웠지만, 총성이 들리지 않으면 오히려 안심이 되었다. 윌리엄의 어머니

---

9) 잉글랜드 남동부의 주
10) 마르턴 하르퍼르촌 트롬프(네덜란드어: Maarten Harpertszoon Tromp, 1598-1653. 네덜란드 해군의 장교이자 제독으로 명성을 떨쳤다. 1652년부터 1653년까지, 제1차 잉글랜드-네덜란드 전쟁에서 해군 최고사령관으로 도버, 덩게스, 포틀랜드, 스헤베닝언 등지에서 잉글랜드 군과 맞서 싸웠다. 1653년 윌리엄 펜에 의해 총상을 입고 사망했다.

도 마찬가지 생각이었다.

하지만 오늘은 서쪽에서 바람이 불어왔다. 18킬로미터 떨어진 지점에서 출발하여 런던으로 휙휙 소리를 내며 지나갔다. 런던은 윌리엄이 태어나 유년기를 보낸 곳이었다. 형장의 이슬로 사라진 찰스 1세를 대신하여 올리버 크롬웰과 의회가 통치를 하던 곳일뿐더러, 런던탑이 우뚝 서있는 템스강변에 아버지가 자신의 휘하에 있는 배들을 가끔 정박시키는 곳이기도 했다. 특별한 날이면 펜 가(家) 하인은 런던 페터 레인에 소재한 파이 가게로 가서 사슴고기 페이스트리를 구입했고, 윌리엄의 어머니는 상호가 '체인지'인 포목점에서 아들이 입을 외출복용 실크와 딸 페그가 쓸 하얀 모자용 고급 항라를 구입하곤 했다. 서풍이 런던 쪽으로 몰려올 때면 구름도 함께 실려 왔지만 적어도 포성은 들리지 않았다.

치그웰[11]이라는 작은 마을의 언저리에 이르자, 학교 종이 울리는 소리가 들렸다. 그 종은 윌리엄이 다니는 그래머 스쿨[12]을 설립한 하스넷 주교가 자신의 유언장에 증정을 명시한 것이었으며, 타종은 학교 직원이 일 년에 20실링을 받고 담당해왔다. 윌리엄은 잠시 언덕 위에서 멈췄다. 쾌청한 날이면 런던까지 시야에 들어왔지만, 오늘은 언덕 아래로 깊숙이 가라앉은 작은 마을의 학교, 여관, 교회 그리고 그 너머로 바람에 이리저리 물결치는 회녹색 수풀만 보였다. 그는 다시 바람에 외투 자락을 뒤로 날리며 언덕의 경사면을 펄쩍 뛰어 달려 내려가기 시작했다. 그는 달리기를 좋아했다. 당시 달리기는 에식스 지역에서 인기가 많은 운동이었다. 달리기가 이 세상에서 제일 근사한 운동이라고 생각한 윌리엄은 이에 걸맞게 발 빠른 아이들 중에서 이미 두각을 나타내고 있었다.

교문에 이르자마자 종소리가 멈췄다. 너무나 급하게 언덕을 내려오는 바람에 그대로 미끄러져 바닥에 넘어질 뻔 했지만, 겨우 균형을 되찾아 교정에 들어섰다. 학생 대부분은 학교에서 살았기에 이미 교실로 들어와 앉아 있었다. 윌리엄처럼 집에서 다니는 학생들은 교정을 지나 영어학교와 라틴어학교가 각각 운영되는 "멋있고 큰" 두 건물 쪽으로 서둘러갔다. 빨간 지붕의 고급스런 석조 교사는 세운 지 25년도 되지 않아 모든 면

---

11) 잉글랜드 에식스주 에핑 포레스트구의 작은 마을.
12) 역사적으로 영국 등 영어권 국가 학교의 종류 중 하나이다. 중세 문법학교의 원래 목적은 라틴어를 가르치는 데 있었다. 시를 거쳐, 처음에는 고대 그리스어, 히브리어, 나중에는 영어 등의 유럽 언어뿐만 아니라 자연과학 및 수학, 역사, 지리 등의 과목도 가르쳤다.

에서 신식이었다.

　윌리엄은 라틴어학교의 큰 교실로 들어가 겨우 시간에 맞추어 자기 자리로 가서 무릎을 꿇고 다른 학생들과 함께 낮은 목소리로 주기도문과 〈테 데움 라우다무스〉[13]를 되뇌며 기도했다.

　곧 기나긴 학교생활의 하루가 학생들의 부스럭 거리는 소리와 한숨 소리와 함께 시작되었다. 일력으로 8월 1일이었지만 큰 교실은 비 오는 날처럼 어두침침하고 스산했다. 그날은 금요일이라 곧바로 오전 6시부터 11시까지, 이어 오후 1시부터 6시까지 수업이 진행되었다. 여름에는 매주 화요일과 토요일 오전, 오후에 한 시간씩 놀 수 있었다. 겨울에는 매일 오전 7시부터 오후 5시까지 수업을 받아야 했다.

　윌리엄은 라틴어 교재인 『툴리』[14] 펼쳤다. 담당 선생님은 라틴어 구절과 스타일 습득을 목적으로 『툴리』와 테렌스[15]의 글을 읽게 했다. 고학년이 되면 시는 호메로스[16]와 베르길리우스[17]의 작품을 읽으면서 공부했다. 이렇듯 하스넷 주교는 고대 그리스어와 라틴어 작가 중심의 학습을 교육방침으로 내세웠고, 셰익스피어나 밀턴 같은 당대 새로운 작가들은 "거만하다는" 이유로 교과 과정에 포함시키지 않았다. 그래서인지 윌리엄은 희곡을 쓴 셰익스피어가 가끔 궁금했다. 공화국[18]시대의 잉글랜드에서는 연극 상영이 금지되었다. 어렸을 때 연극을 한 번 접한 적이 있었던 윌리엄의 어머니는 그 경험을 무척이나 흥미롭게 여겼다.

　윌리엄이 수업을 받는 교실의 의자는 딱딱했다. 점점 다리가 뻣뻣해지고 등이 쑤셔오기 시작했다. 자리에서 벌떡 일어나 기지개를 켜든지 아니면 교실 밖으로 나가 달리고 싶은 마음이 간절했다. '오늘이 지나면 토요일, 그러면 일요일이잖아' 윌리엄은 생

---

13) Te deum Laudamus. 찬송가로 '하느님, 저희는 주님을 찬양하나이다'라는 뜻이다.
14) 로마시대의 정치가, 웅변가, 문학가, 철학자인 마르쿠스 툴리우스 키케로 (Marcus Tullius Cicero, 기원전 106–기원전 43)를 지칭한다.
15) 로마시대의 희극작가이자 시인인 푸블리우스 테렌티우스 아페르(Publius Terentius Afer, 기원전 195–기원전 159)를 지칭한다.
16) 호메로스 (영어표기는 Homer)는 기원전 8세기경에 활동한 것으로 추정되는 고대 그리스의 유랑시인이었다. 현존하는 고대 그리스어로 쓰인 가장 오래된 서사시 『일리아스』와 『오디세이아』의 작가이다.
17) 푸블리우스 베르길리우스 마로(Publius Vergilius Maro, 영어 표기는 Virgil, 기원전 70–기원전 19). 로마의 국가 서사시 『아이네이스』의 저자이다. 로마의 시성으로 불렸으며, 단테의 저서 『신곡』에서 저승의 안내자 역할을 했다.
18) 잉글랜드 내전에서 승리한 올리버 크롬웰이 이끄는 의회파가 찰스 1세를 처형한 후 군주정을 폐지하고 공화정을 수립했다.

각했다. 일요일에는 어쩌면 월섬스토로 가서 윌리엄 배튼 경을 만나 그 집 딸 5명과 정원에서 함께 놀거나 널따란 포도밭을 걸어 다닐 수 있을 것 같았다. 배튼 경은 윌리엄의 아버지가 아일랜드해에서 근무할 당시 제독이었으나, 지금은 현역에서 은퇴했다. 그는 바다와 배에 관한 한 모르는 것이 없었다. 70문의 대포부터 1000여 톤의 선체 무게까지, 펜이 이끌던 제임스호에 대해서도 전부 다 알고 있었다. 어린 윌리엄을 앉혀 놓고 함대를 3개의 소함대로 편성하는 방법, 펜이 백색 소함대의 사령관이 된 경위, 그리고 선미의 작은 돛대에 백기를 달고 대포 한 방을 쏘아 자신의 소함대에 속한 함선들의 함장들을 제임스호로 불러들여 회합을 가졌던 일 등을 술회했다. 자신과 배튼 경 둘 다 펜 부제독이 위대한 인물이라고 생각했기에, 윌리엄은 그와 이야기하는 일이 즐거웠다.

선생님의 시선을 느낀 윌리엄은 잽싸게 교재 페이지를 넘겼다. 선생님은 하스넷 주교가 세운 교칙의 규정에 정확히 들어맞는 교육자였다. 시를 잘 쓰고 건전한 종교관을 견지했으며 진지하고 솔직한 자세로 대화를 이끌어가는 사람으로, 궐련은 입에 대지도 않았을 뿐더러 훈육도 엄격한 타고난 교사였다.

11시에 수업이 끝나면 학생들은 2시간 동안 식사를 하고 교정에서 뛰어놀 수 있었다. 상급생들이 교정 대부분을 차지하는 바람에 하급생들은 대개 구석으로 내몰려 시간을 보내야 했다. 하지만 오늘처럼 후배들에게 재미로 달리기 시합을 시키고 싶은 마음이 들 때면, 상급생들은 조무래기들을 모두 줄 세워 출발시키고 각자 좋아하는 선수를 응원하면서 승자를 결정하곤 했다. 윌리엄은 달리기 시합이 너무 좋았다. 치렁치렁한 외투를 벗어던지고 셔츠와 반바지 차림으로 달리기 시작했다. 내쳐 달리고 훌쩍 장애물을 뛰어 넘으면서, 다른 아이들을 쉽사리 따라잡았다. 한 시에 학교로 다시 돌아왔을 때, 셔츠는 땀에 젖어 어깨에 붙어버렸고 두 뺨은 발갛게 상기되었다. 다리의 뻣뻣함은 간 데 없이 사라져버렸다.

오후 수업은 끝이 보이지 않았다. 『릴리의 라틴어 문법』의 문법 규칙 중 한 페이지를 통째로 암기해야 하는 과제를 받은 학생들은 선생님이 만족할 때까지 저마다 규칙들을 하나도 틀리지 않고 읊어야 했다. 한 시부터 여섯 시까지 시간은 느릿느릿 흘렀다. 하루의 수업은 언제나 찬송가 138장으로 마무리되었다. '이 찬송가 말고도 훌륭하고 더 흥미로운 작품들이 있는 걸'이라고 윌리엄은 노래 부르며 생각했다.

"해가 뜨고 질 때까지 하느님을 찬양할지어다."

선생님의 찬송에 이어 학생들이 다음 절을 불렀다. 아침부터 저녁까지 라틴어 문법 암기에 시간을 몽땅 보내야 하는데 어느 세월에 하느님을 찬양하지? 윌리엄은 자문했다. 교과서를 주섬주섬 집어들 때 심한 피로감과 허기를 느꼈다. 잉글랜드(도버)해협 쪽에서 아무런 포성도 들리지 않았다는 사실 빼곤 그날도 다른 날과 다를 바가 없었다. 학교 주변에는 서풍이 여전히 윙윙 불어댔다.

윌리엄은 그날 대규모 해상전이 개시된 사실을 알지 못했다. 네덜란드 텍설강 하구에서 잉글랜드와 네덜란드 함대가 맞붙었다. 하루 종일 대포가 발포되어 우레 같은 소리가 그칠 줄 몰랐고 그 와중에 많은 사람이 목숨을 잃었다. 그 다음 날까지 계속된 해전은 30척의 네덜란드 전함이 침몰하고 자신감과 용맹이 넘쳤던 반 트롬프 제독이 가슴에 총알이 박혀 죽음을 맞고서야 비로소 끝나게 되었다.

그로부터 2-3일 동안 치그웰, 완스테드, 월섬스토 등 모든 마을은 승전보로 떠뜰썩했다. 소식은 부분적으로 전해졌다. 몽크 장군과 펜 부제독은 각각 국가평의회[19]에 보고서를 제출했다. 펜은 부인 앞으로 급하게 쪽지를 써서 자신은 무사하며 전승으로 멋진 시간을 보내고 있다는 소식을 전했다. 수많은 사람들이 돌려가며 읽은 탓에 쪽지는 거의 형체를 알아볼 수 없을 정도로 너덜거렸다. 이 해전에서의 승리 말고는 다른 이야깃거리가 없었다. 이야기를 하면 할수록 사람들은 더 많은 소식을 갈구했다. 항간에 들리는 소식에 의하면 블레이크 장군, 몽크 장군, 펜 부제독, 로슨 후미제독은 모두 금 세공장인 사이먼 씨가 만든 황금 목걸이와 메달을 받을 것이라고 했다. 펜 부제독과 데스보로 소장은 몽크, 블레이크와 마찬가지로 함대 장군으로 임명될 것이라고도 했다.

의회가 지정한 감사의 날에 해전의 전말을 상세하게 기술한 보고서가 모든 교회에서 낭독되었다. 보고회야 말로 모든 사람들에게 기다리던 소식을 제대로 전할 수 있었던 유일한 방법이었다.

윌리엄과 펜 부인은 치그웰교회에서 열리는 감사 예배에 참석했다. 윌리엄은 레이스

---

19) 국가평의회(The council of state)는 잉글랜드 내전의 결과 올리버 크롬웰이 국왕 찰스 1세를 처형시킨 뒤 1649년 2월 14일 둔부의회 (Rump parliament)를 소집해 만든 행정기구이다. 호국경 추밀원 (Protector's privy council)으로도 불렸다. 1660년 5월 28일 찰스 2세가 왕정복고를 하면서 폐지되었다.

칼라와 커프가 달린 근사한 잿빛 실크 양복을 입었고 초록색 스카프로 검을 몸에 고정시켰다. 펜 부인도 최상의 나들이옷으로 치장하였다. 미소를 머금은 그녀의 모습은 자부심으로 가득했다. 두 사람은 페기가 함께 가지 못해 못내 아쉬웠다. 그날의 커다란 의미를 이해하거나 기억하기에는 너무 어린 나이라 집에 남아 알파벳 자모가 새겨진 블록을 가지고 놀아야 했다. 모자가 앞으로 당겨져 한 쪽 눈이 멋들어지게 가려진 페기의 모습이 자꾸 떠올랐다. 두 모자는 교회 한 가운데 자리를 잡았다. 그래머 스쿨 학생들이 두 사람씩 짝을 지어 위층 회랑으로 모여들었다. 윌리엄은 이들의 시선이 자신에게 집중되는 것을 느꼈다. 교회를 가득 채운 사람들이 던지는 눈길을 느끼며, 저 아인 그 위대한 제독의 아들이 아니냐며 수군거리는 소리를 들었다.

예배가 테 데움 찬송으로 시작되자 윌리엄은 곧 자신을 의식하지 않게 되었다. 같은 찬송가라도 학교에서 부를 때와 너무나 다르게 들렸다. 웅얼거리는 사람 없이 모두가 기쁨이 넘치는 목소리로 우렁차게 불렀다.

목사는 자신이 잉글랜드 역사상 가장 위대한 해전이라고 명명한 사건의 공식 보고서를 연단에서 읽어나갔다. 윌리엄은 포획한 네덜란드 함선의 수와 사망한 네덜란드 수병의 수가 얼마나 되는지 듣지 못했다. 대신 그는 용감하고 멋진 아버지를 생각하고 있었다. 훤칠한 키에 푸른 눈이 빛나는 아버지. 위엄이 넘치지만 동시에 다정다감한 아버지. 그에게는 아버지가 이 세상에서 가장 위대한 사람이었다.

3장

장군, 런던탑에 투옥되다

일 년 후 낙엽이 떨어질 무렵, 펜은 가족과 함께 그레이트 타워 힐로 돌아왔다. 이번에는 전처럼 낡고 비좁은 집이 아니라 런던월과 인접해 있고 마당이 딸린 동쪽 편의 집으로 입주하게 되었다. 당시 잉글랜드의 호국경으로 등극한 올리버 크롬웰에 의해 에스파냐로부터 히스파니올라[20] 섬을 탈환하기 위한 원정대의 총사령관으로 임명된 펜 장군은 런던으로 가서 함대를 원정에 적합하게 구비시켜야 했다. 가족도 이주시켜 근무지 가까이 두었다. 펜 장군은 이제 거물급 인사가 되었다. 모든 사람들이 그렇다고 입을 모아 말했다. 만에 하나 서인도제도 원정에서 살아 돌아오지 못할 경우 그는 가족이 살아갈 수 있게 안전한 기반을 마련해주고 싶었다. 그런 생각으로 펜은 크롬웰에게 자신의 아내가 보유하고 있는 아일랜드 사유지는 근래 발생한 반란 탓에 많은 손해를 입었다는 사실을 알렸다. 이에 크롬웰은 매년 300파운드의 수익을 낼 수 있는 아일랜드 소재 토지를 그에게 증여하라고 즉각 명령했다. 그리고 그 토지에는 "주거에 적합한 성이나 편안한 가옥이 따라와야 하고 반드시 소도시나 수비대와도 거리가 가까워야한다"는 조건도 함께 주문함으로써 펜의 부인이 입은 손실을 보상하고 펜이 공화국에 바친 충직한 희생에 대하여 보답하고자 했다.

타워 힐의 집은 언제나 시끌벅적했다. 펜 장군은 휘하에 원정 채비를 갖추어야 할 함선이 40척에 이르렀으며, 각 함선마다 보급 물자를 마련하고 장교들을 선출하여 배치해야 했다. 함장들의 면면을 살피는 일부터 저장용 수통과 나침반의 자침으로 사용할 자철석의 종류까지 크고 작은 모든 일들을 점검해야 했다. 33년이라는 짧은 삶 속에서 이미 아일랜드, 지중해 해전을 겪었고, 잉글랜드해협의 협소한 물길에서 발발한 가장

---

20) 서인도제도에서 두 번째로 큰 섬으로 쿠바섬 동쪽에 있다.

치열했던 해전도 겪었지만, 이 원정이 자신의 인생에서 가장 중요한 임무였기에 펜은 세부적인 사항 하나하나 놓치지 않고 검토하고 또 검토했다. 시간에 관계없이 하루 종일 전갈을 보내고 전하는 사람들, 물품 판매상인들, 펜과 상의하러 온 함장들 등 수많은 사람들이 바쁘게 왕래했다. 개중에는 원정대를 동반할 보병 6연대의 사령관 베너블스 장군, 해군본부위원회[21]의 위원인 데스보로 장군도 눈에 띄었다. 함대의 일자리에 너무 많은 지원자가 몰려와 펜의 자택에서는 도저히 모든 사람을 면접할 수 없었다. 사령관 직급 아래에 해당하는 지원자들은 집 부근 타워 힐 야외에서 만나보아야 했다.

이따금 펜은 아들에게 자신이 일하는 곳을 보여주기도 했다. 윌리엄은 그런 경험이 좋았다. 과외 수업의 부담에서 벗어나는 것도 좋았지만, 중요한 직책을 맡아 역사에 기록될 훌륭한 과업을 수행하고 있는 위대한 아버지와 함께 귀한 시간을 보낼 수 있어서 더더욱 좋았다. 아버지가 사람들을 대하는 방식이 무척 마음에 들었다. 그 모든 위엄과 권력에도 불구하고 아버지는 여전히 편안하고 친절하게 대했기에 함대 일자리를 얻지 못한 사람들조차도 서운하게 생각하지 않았다. 총사무장 직에 지원했지만 나이가 어린 탓에 면접에서 탈락한 한 젊은이는 수년 후 펜 장군에 대해서 이렇게 썼다.

펜 장군은 금발 머리에 매력적이고 둥근 얼굴을 가졌고 언사가 부드러웠다. 남의 말을 무시하지도 않았고 귀에 듣기 좋은 말만 하지도 않았다. 다가가기가 어려운 사람이 아니었다. 단언컨대 그를 만나본 사람 중에서 그에게 불만을 품은 사람은 한 명도 없었다.

그렇게 10월, 11월이 흘러갔다. 12월 중순에 이르러서야 함대의 출항 준비가 완료되었다. 보병 6연대는 포츠머스[22]로 행진하여 떠날 예정이었다. 펜 장군은 마차를 타고 포츠머스로 이동했으며, 펜 부인은 남편을 전송하기 위해 마차에 동승했다.

펜 부인은 집으로 돌아와 아들에게 자기가 본 모든 것을 말해주었다. 제독기(旗)가 당당하게 걸린 펜의 함선 스위프트슈어호의 거대하고 정교한 모습, 자기 부인을 함께 승선시킨 베나블스 장군의 행동과 그런 행동은 불법은 아니지만 신중치 못한 결정이었다고 모든 사람의 빈축을 산 일. 그리고 성탄절 아침 상쾌하게 불어오는 동풍을 맞으며 언덕에서 내려다보았을 때 함대가 잉글랜드 남해안 정박지인 스핏헤드의 물살을 타고

---

[21] 해군본부위원회(The board of admiralty)는 1628년 잉글랜드 국왕 찰스 1세에 의해 설립된 기구로 왕립 해군의 일상적 운영체계를 관리하는 데 그 목적이 있었다. 1964년까지 존속했다.
[22] 잉글랜드 남부 햄프셔주의 도시이며, 영국 역사상 가장 중요한 군항도시다.

움직이는 모습, 바람에 날리는 깃발들과 겨울 햇빛을 받아 반짝이는 돛들, 스위프트슈어호의 가로돛이 펼쳐지고 대포 한 방이 발사되면 이에 응하여 모두 닻을 내리는 함선들. 펜 부인은 자신이 기억할 수 있는 함선의 이름을 하나씩 말해주었다. 골든 콕호, 리틀 채리티호, 메리골드호, 베어호, 질리플라워호. 트럼펫이 우렁차게 울렸다가 잦아드는 소리, 하얀 배들이 점점 시야에서 멀어지면서 날아가는 갈매기 떼처럼 아련하게 보이던 모습도 잊지 않고 말해주었다.

펜 장군, 베나블스 장군과 함께 스위프트슈어호에 승선했던 데스보로 장군이 수로 안내인과 함께 뭍으로 돌아와 펜 부인에게 남편의 편지를 전달했다. 사실 펜은 불과 몇 시간 전에 아내와 작별하였기에 사랑을 전하는 간단한 인사 외에는 달리 더 쓸 말이 없었다. 그래도 오래 헤어지기 전에 마지막으로 다시 한 번 쓸 수 있는 기회라 생각하고 편지를 보냈던 것이다.

여기까지가 펜 부인이 아들에게 들려준 이야기의 전부였다. "데스보로 장군은 편지를 전해주고 나를 킹스턴까지 안전하게 데려다주었단다. 식사를 함께 하고 각자 집으로 돌아왔지." 목소리를 조금 낮추며 펜 부인이 말했다.

그리고 무심코 지나가면서 한 가지 이야기를 더 해 주었다. "내가 탔던 마차를 몰던 마부들이 잡담을 하던 중에 바퀴 하나가 강둑에 걸려 마차가 뒤집혀졌지 뭐냐. 하지만 신의 가호로 아무도 다치지 않았단다. 고덜밍[23] 주변은 다니기가 험해." 앉아서 어머니의 이야기를 듣는 내내 윌리엄은 엄청난 양의 금과 은, 파인애플과 앵무새가 있는 히스파니올라 섬 방향으로 하얀 돛들이 일제히 구부러지는 모습을 떠올렸다. 펜 부인은 자리에서 일어나 남편에게 편지를 쓰러갔다. 그러나 그 편지가 언제 펜의 손에 들어갈 수 있을 지는 아무도 모르는 일이었다.

펜 부인은 윌리엄과 페기 그리고 가정교사를 데리고 지그웰로 돌아왔다. 그들은 이제 전쟁이란 사건은 깃발, 트럼펫, 히스파니올라 섬의 선리품에만 존재하지 않는다는 사실과 대면해야 했다. 아무런 소식도 받지 못한 채 지내야 하는 겨울의 음산한 나날들, 불안과 공포로 잠을 설친 밤들, 집 떠난 가장이 어쩌면 아예 돌아오지 못할 수도 있기에 더욱 텅 비고 황량하게 보이는 집이야 말로 그들이 전쟁처럼 받아들여야 할 현실이었다.

---

23) 고덜밍(Godalming)은 런던에서 남서쪽으로 50킬로미터 정도 떨어진 곳에 있는 작은 도시.

이듬해 3월에 이르러서야 펜의 함대가 잉글랜드령 바베이도스 섬에 안전하게 당도하여 히스파니올라 섬 공략을 위한 물자를 보충했다는 소식이 전해졌다. 치그웰은 장미꽃이 만개했고, 헤이노 포레스트는 개똥지빠귀와 대륙 검은지빠귀의 울음소리로 시끌벅적했다. 그러나 얼마 못 가서 히스파니올라 섬 공략 시도가 처참하게 실패했다는 소식을 들었다.

사람들은 이 엄청난 소식을 믿을 수가 없었다. 잉글랜드 군대가 얼마 되지도 않은 에스파냐 적들에게 패퇴를 당하다니! 함대에 열병을 비롯한 질병이 퍼졌다는 점과 베네블스 장군이 함께 온 아내 때문에 운신이 어려웠다는 점 등이 패배의 원인으로 전해졌다. 그러나 이런 이유를 감안하더라도 원정의 실패가 덜 수치스럽게 느껴지는 것은 아니었다. 펜 가족은 예상치 못한 패배에 경악하고 당황했지만 오히려 고개를 꼿꼿이 세워 처신했다. 만일 육군이 제대로 싸우지 못했다면, 그건 해군 쪽의 잘못이 아니지 않은가. 펜 장군은 보병 6연대를 상륙시킨 후, 적의 포화 속에서 기다렸다가 퇴각하는 군인들을 다시 군함에 태워 왔으니, 그가 더 이상 무슨 일을 할 수 있었겠는가?

7월 말 즈음에는 히스파니올라 섬 대신 자메이카 섬을 차지했고 펜 장군이 직접 자신의 전함을 이끌고 그 작전을 수행했다는 기별이 왔다. 자메이카 섬이 히스파니올라 섬보다 더 가치가 있다고 생각하는 사람도 더러 있었다.

그 해 9월 펜 장군과 베나블스 장군은 함대 소속 전함 중 21척을 자메이카 섬 수비를 위해 남겨놓고 나머지 19척을 이끌고 귀국하여 크롬웰과 국가평의회에 결과를 보고했다.

자메이카 섬 작전 성공으로 오랜만에 기쁨을 만끽하던 펜 가족에게 불행은 너무나 빨리 들이닥쳤다. 귀환하고 3주가 흐른 뒤, 두 장군이 런던탑에 갇히는 일이 일어났다.

런던탑에서 20킬로미터 가량 떨어진 치그웰에서 이제 11살이 된 윌리엄은 자신의 영웅인 아버지를 생각하며 분통과 고통으로 터질 것 같은 가슴을 안고 하루하루 지냈다.

감옥에 갇힌 기간은 5주에 불과했다. 그러나 34살의 아버지가 돌연 늙어 보일 정도로 길게 느껴진 시간이었다. 해군으로는 유일하게 함대의 장군 직에 오른 펜이었지만 (다른 장군들은 처음부터 육군 장군으로 시작했다), 감옥을 나설 때는 지휘권이 박탈된 그저 평범한 일반인 미스터 펜이었다. 굴욕감으로 몸과 마음이 피폐해졌지만, 그래도 자유롭다고 펜은 스스로 다독였다.

아버지를 다시 맞게 되어 느낀 안도감과 기쁨은 오래 가지 않았다. 이내 우울한 분위기가 집을 무겁게 눌렀다. 윌리엄은 여느 때와 마찬가지로 가정교사와 학습하고 자유시간이면 헤이노 포레스트를 뛰어 다니고 동생인 페기와 함께 놀았지만, 머리에 많은 생각이 스쳤다. 가족의 앞날이 어떻게 될 지 걱정스러웠다. 아버지가 늘 비탄에 빠져 말문을 닫아 버릴까봐 어머니는 염려했다. 왜 이런 불행이 자기 가족에게 일어났고, 왜 하느님은 아버지처럼 훌륭한 사람이 부당하게 벌을 받게 내버려 두는지, 정말 하느님이 존재하는지 등의 질문이 꼬리에 꼬리를 물고 생겨났다.

어느 날 자기 방에 혼자 있던 윌리엄은 이상한 경험을 하게 되었다. 느닷없이 하느님이 존재한다는 것을 알게 된 것이었다. 교회에서 들은 설교 때문이 아니라, 자신의 마음속에서 하느님의 존재를 느꼈기 때문이다. 하느님이 직접 자신에게 당신이 존재한다고 말하는 것처럼 느꼈고, 순간적으로나마 자기 방이 성스러운 빛으로 가득 차는 것처럼 느꼈다. 그는 마음이 편안해졌다.

물론 그 경험은 오래가지 않았다. 윌리엄은 방에서 경험한 일을 누구에게도 발설하지 않았다. 그 후 오래도록 그 일에 대해 다시 떠올리진 않았다. 그렇다고 잊어버린 것도 아니었다. 수년이 흐르고 나서야 윌리엄은 그 경험의 진정한 의미를 깨닫게 되었다.

4장

아일랜드로!

한 때 함대의 장군이었던 펜은 많은 것을 잃었다. 그럼에도 불구하고 히스파니올라 원정에 오르기 전에 크롬웰이 하사한 아일랜드 소재 토지는 여태껏 한 번도 본 적이 없지만 여전히 그의 사유지로 남아 있었다. 그는 정신을 다잡고 그곳에 있는 자신의 매크룸 성, 수비대, 농장에 대해 곰곰이 생각했다. 이내 그의 생각은 가족과 함께 먼스터[24] 주(州)로 이주할 계획으로 모아졌다. 그러나 이 계획은 아기 디키의 출생으로 당분간 보류되어야 했다.

1656년 여름까지 펜의 가족은 다시 이주 준비로 부산했다. 이 광경을 보고 펜은 군함 40척을 서인도제도로 출항 준비시키는 일도 세 아이가 딸린 가족을 아일랜드로 이주시키는 일 보다는 소란스럽지 않을 거라고 내심 짐작했을 것이다. 하지만 새로운 보금자리와 삶을 마련해 줄 희망 찬 미래를 기다리는 중에, 지난 몇 달 동안 가슴을 눌러온 여러 감정의 무게가 덜어지는 것 같았다. 펜 부인에게 새로운 미래란 어린 시절의 고향으로 돌아가는 것을 의미했다. 여행이래야 치그웰과 런던 왕복의 경험밖에 없었던 윌리엄에게는 세상을 구경할 수 있는 크나 큰 모험이었다.

8월 12일 베이싱호는 한 무리의 승객을 싣고 아일랜드로 떠났다. 펜 부부, 윌리엄, 새끼 고양이처럼 활기차고 호기심 많은 5살의 페기, 고치에 쌓인 나방처럼 기다란 포대기에 감싸져 있는 디키, 윌리엄의 가정교사, 가사에 없어서는 안 될 하녀들, 자메이카에서 펜이 다시 데리고 온 흑인 소년, 그리고 베나블스 장군이 준 앵무새 한 마리가 펜 가족의 면면이었다.

펜 가족과 함께 승선한 여행객으로 먼스터 주지사인 브로길 경, 그의 부인, 하인들이

---

[24] 아일랜드 남서부에 위치한 주.

있었다. 펜과 브로길 경은 펜이 아일랜드 해역 수비를 담당했던 젊은 함장 시절부터 친구로 지냈다. 그는 펜 함장과 함께 펠로십호를 타고 스핏헤드[25]와 킨세일[26]을 방어했고 타워 힐 집에서 아버지를 기다리는 젖먹이 아들을 펜이 자주 입에 올렸다고 윌리엄에게 말해줬다.

해상에서의 첫 3일 동안 하루도 거르지 않고 8월의 무덥고 햇빛이 강한 날씨가 계속됐다. 윌리엄은 돌아다니며 배의 이모저모를 탐색하고, 승무원들 모두에게 말을 걸었다. 언제나 그림자처럼 자기를 따라다니는 것 같은 두 사람, 즉 가정교사와 페기의 시야에서 벗어날 때면, 아버지와 브로길 경 옆에 소리도 없이 앉아 어른들의 대화를 듣곤 했다. 옆에 윌리엄이 있다는 것도 눈치 채지 못한 채, 두 사람은 당시 네덜란드에서 망명 중인 찰스 2세를 대화의 주제로 삼았다. 때로는 형성된 지 얼마 되지 않았지만 무서운 속도로 성장하여 공포의 대상이 된 새로운 광신도 종파 퀘이커교에 대화가 집중되기도 했다. 펜에 의하면, 3년 전만 해도 브리스틀에서 전혀 알려지지 않았던 종파가 이제는 천 명이 넘는 신도를 내세우고 있다는 것이었다. 퀘이커로 개종한 사람 중에는 펜의 옛 친구도 있었다. 브로길 경은 새 교파가 아일랜드에도 이미 발판을 마련했다고 말을 보탰다. 코크[27]와 리머릭[28] 감옥에 13명이나 투옥되어 있었으며, 그 중 10명은 군인으로 전투에 나가 싸우길 거부했다고 하였다.

"퀘이커들은 전쟁이 잘못된 것이라고 생각하나 보군" 하면서 펜과 브로길 경은 껄껄 웃어댔다.

넘실대는 바다 위로 반짝이는 8월의 햇빛을 눈에 가득 담고 청량한 바람을 맞으며, 윌리엄은 똬리처럼 감긴 밧줄 위에 앉아 전쟁에 반대한다는 이 별난 사람들에 대해 생각해 보았다.

네 번째 날 아침이 되자 베이싱호는 코크 항에 도착했다. 하늘을 가득 채운 잿빛 뭉게구름 사이로 언뜻 보라색의 신명한 빛 한 줄기가 어두운 바다 쪽으로 완만하게 경사진 푸른 동산 위를 드리웠다. 갈매기 떼가 빙빙 돌다가 끼룩끼룩 거리며 배 가까이 하강

---

[25] 영국 남해안의 포츠머스와 와이트섬 사이의 정박지.
[26] 아일랜드 남부의 유서 깊은 항구 마을. 지리적 특성으로 과거에 중요한 군사적 요새 역할을 하였다.
[27] 아일랜드 제 2의 도시로, 주변에 크고 작은 해안 마을들이 줄지어 있다.
[28] 더블린에서 195킬로미터 거리에 위치한 아일랜드 제 3의 도시.

했다. 리강[29] 하구 근처에 있는 항만의 가장자리 너머로 아담한 항구 도시 코크가 언덕으로 이어지는 울퉁불퉁한 길을 드러내고 있었다.

매크룸 성은 코크에서 서쪽으로 40킬로미터 떨어진 곳에 위치했다. 성은 원래 가톨릭 반란군 사령관이었던 클랜카티 백작의 소유였다. 반란군이 공화국군에 의해 무참히 진압되자, 크롬웰은 백작의 사유지를 몰수하여 펜에게 하사했다. 매크룸 성과 장원이 중심이 되어 이룬 마을은 훌륭한 삶의 터전이었으며, 영구 주둔 중인 보병대와 기마대의 보호를 받고 있었다. 아일랜드 반군들이 축출되었기에 (물론 모두가 죽음을 당하지는 않았다) 펜은 잉글랜드 사람들을 그곳에 다시 정착시킬 계획을 세웠고, 친척들이 와서 땅을 빌려 경작할 수 있도록 미리 조치를 취해 두었다. 펜은 매크룸이 진정한 의미의 잉글랜드식 토지로 전환할 수 있도록 작업을 시작했다. 동시에 땅을 계속 사들여 맘껏 경계를 넓혀가고자 했다.

아일랜드에서 거주한 지 1년이 지난 후, 펜 부인은 아일랜드해협 건너 브리스틀에 사는 친구들을 보러 잠시 다니러 갔다. 여행에서 돌아온 그녀가 특유의 생생한 화법으로 수다스럽게 푼 이야기 보따리의 내용은 다음과 같았다.

펜의 옛 친구인 조지 비숍 함장은 퀘이커교로 개종했을 뿐만 아니라, 새로운 교리를 설파하는 책자도 썼다. 슬쩍 훑기만 했는 데도 그 교리책은 뭔가 대단히 낯설다는 느낌을 들게 했다. 퀘이커들은 신부도 목사도 없을 뿐더러, 교회라는 형식에 전혀 관심이 없었다. 방 아니면 언덕에서 모여 하느님께 예배했고, 성령의 감화를 받으면 남녀 불문하고 누구든지 설교할 수 있었다. 그들의 신앙생활을 두고 신성모독이라고 질타하는 사람들도 있었다. 급기야 네일러라는 퀘이커는 벌겋게 달궈진 인두로 혀에 구멍이 뚫리고 이마엔 신성모독을 상징하는 글자 B[30]의 낙인이 찍히는 형벌까지도 받았다. 집으로 돌아오는 길에 지나간 코크시에서는 사람들이 퀘이커 교리를 전파하러 옥스퍼드에서 온 젊은이의 뒤를 무리 지어 따라가고 있었다. 프리즈[31]로 된 외투와 수수한 모자를 걸친 20대의 설교자는 유쾌하고 합리적인 사람으로 보였다. 퀘이커는 이제 어디서건 쉽사리 만날 수 있는 부류의 사람들 같았다.

---

29) 아일랜드 코크시를 흐르는 강.
30) blasphemer의 첫 글자 b.
31) 한 쪽만 보풀을 세운 거친 아일랜드산 모직물.

"내가 만났던 해군 대위도 퀘이커였어요. 순하고 온화한 사람이었지만, 위엄이 있었어요." 펜 부인이 이야기를 이어갔다. "하지만 브리스틀 사람들은 퀘이커를 '괴물'이라는 둥 고약한 이름으로 부르고 있죠. '로'라는 사람은 코크에 온지 얼마 되지도 않았는데 벌써부터 이 사람을 격렬하게 비난하는 사람들도 있어요."

"우리 모두 너그러운 베뢰아[32] 사람들처럼 행동할 수 있기를."

부인의 말이 끝나자 펜이 불쑥 한 마디 던졌다. 아무도 그 말의 의미를 알지 못했다. 모두 공손한 자세로 주의를 집중하면서 설명을 기다렸다.

"아들아, 베뢰아 사람들이 너그럽다고 하는 이유를 알고 있느냐?"

그 이유를 몰랐던 윌리엄은 『사도행전』을 펼쳐 해당 구절을 찾아 읽어 나갔다.

"베뢰아 사람들은 데살로니가[33] 사람들 보다 더 너그러워서 간절한 마음으로 말씀을 받아들이고 이것이 그러한가 하여 날마다 성경을 상고하였다.[34]"

"'로'라는 사람을 여기로 데려와 무슨 이야기를 하는지 한 번 들어 보는 게 어떨까? 판단은 다 듣고 나서 해도 되니까." 펜의 이같은 제안으로 매크룸 성에 퀘이커 모임이 마련되었다. 펜은 가족 전원과 하인들을 거느리고 모임에 참석했다. 펜의 소작농 두세 사람은 호기심에 이끌려 잠시 들리기도 했다. 설교를 담당한 퀘이커는 동료들과 함께 코크에서 왔다. 참석자 중에는 펜 가족이 가끔 이용하는 잡화점의 여주인도 있었다.

펜이 실내에서 모자를 쓰고 있는 일은 당연한 관행이었다. 자기 집인데다가 날씨도 쌀쌀했기 때문이다. 마찬가지 관행에 따라 윌리엄과 그의 가정교사는 펜이 있는 자리에서는 응당 모자를 벗어야 했다. 모임에 참석한 이웃들도 존경의 표시로 모자를 벗었다. 그러나 이 퀘이커들은 계속 모자를 쓰고 있었다. 광활한 토지를 소유한 신사 앞에서 기껏해야 잡화를 팔거나 목수 일을 하거나 아니면 얼마 되지 않은 땅에 농사짓고 살아가는 이 미천한 사람들이 모자를 계속 눌러쓰고 있다니! 윌리엄은 눈을 동그랗게 뜨고 아

---

32) 북부 그리스 지방에 있던 고대 도시.
33) 그리스 아테네에서 북쪽으로 530킬로미터 떨어진 그리스 제 2의 도시. 이곳에서 복음을 전하던 사도 바울은 유대인들의 박해로 베뢰아로 피신하여 전도를 시작했다.
34) 사도행전 17장 11절.

버지의 반응을 살폈다. 그러나 펜은 얼굴을 찌푸렸을 뿐 아무 말도 하지 않았다.

성의 연회장에 모인 사람들이 자리를 잡고 앉았다. 퀘이커 또는 스스로를 '진실을 찾는 친구들'이라고 부르는 사람들은 무릎에 손을 올려놓고 고개를 숙인 채 앉아 있었다. 그러나 그들의 얼굴은 고요하고 평온하고 묘하게도 행복해 보였다. 일반 교인들이 스스로를 의식하고 안절부절 하는 태도는 마치 다른 사람들이 자기네가 퀘이커와 함께 모여 있는 모습을 보거나 혹은 그 일로 무슨 일이 생길까봐 불안해 하는 모습처럼 보였다. 윌리엄이 그날의 설교자 토마스 로가 정말로 몸을 벌벌 떨고 있나[35] 하고 쳐다봤다. 그러나 그는 팔짱을 낀 채 묵묵히 앉아 있었다.

어느 시점에, 어떤 경위로 그랬는지는 몰랐지만, 윌리엄은 바닷물이 밀려오듯 적막함이 조금씩 은밀하게 마음 속으로 스며드는 것을 느꼈다. 그 적막함은 많은 의미를 담고 있는 듯했다. 윌리엄은 모임이 끝나고 치그웰의 자기 방으로 돌아와 그날 일을 기억하며 느꼈던 감정을 불러냈다.

토마스 로는 자리에서 일어나 이야기를 시작했다. 그의 몸을 덮고 있는 프리즈 외투와 모자는 보잘 것 없었지만, 그는 교육을 받은 사람이었고 그의 연설은 명징하고 파급력이 컸다. 모든 회중들이 그의 말을 귀담아 들었다. 로는 "인간은 하느님과 대화할 때 성직자의 매개가 필요하지 않고, 하느님은 각자의 영혼을 이끌어 주는 내면의 빛"이라고 말했다. 그 뒤로도 많은 이야기를 쏟아냈지만, 윌리엄은 그의 말을 경청하고 있는 사람들의 얼굴을 살피느라 대부분의 내용을 이해하지도 듣지도 못했다.

사람들이 쓰고 있던 일상의 가면이 하나씩 녹아내렸다. 마음 속 깊이 가라앉아 있던 감정들이 가면이 벗겨진 민낯에 드러나기 시작했다.

목메는 소리와 울음소리가 뒤에서 들려왔다. 윌리엄은 울고 있는 흑인 소년 잭을 보았다. 아버지의 눈에도 눈물이 고여 있었다.

상상도 못한 아버지의 모습에 가슴이 찡해졌다. "우리 모두 퀘이커가 된다면 어떻게 될까!" 머리가 아득해지는 것을 느끼며 윌리엄이 혼자 중얼거렸다.

물론 그런 일은 일어나지 않았다. 하루나 이틀이 지나 토마스 로는 더블린 설교를 위하여 떠났고, 매크룸 성의 삶은 이내 일상으로 돌아갔다. 맹세하지 않는다는 점에서

---

[35] '퀘이커(Quaker)'라는 명칭은 1650년 잉글랜드의 치안판사 베네트가 조지 폭스와 그를 따르는 무리를 '몸을 떠는 자들'이라고 조롱한 데서 비롯되었다.

는 퀘이커들과 자신의 뜻이 합치된다고 펜은 생각했다.

"절대로 맹세하지 마라……너희는 그저 "예" 할 것은 "예" 하고 "아니요" 할 것은 "아니요"로만 대답하여라.[36]"

성경에서도 분명히 말하고 있다. 서인도 제도 원정 당시 펜 자신도 맹세하기를 거부하지 않았든가. 그러나 퀘이커들은 너무도 단순한 사람들이었다. 개중에 제대로 교육받은 사람은 거의 없었다. 서로를 '그대'로 호칭하는 언어 습관, 모자를 벗어 존경을 표하는 관행의 무시, 반전적인 태도는 사회에서 어느 정도 위치가 있고 그 위치를 계속 유지해야 하는 사람들에게는 너무도 맞지 않은 삶의 방식이었다. 얼마 안 가 윌리엄만이 생생한 고요함과 아버지의 눈에 고인 눈물을 기억했다.

그 아름답고, 한적하고, 습기차고, 수목이 무성한 땅에서 지내는 동안 하루하루가 지나갔다. 윌리엄은 가정교사와 수업에 전념했다. 쉬는 시간에는 농장과 숲을 배회했고, 달리기도 하며 말도 탔다. 키가 점점 크면서 늘씬해졌지만, 근육도 단단해졌다. 아버지로부터 시간이 되는 대로 사유지를 관리하는 법을 빠짐 없이 배웠고, 아버지의 친구들을 만나면 예의 바르게 행동하도록 만전을 기했다. 윌리엄은 아버지가 아들을 얼마나 자랑스러워 하는지 전혀 감을 잡지 못했다.

올리버 크롬웰이 세상을 뜨자, 아들 리처드가 호국경 직을 계승했다. 크롬웰의 아들은 너무나 심약하고 자신감이 없어 '무너지는 딕'이라는 별명을 얻었다. 이를 틈타 군대가 권력을 잡아 실질적인 지배자로 등극했다. 군정이란 전횡과 불의를 제외하곤 아무런 존재 기반이 없는 정치 체제였다.

온 국민들이 네덜란드에 자기네 왕이 있다는 사실을 기억하기 시작했다. 왕을 데려와야 한다는 목소리가 처음에는 드문드문 들려왔다. 이윽고 의회를 새로 소집하여 왕을 데려올 방책을 강구하라는 대중의 낮은 목소리가 우레와 같은 강한 외침이 되어 나라 전체로 퍼져 갔다. 펜은 런던으로 갔다. 1660년 4월 그는 새 의회에서 웨이머스[37] 자치

---

36) 마태오 복음 5장 33-37절
37) 잉글랜드 남부 도싯주의 도시.

구의 대표로 선출됐다. 5월에는 찰스 2세의 잉글랜드 귀환 환영 대표단으로 함선을 이끌고 네덜란드로 갔다.

5월 23일 네이즈비호 선상에서 펜은 왕에게서 기사 작위를 수여 받았고, 500파운드의 봉급과 런던 네이비 가든스[38]에 있는 사택이 제공되는 해군청[39]의 감독관으로 임명되었다. 그리고 펜이 기사 작위를 받은 네이즈비호는 그 이후로 '로열 찰스호'로 불리게 되었다.

당시 유행하던 발라드 가사처럼 국왕은 자기가 있어야 할 자리로 돌아오게 되었다. 펜도 마찬가지였다.

---

38) 런던의 시싱 레인에 위치한 공원으로 해군청이 있던 곳.
39) 해군청 (The navy office)는 왕립해군의 일상적 민정업무를 수행했던 정부 조직. 1576년에 설립되어 1832년에 해군본부위원회에 통합되었다.

5장

특별 자비생

지난 4년간 호젓한 매크룸 성에서 서로 아끼고 자족적인 삶을 살던 펜 가족은 그 해 10월 뿔뿔이 흩어지게 되었다. 펜 부인은 어린 두 아이와 함께 계속 아일랜드에 머무르는 반면, 펜은 해군청 감독관이라 런던에서 지내야 했다. 윌리엄은 옥스퍼드로 떠났다. 귀족적인 학문의 전당 옥스퍼드 대학에서도 가장 귀족적인 단과대인 크라이스트처치에 특별 자비생으로 입학하게 된 것이다. 기사 작위를 받은 이의 아들이 지체 높은 공작과 백작의 자제들과 어울리며 교육을 받고 외교관이나 정치가가 될 수 있는 자질을 갖추기 위해 선택한 학교였다.

입학 당시 윌리엄은 16세였다. 왕정복고가 일어난 시기라 옥스퍼드는 사람의 정신을 빼놓을 정도로 흥미진진한 곳이었다. 올리버 크롬웰 치하의 공화정이 지속되는 내내 망명 중이었던 찰스 2세에게 내밀히 충성을 바친 옥스퍼드였기에, 그가 잉글랜드의 왕으로 환국하자 그 기쁨은 이루 말할 수 없이 컸다. 공화정에 속하거나 조금이라도 퓨리터니즘을 연상시키는 것이면 뭐든지 내쳐버렸다. 도량이 넓은 청교도인 존 오언 박사도 크라이스트처치의 학장 직과 옥스퍼드의 부총장 직에서 퇴출시켰고, 그 자리에 국교도 인사를 앉혔다. 청교도의 엄숙한 덕목들은 학생들에게 별 쓸모가 없었다. 그들은 거리를 돌아다니며 웃고 떠들고, 국왕 찰스 2세를 위해 충성 서원을 하며 건배했다. 몰려다니는 학생들의 옷차림은 눈이 나올 정도로 사치스러웠다. 실크, 공단, 벨벳이 가미된 외투를 걸치고 속에는 자수가 새겨진 조끼, 레이스로 된 넥타이를 착용했다. 무릎 부위에 긴 레이스 주름 장식과 장미 모양 리본이 달린 반바지에 은 버클이 박힌 신발을 신었다. 모두가 긴 곱슬머리 가발-한 때 청교도였던 이가 사람들의 기억에서 그 사실을 지우기 위해 짧은 머리를 편하게 가려주는 그런 가발- 을 쓰고 있었다. 검도 옆에 차고 다녔고, 방한용 귀마개도 지참했다. 시간과 돈을 음주가무, 카드놀이, 소란스런 파티에 소비했다. 아무도 학업에 열중하지 않았기에, 학구적인 학생은 '광신도'로 지탄의 대상이 되었다. '절제'의 '절'자만 꺼내도 영락없이 '반역자'로 낙인이 찍혔다.

아일랜드의 외딴 성에서 엄격한 가정교육을 받은 윌리엄이 마주해야 했던 것은 바로 이런 옥스퍼드의 분위기였다. 그러나 그는 아무 문제없이 자기 자리를 찾았다. 그 역시 머리에는 곱슬머리 가발을, 허리춤에는 검을 차는 걸 잊지 않았다. 게다가 쾌활하고 다정한 성정에 위트가 넘쳤고, 강건한 몸으로 활기 있게 움직였다. 마음만 먹으면 뭐든지 다 할 수 있었다. 국왕의 남동생인 글로스터 공작의 서거에 즈음하여 비가(悲歌) 짓기가 유행한 적이 있었는데, 그때 윌리엄은 흠잡을 데 없는 라틴어로 고상하고 진심이 우러나는 빼어난 시를 짓기도 했다. "남자다운 스포츠"라고 불리던 운동경기에서도 금세 이름을 날렸다. 치그웰 시절에 가장 좋아했던 달리기를 위시하여 뜀뛰기, 승마, 검술 대련 등 모든 분야에 두각을 나타냈다.

그러나 윌리엄의 뛰어남은 여기에 그치지 않았다. 명석한 머리와 배움에 대한 열의를 주저 없이 배움에 적용했다. 라틴어와 그리스어, 수사학, 논리학, 신학을 배웠다. 그중 논리학은 교수 방법이 현학적이라고 생각하여 그다지 좋아하지는 않았다. 신학은 옥스퍼드에서 조차도 인기가 있는 과목이었다. 신학의 교리를 실천할 마음이 전혀 없어도 교육을 잘 받은 사람이면 누구나 교리의 몇 가지 주안점을 얼마든지 피력할 수 있었기 때문이다. 윌리엄이 받은 강의 중에는 매년 봄 사순절 순회재판[40]이 끝나고 실시되는 해부학 시간도 있었다. 때마침 형을 선고 받고 교수형에 처해진 범죄자의 시신을 외과의사가 학생들 앞에서 절단하는 동안, 흠정 의학강좌 교수가 인체 해부에 대하여 장황하게 설명하는 강의였다. 거기서 옷깃을 스쳐간 사람 중에는 20대의 젊은 교수 존 로크도 있었다. 두 사람은 함께 해부학 시간에 앉아 있었지만, 훗날 어떤 식으로 서로 다시 만나게 될지 전혀 몰랐다.

4월이 되자 찰스 2세의 대관식을 보러올 수 있도록 아버지가 사람을 보내 윌리엄을 런던으로 데려오게 했다. 옥스퍼드에서 런던까지는 꼬박 이틀이 걸리는 길이라, 도중에

---

40) 12세기 초반 헨리 1세가 정착시킨 사법제도. 헨리 이전에도 왕이 특별한 관심을 둔 사건의 재판을 주재하기 위해 지방의 법정에 특별 위원이나 판사를 파견하는 일은 종종 있었으나, 헨리 1세 때 이런 순회판사들이 정상적인 정부 기구와 재판 기구의 일부가 되었다. 이들이 주재하는 지방 법정은 곧 국왕 법정이 되었다.

버킹엄셔의 펜[41]에 들려 먼 친척뻘 되는 사람의 저택에서 하룻밤을 보냈다. 처음 가본 버킹엄셔에는 이미 앵초가 만개했고, 너도밤나무 사이로 새들이 지저귀고 있었다.

런던에 다가가자 큰 길은 대관식을 구경하러 가는 사람들로 꽉 차 있었다. 런던은 물론 혼잡하긴 했지만 창문과 발코니에 걸려있는 배너, 꽃, 밝은 색의 카펫과 같은 장식들로 분위기가 한결 밝고 화사했다. 수일 전부터 일꾼들이 왕실의 행렬이 통과할 길을 따라 개선문들을 만들고 있었다. 모두 날씨를 걱정하면서 최상의 기후 조건 속에서 행사가 진행될 수 있길 바랐다.

펜의 런던 사택은 시딩 레인 지역의 네이비 가든스 북쪽에 자리 잡고 있어서 여러 모로 편리했다. 하루 일과 중 대부분의 시간을 보내는 해군청과 지근 거리에 있었고 강과도 가까웠다. 런던탑도 시야에 들어왔다. 윌리엄이 세례를 받았던 올 할로스교회는 시딩 레인의 언저리에 있었다. 그러나 해군청 감독관들은 모두 하트 거리에 위치한 세인트 올라브교회로 예배 보러 다녔다. 이 교회의 회랑에는 이들을 위한 특별 좌석이 마련되어 있었다. 다른 사택에는 월섬스토 시절의 옛 친구이자 동료 감독관인 윌리엄 배튼 경이 살고 있었다. 또 다른 사택 거주자로 해군청 비서관인 새뮤얼 피프스라는 이가 있었다. 반짝이는 검은 눈동자와 통통한 뺨을 지닌 자그마한 피프스는 에너지가 넘치고 호기심이 많아 보였다. 음악 애호가에다 만사에 참견하길 좋아했고, 배튼 경의 말로는, 일도 열심히 하는 친구였다. 나란히 서 있는 사택들은 외관이 동일했다. 각 사택은 입주민이 새로 단장하여 말끔했다. 사택의 공동 정원에는 타일이 깔린 테라스가 있어서 입주민들이 함께 산책하고 담소를 나눌 수 있었다. 가끔 피프스는 플래절렛[42]이나 바이올린을 가져와 즉석 연주회를 열기도 했다. 펜의 거처는 남자 혼자 사는 집이 다 그렇듯 밋밋하고 처량해 보였다. 반면, 피프스 부부는 세련된 스타일을 구사하여, 식당을 초록색 저지와 금박장식이 가죽으로 꾸미고 곳곳에 멋진 그림과 지도를 걸어두었다.

대관식 자체는 4월 23일 웨스트민스터 사원에서 시행될 예정이었다. 그보다 더 웅장한 구경거리는 그 전날 런던탑에서 화이트홀 궁까지 이어지는 대관식 행렬이었다.

펜 가족은 행렬이 잘 보이는 장소를 확보했다. 윌리엄 배튼 가족 및 피프스 가족과

---

41) 버킹엄셔주의 작은 마을.
42) 6개의 소리 구멍이 있는 은피리의 일종.

단체로 콘힐의 한 깃발 제조공 집에서 창문이 있는 방 한 칸을 빌릴 수 있도록 조치했다. 그 방은 행렬이 지나가는 길목을 내려다 볼 수 있었고, 여러 신과 여신 및 찰스 1세와 2세의 모습이 그려진 멋진 해군 개선문과도 아주 가까웠다.

펜 가족은 다른 가족들과 함께 일찍부터 방에 도착해 있었다. 거리는 순식간에 구경하는 사람들로 넘쳐나 옴짝달싹 못할 게 뻔했기 때문이다. 마음에 맞는 사람들과 같은 방에서 기다리기에, 시간이 길어져도 지겹지 않았다. 와인과 케이크를 마시고 먹으면서 웃음꽃을 피우며 즐겁게 대화를 나누었다. 새 벨벳 코트를 입고 창밖의 귀여운 여인들에게 윙크를 해대는 피프스의 모습을 보고 모두가 재미있어 했다.

윌리엄은 창밖을 내다보며 거리를 살폈다. 수레를 끌면서 진흙으로 질척거리는 거리에 자갈을 뿌리는 일꾼들이 지나가자 구경꾼들이 모여들면서 열광적으로 환호하기 시작했다. 그 뒤로 1.8미터 정도 떨어져 런던 민병대가 줄지어 도착했다. 서너 시간이 지나자 드디어 트럼펫 소리와 함께 기마행렬이 시작되었다.

가장 먼저 근위 기병대가 나타났다. 그 뒤를 진홍색 제복을 입은 바스 기사단 68명이 뒤따랐다. 대례복을 갖춰 입은 주교들에 이어 이번에는 귀족들의 모습이 보였다. 전령을 대동한 남작, 백작, 후작 등의 귀족들이 몸에 두른 금, 은, 다이아몬드가 봄날 햇빛에 눈부시게 반짝거렸다. 런던 시장이 지나가는 모습도 보였다. 더 잘 보이는 자리를 차지하려고 사람들이 앞으로 밀어댔다. 환호의 함성이 점점 커졌다. 국왕의 동생인 요크 공작이 다가오고 있었다.

펜은 아들의 어깨에 손을 얹고 긴장한 목소리로 말했다. "공작님이시다! 아들아, 저분은 너보다 겨우 11살 위야."

윌리엄이 훗날 친구가 될 요크 공작을 처음 본 때가 바로 그날이었다. 공작이 탄 말은 꼿꼿한 자세로 의기양양하게 걸어갔다. 그의 예복에 달린 여러 가지 보석 장신구가 광채를 뿜어냈고 장려한 가발이 어깨까지 드리워졌다. 기다란 머리 사이로 드러나는 그의 얼굴은 좁고 검게 그을린 진지한 얼굴이었다.

공작은 깃발 제조공 집의 창가에 서 있는 펜 일행을 알아보고 일반 군중에게 답례로 하는 인사보다 좀 더 정중하게 인사했다. 이를 보고 흥분한 피프스는 집비둘기처럼 가슴을 내밀고 뽐내며 걸었다. 그러나 윌리엄은 그 인사가 아버지에게 건네는 각별한 신호였다는 것을 알았다. 제임스와 찰스 스튜어트의 영접을 위해 의회가 파견한 사람은 바로 자신의 아버지가 아니었던가.

보안 무관장이 나타났고, 그 뒤로 대례용 보검을 든 마샬 백작이 따라왔다. 그리고 마침내 대관식 예복을 차려입은 국왕이 등장했다.

거리의 함성은 광란의 비명 소리로 고조되었다. 지척에서 지나가고 있는 국왕 폐하를 내려다보고 있는 윌리엄은 온통 경외감으로 가득 찼다. 서른 살도 채 되지 않은 젊은 국왕이 눈꺼풀이 두툼한 눈을 위로 치켜뜨고 창가의 환호객들에게 환한 미소를 보냈.

요크 공작은 물론 국왕도 펜을 알아봤던 것이다!

국왕 바로 뒤로, 펜과 함께 함대 장군으로 네덜란드와 맞서 싸웠던 몽크 경이 여분의 말을 끌면서 오는 모습이 보였다. 체형이 드러나는 백색 군복을 입은 준수한 용모의 젊은 보병들과 이유는 알 수 없지만 터키인처럼 꾸민 사람들이 행렬의 후미를 차지하며 점점 멀어져 갔다. 이로써 행렬식이 모두 끝났다. 그날 자신의 눈에 담은 광경을 생각하며 피프스는 상상할 수 없는 행복감에 젖었다.

깃발 제조공 영이 응접실로 내온 저녁 식사를 마친 후 펜 일행은 집으로 돌아갔다. 행렬이 있던 밤, 런던의 분수대는 물 대신 와인을 뿜어냈고, 개선문 주변에서는 각종 연설이 행해졌다. 좁은 골목에서는 음악과 춤이 그치지 않았고, 광장에는 모닥불이 밤을 밝혔다. 윌리엄과 피프스의 아들은 타워 힐로 가 쇼를 관람했.

밤새도록 런던은 타종소리로 가득 찼다. 모든 교회의 종은 저마다 특별한 소리로 울렸다. 개중에는 세 시간 동안 잠시도 쉬지 않고 타종하는 경우도 있었다. 그토록 환희에 찬 종소리가 자기 양심에 따라 신을 숭앙한다는 이유로 잔혹하게 박해 당하게 되는 시대의 서막을 고하게 된다는 것은 생각만 해도 기이한 일이었다. 하지만 그것은 장차 엄연한 현실로 나타나게 되었다.

윌리엄은 다시 대학으로 돌아갔다. 그러나 학교생활은 서서히, 시간이 가면 갈수록 더 힘들이었다. 크라이스트처치대학에 새로 부임한 학장은 공화정 이전에 시행되던 세밀하고 복잡한 해묵은 예배 의식을 복원하여 교내 예배에 적용했다. 윌리엄이 잘 아는 학우들은 자신들의 방탕한 생활 태도를 감추고 중백의와 모자로 단장하고서 정신이 뺏길 정도로 아름다운 교회에서 찬송하고 경건하게 기도문을 읽었다. 그러나 그들은 일단 교회 문을 나서면 아랑곳없이 세속적인 삶의 즐거움을 변함없이 추구했다. 윌리엄은 이런 위선적인 신앙생활에 신물을 느꼈다. 교회를 다니며 종교를 조롱하느니 아예 교회에

발을 끊는 것이 낫다고 생각했다.

   자신과 유사한 신앙관을 지닌 학생의 소개로 윌리엄은 존 오언 박사를 만나게 되었다. 오언은 크라이스트처치대학에서 해직된 후 줄곧 옥스퍼드 근교에서 살고 있었다. 펜 가족이 아일랜드에서 사귄 브로길 경과 오언이 친구였기에, 윌리엄과 박사는 처음부터 서로 관심이 많았다. 박사는 다른 학생들과도 격의 없이 잘 지내는 편이었다. 당시 유행하던 악기인 플롯 연주를 열렬히 즐겼고, 윌리엄처럼 운동에도 소질이 있어 스포츠에 관심이 많았다. 자신이 신봉하는 원칙들, 특히, 종교적 자유를 옹호할 때는 그 누구보다 더 치열했다. 학생들은 그의 집에 모여 시대의 화두인 종교와 정치를 토론했으며, 학교와는 달리 남의 눈을 의식하지 않고 자신의 의견을 마음껏 개진할 수 있었다. 국교회를 제외한 다른 모든 종파는 불법이었지만, 오언은 스스로 생각하고자 마음을 다잡는 학생들과 함께 자기 집에서 예배를 드렸다.

   편견이 없고 관대한 오언도 퀘이커에 대해서는 냉담했다. 지난 6년 사이에 옥스퍼드에도 소수로 나마 퀘이커들이 생겨났다. 하지만, 사람들에게 충격을 주어 교리를 듣게 만드는 광신적인 포교방식 때문에 관헌에 의해 처벌을 받았고, 학생들에게 학대를 당했다.

   오언 박사 집에서 조차도 자신이 갈구하던 바를 찾지 못하고 있다는 생각에 윌리엄은 이따금 우울해졌다. 그래도 거기가 학교 보다는 더 낫다고 확신한 터라, 대학 예배시간에는 아예 발길을 끊어버렸다.

   그러나 이내 이 모임의 소문이 당국의 귀에 흘러들어 갔다. 윌리엄을 비롯하여 나머지 참가자들 전원이 벌금을 맞았다.

   얼마 안 가 아들의 소식을 들은 펜은 윌리엄을 즉시 런던으로 불러들였다. 윌리엄은 심기가 불편한 아버지를 대면하기가 두려워 마지못해 떠났다. 아들이 견책 받을 때 마다 쉽사리 상처받는 축이라 펜 부인이 개입하여 상황을 무마하곤 했지만, 아일랜드에 있는 그녀도 이번에는 어쩔 수가 없었다.

   그러나 다행히도 아버지의 반응은 예상만큼 격하진 않았다. 물론 펜은 속이 상했다. 아들이 학우들 사이에서 별종으로 취급받는 게 싫었다. 게다가 그런 일은 아들의 앞길에 하등 도움이 되지 않을 거라고 생각했다. 펜은 힘주어 말했다. 양심의 자유란 17세에 불과한 애송이가 연연해 할 문제가 아니니 더 현명한 연장자들의 손에 맡기라고 주문했다. 윌리엄은 이제 학교로 돌아가 다른 학생들처럼 규율대로 행동해야 했다.

아버지의 훈육이 끝나고, 윌리엄은 런던에서 잠시나마 즐거운 시간을 보냈다. 펜이 피프스와 웨스트민스터에서 일을 보는 동안, 윌리엄은 하루 종일 혼자서 도시를 배회할 수 있었다. 강 위를 오고가는 배들을 눈으로 따라갔다. 풀[43]에 정박된 소형구축함이 아메리카로 떠날 거라는 말을 듣고는 여러 가지 상상의 나래를 펴보기도 했다. 대학 학우들과 근자에 발간된 이상적인 정부를 논한 도서 몇 권을 놓고 열띤 토론을 벌인 일이 기억에 떠올랐다. 누군가가 아직 아무 때가 묻지 않은 청정한 땅이 지천으로 널린 아메리카 식민지에 이상향을 건설하자고 하지 않았던가. 윌리엄도 만인에게 종교적 자유가 허락된 완벽한 정부라는 개념에 적극적으로 마음을 열었더랬다. 아메리카로 갈 채비에 바쁜 배를 보자 그 때 주고받은 대화가 생각난 것이었다.

그날 저녁 웨스트민스터에서 돌아온 펜은 윌리엄을 피프스의 집으로 불렀다. 함께 식사하고 늦게까지 대화하고 여흥을 즐겼다.

페그도 그 당시 런던에 머물면서 클라컨웰[44]에 있는 기숙학교에 다니고 있었다. 크리스마스 휴가가 되자, 페그와 윌리엄은 네이비 가든스에 모여 무척이나 즐거운 시간을 보냈다. 피프스 부인이 런던에 없었던 펜 부인 대신 페그를 지켜봐야 해서, 이래저래 두 남매는 피프스 가족과 자주 만나야 했다.

성탄절 다음 날에는 피프스 가족과 함께 모두 마차를 타고 무어필즈로 갔다. 산책하기에는 너무 춥고 거기다 진눈깨비까지 날리던 날씨라 에일 하우스로 들어가 케이크와 에일로 몸을 데웠다. 저녁식사로 칠면조 요리를 먹고, 한바탕 카드게임을 즐겼다. 피프스 부인의 도움으로 구입한 꽃무늬 공단 드레스를 입고 있는 페그의 모습이 윌리엄 눈에 전혀 밉상으로 보이지 않았다. 물론 10살짜리 여자 아이를 두고 그런 판단을 한다는 것이 지나치게 앞서가는 일이었지만서도.

새해 첫 날이 되자, 피프스 가족은 페그와 윌리엄을 데리고 듀크스 시어터로 가서 '에스파냐인 보좌신부[45]'라는 연극을 함께 관람했다. 불과 얼마 전만해도 연극 관람이 불법이었던지라, 이제 누구나 할 것 없이 극장에 드나들 수 있다는 사실이 이상하게만 느껴졌다. 피프스 집으로 돌아와 카드놀이를 하던 중, 윌리엄은 순간 뭔가 허전하여 허리를

---

43) 템스강의 일부로 런던브리지에서 라임하우스까지 이어지는 부분.
44) 런던 이즐링턴구의 지역.
45) 잉글랜드 극작가 존 플레처와 필립 매신저가 공동 집필한 코메디 희곡으로 1622년에 초연되었다.

더듬어보니 검이 없어진걸 알았다. 마차에 두고 내렸던 것이다! 카드를 내려두고는 벌떡 일어나 검을 찾으러 갈 참이었다. 피프스는 웃음을 터뜨리며 윌리엄의 행동은 건초더미에서 바늘 찾기나 마찬가지라고 놀려댔다. 윌리엄은 피프스의 아들을 뒤에 거느리고 부리나케 밖으로 달려 나갔다. 하트 거리와 마크 거리를 거쳐 레든홀 거리에 이를 때까지 지나가는 마차를 하나하나 빠짐없이 뚫어지게 살폈다. 콘힐의 환전소 부근에 가서야 자기네들이 탔던 마차를 찾을 수 있었다. 얼굴이 길쭉한 날카로운 인상의 마부 하며 모든 점이 그 마차임에 틀림 없었다. 마차 문을 활짝 열어 젖혔다. 윌리엄의 검은 그 자리에 그대로 있었다. 그때 그가 느낀 안도감이란 이루 말로 다 할 수 없었다. 집으로 돌아온 윌리엄을 피프스는 요란한 웃음으로 맞았다.

1월 6일은 펜 부부의 결혼기념일이었다. 여느 해와 마찬가지로 소 등뼈 요리를 비롯한 맛있는 음식을 준비하여 기념 파티를 열었다. 그 해는 결혼 18주년이라 근사한 민스파이[46] 18개로 식탁을 장식했다. 배튼 경 부부, 피프스 부부, 트레스웰 대령, 홈 소령이 손님으로 초대되었다. 펜 부인이 그 자리에 없어서 모두 아쉬워했다. 1월 8일이 되자 페그와 윌리엄은 클라컨웰과 옥스퍼드로 각각 돌아갔다.

옥스퍼드의 겨울은 춥고 축축한 데다가 하늘은 늘 잿빛으로 물들어 있었다. 크라이스트처치 메도우의 젖은 흙바닥에 얇은 얼음 막이 덮여 있었다. 학교의 대강당은 어두침침하고 한기가 돌았다. 서서히 타다가 이따금 활활 타오르는 난로의 불은 아일랜드 산 떡갈나무로 된 거대한 서까래 사이에 그림자를 어른거리게 하거나 색유리 창의 색상들을 또렷이 드러내 주기는 했지만, 어둠과 추위를 감당할 수는 없었다. 기둥들과 조각이 새겨진 둥근 아치들이 세워진 석조 교회는 죽음과 같은 냉기가 감돌았다. 중백의를 걸친 학자들이 테 데움을 찬송할 때 면 하얀 깃털 같은 입김이 흐릿한 공기 속으로 올라갔다.

다른 사람들이 뭐라고 하든, 입을 꽉 다물고 자신의 의무를 다 하며 나아가야 할 시간이었다. 자기 양심에 따라 행동하겠노라는 결심이 처음부터 윌리엄의 마음 속에 최우선적인 자리를 차지하고 있지는 않았다. 강물이 서서히 댐을 밀어내듯, 존재의 심연 어딘가에서 이루어진 것이었다. 학장들과 교수들의 지탄, 당국의 벌금형, 그리고 아버지의 반대에도 불구하고, 윌리엄은 학교에 가는 대신 오언 박사의 집으로 발길을 돌렸다.

---

46) 건과와 각종 향료가 들어간 달콤한 영국 고유의 파이.

거기로 갈 수 없을 때는 자신의 방에 모여 토론회를 열었다.

3월이 되자 윌리엄은 학교에서 쫓겨났다.

런던의 펜 사택 말고는 달리 갈 곳이 없었다.

제독의 자리에서 함선 뿐 아니라 전체 함대를 지휘했던 펜에게 불복종이란 반란과도 같은 행동이었다. 윌리엄이 그의 말을 거역한 것이다. 아들이 아버지를 실망의 수렁으로 밀어버렸다고 생각했다. 좋은 머리에 잘 생긴 용모, 거기다가 유리한 사회적 조건까지 겸비한 아이라 딴 생각만 하지 않는다면 앞으로 얼마든지 잘 나갈 수 있는 데, 이게 뭐란 말인가? 주어진 기회를 다 차 버리다니. 아들을 아끼기에 펜이 느끼는 절망감은 이루 말할 수가 없었다. 옥스퍼드를 못마땅하게 여긴 펜은 케임브리지의 모들린 단과대학으로의 전학 가능성에 대해 피프스에게 자문을 구했다. 그 후 상황이 진전되어 모들린에서 지도교수로 재직 중인 버튼 교수로부터 학교 측 결정을 전해 듣기를 기다리고 있었다. 윌리엄이 기다리기만 했더라면, 크라이스트처치대학을 명예롭게 떠날 수도 있었을 것이다.

펜은 아들의 어리석은 행동에 대해 혹독하고 신랄한 말로 비판했다. 생각할수록 화가 더욱 더 치밀었다. 마침내 아버지는 아들에게 매질을 하고야 말았다.

한 차례 폭풍우가 지난 후, 펜은 피프스와 함께 정원을 산책했다. 캐묻기 좋아하는 피프스가 윌리엄의 안부를 묻자, 몸이 좋지 않아 집에서 쉬고 있다고 둘러댔다. 하기야 매질 당한 윌리엄의 상태를 생각하면, 펜의 대답이 틀린 말도 아니었다.

시간이 좀 더 흐른 후, 체벌의 약발로는 여전히 윌리엄의 바람직하지 못한 정신 상태를 호전시킬 수 없다고 판단한 펜은 아들을 밖으로 내쫓아버렸다.

6장

그랜드 투어

아버지와 아들의 소원했던 관계는 얼마 안 가 풀리게 되었다. 두 사람은 서로 상처를 주기도 했지만 서로에 대한 사랑과 존경은 사뭇 깊었기 때문이다. 윌리엄을 이내 다시 집으로 돌아오게 한 후, 펜은 체벌보다 더 나은 다른 방도를 골똘히 강구하여 불행을 자초하는 생각을 아들의 머리에서 지워버리려고 했다. 얼마 전 아일랜드 총독으로 부임한 친구 오몬드 경이 어쩌면 도움을 줄 수 있을 거라는 생각도 했다 어쨌거나 한여름에 이르러서는 그랜드 투어라는 해법을 찾게 되었다. 엘리자베스 여왕 시대부터 내려온 상류층 자제들을 위한 교육적 관행에 윌리엄도 참가시켜, 프랑스, 스위스, 이탈리아 등지를 두루 살펴보게 하는 여정으로 교육을 마무리하려는 취지였다. 가정교사의 지도를 받으며 보낸 아일랜드 생활은 지나치게 정적이었고 옥스퍼드에서는 오언 박사의 영향력이 강하게 작용하였기에, 이제 아들의 등을 떠밀어 세상 구경을 하게 하리라! 라고 펜은 결심했다.

물론 윌리엄을 혼자서 여행길에 오르게 할 순 없었다. 그와 함께 갈 수 있는 '명망 있는 사람'을 물색해야 했다. 운 좋게도 스코틀랜드의 크로퍼드 백작이 아들과 그 친구 몇몇을 데리고 파리로 간다는 이야기를 듣고, 윌리엄도 그들과 합류할 수 있도록 조처를 취했다.

7월 5일, 두 부자는 피프스 가족이 마련해준 송별회 겸 저녁식사에 참가했다. 7월 중순경 펜은 엄청난 규모의 수행원을 대동한 오몬드 경과 함께 런던을 떠나 아일랜드로 갔고, 윌리엄은 도버와 칼레[47]를 거쳐 파리로 갔다. 네이비 가든스의 사택은 텅 빈 채 굳게 닫혀 있었다. 가엾은 페그는 클라컨웰 학교에 꼼짝없이 혼자 남아야 했으니 무척

---

47) 도버 해협(또는 칼레 해협)에 면한 항만 도시. 도버 해협에 근접해 있는 지리적 특성 때문에 중세 때부터 중요한 항구였다.

이나 쓸쓸하게 느꼈을 것이다.

선편으로 런던에서 그레이브젠드[48]로 이동한 그랜드 투어단은 역말을 이용하여 도버로 갔다. 정기선을 타고 도버에서 칼레까지 간 후, 거기서 마차를 타고 달려 6일 후에 파리에 도착했다. 유럽 어디를 가든지, 항상 가장 먼저 들리는 곳은 파리였다. 이는 파리가 가장 멋지고 화려한 유럽 도시로서 문명세계 전체의 스타일을 주도해 나갔기 때문이다.

파리에 도착한 젊은 여행객들은 세 가지 일을 실행에 옮겼다. 도착과 함께 프랑스식 의상을 주문했다. 의상이 만들어지고 있는 동안, 입던 옷 그대로 시내 관광을 하러 갔다. 앙리 대왕[49]의 청동 기마상이 세워진 퐁 네프, 루브르 박물관, 노트르담 사원, 파리 대학교[50](잉글랜드 출신 방문객들은 옥스퍼드만 못하다고 생각했다), 리슐리외[51] 재상의 명으로 그 캠퍼스가 장려한 신식 건물로 개조된 소르본느 대학[52] 등을 둘러보았다. 튀일리 궁[53]에서는 명성이 자자한 느릅나무와 뽕나무 아래를 거닐며 산책을 즐겼다. 짬짬이 만나는 프랑스 명사들에게는 그동안 고생해서 그러모은 소개장을 제시했다. 주문한 새 의상이 준비되자, 그들은 사교계로 진입했다.

크로퍼드 백작의 일행은 태양왕으로 알려진 그 눈부신 "젊은 아폴로" 루이 14세의 궁정에 손님으로 초청되었다. 투어 당시 윌리엄의 나이는 18세도 채 되지 않았지만, 천하를 호령한 루이 왕보다 나이가 그리 어린 것도 아니었다. 윌리엄은 다른 사람의 행동거

---

48) 잉글랜드 켄트주의 유서 깊은 도시. 템스강 지류 남안에, 그리고 에식스주의 틸베리 반대편에 위치해 있다.
49) 앙리 대왕(Henri the Great, Henri IV, 1553-1610). 프랑스 부르봉 왕조의 시조. 정치, 군사, 내정 다방면으로 유능했고, 역사적으로 위그노(신교)에게 종교의 자유를 선포한 낭트 칙령으로 유명하다.
50) 파리 대학교(Université de Paris)는 역사적으로 신학과 철학에서 엄청난 명성을 얻은 세계 최고의 명문내학교 중 하나였으며, 1150년에 설립된 유럽에서 가장 오래된 대학 가운데 하나였다. 1200년에 프랑스 왕 필립 2세에게, 1215년에 교황 인노첸시오 3세에게 인정을 빚았다. 프랑스 혁명기인 1793년에 폐쇄되었고 이후 1896년에 다시 설립되었으나, 5월 혁명의 영향으로 1971년 13개의 독립적인 대학교들로 분할되었다.
51) 리슐리외 (Armand Jean du Plessis, cardinal-duc de Richelieu et de Fronsac, 1585-1642). 프랑스의 추기경이자 공작으로 재상을 역임했으며, 실질적으로 프랑스의 절대왕정을 완성하고 프랑스 혁명 이전까지 이어지는 서유럽에서의 프랑스 패권 시대를 확립한 사람이다.
52) 1257년 로베르 드 소르본느에 의해 설립되었으며, 파리 대학교의 신학대학으로 출발했다. 프랑스 혁명기 침체를 겪은 후, 1895년에 다시 설립된다. 1971년 13개의 대학으로 나뉜 파리 대학교를 계승하며, 파리 제 4대학교와 파리 제 6대학교의 통합으로 소르본의 이름을 다시 잇게 되었다.
53) 현재 프랑스 파리 루브르 박물관 자리와 샹젤리제 사이에 있던 옛 왕궁. 1564년에 앙리 2세의 왕비가 처음 공사를 시작하여 200년 동안 지었는데, 1871년에 방화로 파손되어 1882년에 철거하였다.

지를 유심히 살펴가며 궁정예법을 배웠고, 궁정의 장엄한 분위기에 주눅이 들 때면 대관식 행렬 도중 국왕 찰스 2세가 깃발 제조공의 자택 창가에 서있던 펜을 알아보던 그 순간의 기억을 떠올려 자신을 다잡곤 했다. 그러나 파리와 루이의 궁정에 견주어 런던과 잉글랜드 국왕의 모습은 검소하고 소탈해보였다.

파리에서 만난 인물 중에는 선덜랜드 남작부인도 있었다. 그녀는 결혼 전에는 레이디 도러시 시드니였고, 위대한 필립 시드니 경[54]의 손녀이기도 했다. 한창 때 내로라하는 미인이었던 남작부인에게 한 유명한 시인이 그녀를 사카리사[55]로 기린 시를 헌정하기도 했다. 윌리엄이 만났을 때는, 이미 나이가 지긋하게 들어 윌리엄보다 4살 더 먹은 장성한 아들이 있었다. 로버트 스펜서라는 이름을 가진 남작부인의 아들은 윌리엄이 여태껏 만나본 젊은이들 중 가장 박식하고 강한 호감을 주는 사람이었.

파리에서 체류하던 어느 날 밤이었다. 여러 파티에 들린 후, 11시쯤 윌리엄은 크로퍼드 백작가 소속 시종의 수행을 받으며 숙소로 돌아가고 있었다. 파리의 거리는 어둡고 진탕이라 다니기에 별로 기분 좋은 곳이 못됐다. 앞만 보고 황급히 가느라 어떤 신사가 지나가면서 모자를 벗어 자기한테 인사하는 걸 보지 못하고 지나쳤다. 상대방의 인사에 답하지 않고 계속 걸음을 재촉했던 것이다. 모욕감을 느낀 그 남자는 진노하며 잽싸게 자신의 칼을 칼집에서 빼들고 윌리엄에게 돌진했다.

윌리엄이 옥스퍼드에서 다방면의 스포츠에서 날린 명성은 과연 명불허전이었다. 갑작스런 공격과 프랑스 사람들의 격한 성정에 어안이 벙벙했지만, 순간적으로 자신의 칼을 잡아 적시에 방어 태세를 취했다. 균형을 잡은 후, 앞으로 쑥 들어오는 거듭된 공격을 신속하게 막아내고, 결정적인 반격으로 상대방의 칼을 날려 쨍 소리와 함께 뒤에 있는 돌담에 부딪혀 떨어지게 했다. 하인들이 들고 있는 횃불의 너울거리는 불빛 아래 분노로 상기된 프랑스 남자의 안색이 점점 하얗게 잦아들었다. 그는 무장해제를 당한 채 그대로 서 있었다. 윌리엄은 칼을 칼집으로 거두었다. 모자를 멋들어지게 벗어 인사한 후, 조금 전에 범한 결례를 설명하고 그 자리를 떠났다. 크로퍼드 백작의 시종은 그의 무술에 연신 공손한 자세로 감탄하며 뒤따라갔다. 희미한 횃불이 비치는 좁은 밤거리에

---

54) 필립 시드니 경(Sir Philip Sidney, 1554-1586). 엘리자베스 1세 시대의 궁정 조신, 정치가, 시인.
55) "sugar"를 뜻하는 라틴어 "sacharum"을 근거로 하여 시인 Edmund Waller(1606-1687)가 선덜랜드 남작부인에게 지어준 별명.

서 상대방을 털끝 하나 건드리지 않고 제압하는 데는 엄청난 기술이 필요했으니까.

그 당시에는 자신의 승리에 도취된 나머지 자신의 행위에 자부심을 느끼지 않을 수가 없었다. 그러나 나중에 그 사건을 돌이켜 봤을 때, 둘 중 누구든지 한 쪽은 너무나 쉽사리 칼에 맞아 죽었을 수도 있다는 생각에 큰 충격을 받았다. 모자를 벗어 인사하는 것과 사람의 목숨을 맞바꿀 수 있기나 한 듯이 굴었다니, 윌리엄은 어처구니 없어 했다.

그 해 늦가을 윌리엄은 크로퍼드 백작에게 하직 인사를 하고 앙주[56]의 소뮈르로 이동하여 위그노 아카데미에서 일 년 넘게 수학하였다. 르와르 강변에 들어선 그 작은 도시가 무척 맘에 들었다. 유서 깊은 탑과 성의 존재는 로마 시대의 군대 야영지와 중세의 거점이었던 소뮈르의 과거를 웅변해주고 있었다. 윌리엄이 사랑한 이 작은 도시는 이제 극장, 박물관, 대형 도서관, 에나멜, 유리제품, 백포도주를 비롯한 다양한 제품을 만드는 공장들의 존재를 자랑하는 신식도시로 번창하고 있었다.

당시 위그노 아카데미의 학장은 모제 아미로 박사였다. 윌리엄은 학교에 입학하자마자 아미로 박사에게 절대적인 애정과 존경을 표했다. 종교적 자유에 대한 그의 열성적인 자세는 존 오언 박사와 다소 유사했으나, 옥스퍼드의 은사에 비해 더 폭넓고, 지혜롭고, 부드러운, 대단히 학구적인 인물이었다. 그 명성 때문에 누군가 아미로 박사를 두고 짤막한 시를 지었는데, 신입생이면 누구나가 이 시를 귀에 못이 박히게 들었다. 새내기 윌리엄도 예외는 아니었다. 처음 듣고는 그 뒤로 한 번도 잊어버린 적이 없는 시는 다음과 같았다.

모세에서 모세까지,
인간의 아들들 중에서
몸가짐, 말솜씨, 글솜씨가
그 사람만큼 빛난 이는 없나네.

조금 과하다는 생각이 들 수도 있을 성 싶었지만, 아주 잘 지은 시라고 평가했다.

소뮈르의 분위기는 옥스퍼드와 달랐다. 아카데미의 학생들은 열심히 공부했다. 그리

---

[56] 앙주(Anjou). 프랑스의 프로뱅스로 중심지는 앙제이다. 파리분지와 아르모리칸 산지 사이에 있으며, 예로부터 농사가 잘 되는 부유한 지역이다.

스어와 라틴어로 된 고전 작품을 읽고, 프랑스어로 진행되는 신학 강좌에 출석하였다. 언어, 문학, 그리고 프랑스의 역사도 철저히 습득했다. 옥스퍼드와 한 가지 또 다른 점은 종교적 갑론을박이 없다는 사실이었다. 온갖 프로테스탄트 종파의 학생들과 가톨릭계 학생들이 나란히 수학하고 있었다.

1664년 위대한 아미로 박사가 영면에 들자, 소뮈르가 돌연 무의미하고 밋밋하게 느껴진 윌리엄은 짐을 싸서 다시 그랜드 투어의 길에 올랐다. 이윽고 윌리엄은 프랑스로 돌아와 있던 로버트 스펜서와 다시 만났다. 로버트의 부모는 작정하고 그를 앤 디그비와 결혼시키려고 했지만, 정작 그는 부모가 자신과 결혼 문제에 대해 제대로 상의하지도 않고 결혼을 추진하리라고는 전혀 생각하지 못했다.

의기양양한 두 젊은이는 스위스를 거쳐 이탈리아로 여행을 떠났다. 명랑하고 매력적인 성품의 소유자인 로버트를 윌리엄은 무척 따랐다. 윌리엄이 해군청 주변에 훤하듯, 로버트는 유럽을 손바닥 들여다보듯 잘 알고 있었다. 그는 가는 곳 어디서든지 친구를 사귀었다. 이는 그가 장차 지체 높은 선덜랜드 백작 자리로 오르게 될 거라서가 아니라, 언제나 함께 있고 싶게 만드는 드물게 훌륭한 사람이었기 때문에 가능한 일이었다. 어둡거나 바람직하지 못한 측면이 있을 수도 있었겠지만, 윌리엄은 아직 한 번도 그런 모습의 로버트를 본 적이 없었다. 윌리엄은 언제나 그런 식이었다. 일단 어떤 사람을 좋아하면, 그 사람의 흠결을 보지 않으려 했다. 그런 태도는 좋은 친구가 될 수 있는 자질이지만 남을 판단할 때는 눈가리개가 되어 그를 종종 곤경에 빠뜨리곤 했다.

두 친구가 로버트의 공화파 숙부인 앨저넌 시드니를 만난 곳은 아마노 로리노였을 것이다. 로버트의 숙부는 국왕 찰스 2세에게 반대하여 망명 중이었다. 생활비에 쪼들린 그는 많은 시간을 독서와 사색에 보냈다. 그의 생각은 정부와 자유라는 주제에 집중되었다. 앨저넌은 윌리엄의 아버지와 동갑이었지만, 연장자와 언제나 잘 지냈던 윌리엄은 그를 단박에 좋아했다. 오언 박사와 아미로 박사가 표출한 종교적 자유에 대한 열정에 열광했듯이, 앨저넌의 관심사인 자유로운 정치체제라는 개념에 몰입하기 시작했다. 앨저넌과 윌리엄의 만남은 짧았지만, 둘은 서로를 오래토록 기억했다. 훗날 윌리엄이 진정한 자유가 보장된 정부를 설계할 때, 그가 조력을 청한 사람은 바로 앨저논 시드니였다.

이탈리아의 첫 여행지인 토리노는 좀 지겨운 도시였다. 로마, 피렌체, 베네치아로 강행군할 채비를 하고 있을 즈음 펜에게서 전갈을 받았다. 잉글랜드와 네덜란드가 전쟁

전야의 형국을 맞이하게 되었다는 소식이었다. 숙적 프랑스가 네덜란드와 협공을 벌일 조짐이 있다는 소식도 함께 전해졌다. 펜은 함대 사령관으로 다시 해군에 귀환하여야 했고, 윌리엄은 즉각 집으로 돌아가 아버지를 대신해 가장의 역할을 수행해야 했다.

다행히도 윌리엄은 기마술이 훌륭했다. 황급히 프랑스를 통과하여 8월 중순 경에는 런던에 도착할 수 있었다. 부름을 받고 집안의 어른 노릇을 할 수 있는 자신이 자랑스러웠을 뿐 아니라, 그리운 가족과 다시 만나게 되어 진심으로 기뻤다.

아일랜드에서 막 돌아온 펜 부인은 지금껏 아들과는 4년, 남편과는 2년이 넘도록 헤어져 있었다. 13살의 페그는 아름다운 숙녀로 자라고 있었다. 펜 가족과 떼놓고 생각할 수 없는 친구인 피프스의 말마따나, 8살배기 막내둥이 디키는 "눈에 띄고, 튼실하고, 위트에 넘치는 아이"였다. 그들 모두 재회의 기쁨을 만끽했다. 사랑이 넘쳐흐르는 가족이라 주고받을 이야기가 너무나 많았다.

특히 펜 제독의 얼굴은 자부심과 기쁨으로 빛났다. 그러한 모습은 자축 그이상의 무언가를 나타냈다. 아들의 거처를 두고 내린 자신의 결정이 얼마나 현명했던가! 자신이 바라던 모습으로 아들이 성장했으니. 준수한 외모와 정중하고 예의바른 몸가짐은 물론, 자신의 취향과는 거리가 먼 프랑스식 반바지[57]를 제외하곤 아들의 옷차림까지도 맘에 들었다. 게다가 프랑스 노래도 흥얼거릴 줄 알았으며, 프랑스인들의 생활 방식을 재미나게 이야기하기도 했다. 학식이 많았지만, 오만하게 떠벌이지 않았다. 무엇보다 다행인 것은 자칫 큰 문제의 소지가 될지도 모를 그 조악하고 시류를 거스른 종교 개념들을 윌리엄이 머릿속에서 밀어냈다는 것이었다.

---

[57] 몸에 꽉 붙고 종아리나 발목에서 조여지는 프랑스식 남자 바지.

7장

전령 윌리엄

무겁게 드리운 전쟁의 그림자에도 불구하고, 펜 가족은 재회 후 거의 한 해는 모두가 행복하게 지냈다. 펜 제독은 자신에게 가장 적합한 임무인 해군 조직의 정비에 여념이 없었다. 당시 해군의 상태는 처참할 정도로 피폐해져 있었다.

펜 부인으로 말하자면, 가족 전원을 다시 한 지붕 아래에 거느리게 되어 무척 기뻤다. 이웃인 피프스 가족과는 한층 더 돈독한 관계를 유지하였다. 일주일이 멀다하고 두 가족은 서로 집에 모여 저녁 식사를 하거나 게임과 카드놀이를 하면서 시간을 보냈다. 막내 디키는 피프스 부인의 사랑을 독차지했다. 피프스는 페그가 착용한 은색 레이스가 부착된 새 실크 드레스를 보고 연신 찬사를 보냈다. 페그와 피프스 부인이 같은 선생님에게 미술 수업을 받았는데, 피프스 부인의 작품이 더 훌륭하다는 사실에 페그는 심기가 좀 언짢아지기도 했다. 피프스 부부가 펜의 집에 들러 노랗고 자그마한 드문 외래종 물고기들이 바닷속인 양 유유자적하게 돌아다니는 펜 부인의 어항을 보고 감탄하는가 하면, 펜 가족이 피프스 네에 저녁 초대를 받아 구운 백조고기를 맛보기도 하면서 사이좋게 지냈다. 아버지에게 친밀한 모습으로 말동무가 되어주던 윌리엄은 2월이 되자 링컨스 인[58]에 입학하여 법을 공부하기 시작했다.

링컨스 인은 잉글랜드의 유수한 4대 법학원 중의 하나로 변호사로 활동하고픈 젊은 이들을 양성하는 곳이었다. 매일 런던을 가로질러 챈서리 레인에 위치한 링컨스 인으로 윌리엄은 걸어 다녔다. 세인트 폴교회와 각종 도서, 판화, 지도를 파는 가게들이 빼곡히 들어선 교회 광장을 지난 후, 세션스 하우스와 뉴게이트 감옥이 있는 올드 베일리[59]의

---
58) 현재 영국 잉글랜드와 웨일스의 변호사들이 속한 네 개 법학원 중 하나이다.
59) 런던 중심부에 위치한 중앙형사재판소의 별칭.

입구와 럿게이트 거리를 지나 플리트 거리를 쭉 따라가면 템플 레인과 챈서리 레인에 이르렀다. 링컨스 인에 도착할 때마다, 윌리엄은 기분이 좋아졌다. 협소하고 혼잡한 데다 악취까지 풍기는 런던의 거리에 늘어선 가옥들은 그 상층이 길 쪽으로 지나치게 기울어져서, 작업하던 견습생이 다락방 창문에서 몸을 내밀면 길 건너에 있는 사람과 악수도 할 수 있는 지경이었다. 이에 견주어 법학원 주변은 거의 시골처럼 공기가 신선하고 앞도 시원하게 트여 있었다. 수목과 산책로가 즐비한 링컨스 인 필즈 공원은 일요일 오후의 산책 장소로 가장 사랑받는 곳이었다.

그 해 가을과 겨울에 걸쳐 펜은 다가오는 전쟁에 대비하여 함대를 조직하는데 힘썼다. 새 군함을 건조해야 했고, 노후한 군함은 수리가 필요했다. 건조와 수리에 사용할 목재와 철, 대마, 총 마개, 마스트 활대 등 필요한 자재와 물품도 구해야 했다. 부릴 인력으로 일반 선원 외에도 목수, 조선공, 대장장이, 소목장, 누수 방지공, 톱질꾼 등 다수의 기술자들을 모집해야 했다. 식량도 엄청나게 비축해두어야 했다. 이 모든 것을 준비하기 위해선 자금이 필요했다. 의회가 실제로 막대한 규모의 전쟁 준비 경비를 승인했지만, 그 어떤 일도 심각하게 여기지 않는 국왕은 경비 대부분을 궁정생활에서 개인적 향락과 사치를 추구하는데 탕진하고 있었다. 펜 제독에게 그 시기는 온통 정신없이 바쁘고 긴장을 늦출 수 없는 나날이었다. 게다가 10년 전 런던탑에 체류한 후 얻은 지병인 통풍으로 임무 수행이 그다지 수월하지 않았다. 그러나 1665년 3월 초 전쟁이 마침내 선포된 시점에 이르러서야, 함대는 거의 모든 준비가 끝났다.

요크 공작이 잉글랜드 해군장관으로 임명되었다. 진지한 젊은이이었지만, 그는 바다와 해전에 대해서 아는 바가 전혀 없었다. 이에 펜 제독에게 함대 사령관 직을 부여하고 공작의 기함인 로열 찰스 호에 배치하여 공작을 보좌하게 했다. 공작에게 조언하는 일만 맡겨졌더라면 수월하게 수행했을 터이다. 공작에 비해 바다와 해전에 관한 지시이너 일천한데다 진지한 자세는 눈 씻고 찾아보려야 찾을 수 없는 더 어린 연배의 장교들뿐만 아니라, 해군 참전이 돌연 추종해야 할 유행으로 생각하고 힘들이지 않고도 흥미진진한 모험과 명성을 담보해줄 거라고 여기는 팔머스 백작과 머스케리 경과 같은 젊은 조신들도 동시에 다루어야 했다. 한 마디로 애물단지들이었다. 젊은이들 중 유일한 예외는 자신의 아들인 윌리엄뿐이었다.

윌리엄이 선상에서 아버지와 요크 공작의 곁을 지킨 지 한 달이 지났다. 그러나 그

한 달은 전반적으로 무료한 시간이었다. 사건이라고는 전혀 일어나지 않았다. 어느 날 네덜란드 척후병 몇몇이 정탐하러 왔다가 쫓겨 간 일이 발생했다. 펜의 함대는 식량 공급을 기다리고 있는 상태라 섣불리 적군에게 발포하지 않았다. 공급이 지체되면 될수록 수병들의 굶주림이 더해갔고 불안감은 가중되었다. 심한 권태에 빠진 로열 찰스 호의 젊은 조신들은 하릴없이 자기들끼리 말다툼을 벌이거나, 자신들의 높은 지위에 걸맞은 대접을 받지 못한다고 투덜대며 펜 제독을 거슬려했다. 그러나 해군으로서의 자질을 두고 그들에게 펜이 높은 점수를 줄 수 없다는 것은 명백한 사실이었다.

드디어 4월 말이 되었다. 103척의 함선을 거느린 펜의 함대가 출격 태세에 들어갔다. 선원들은 긴장감에 휩싸였다. 해군장관과 함대 사령관은 국왕에게 상황 보고를 전달할 전령으로 윌리엄을 선정했다. 이로써 윌리엄의 해상 생활은 한 달로 끝나게 되었다.

사실 윌리엄은 함대를 떠나는 일이 마음에 내키지 않았다. 앞으로 무언가 일어날 조짐이 보였던 터라 현장을 두고 떠나기가 쉽지 않았다. 게다가 조신들 사이에서 펜 제독의 결정이 아들의 안위를 위한 것이라는 말이 오고갔기에 더욱 그랬다. 그러나 명령은 따라야 했고, 국왕에게 중대한 전갈을 전달하는 일은 그 자체로 의미가 큰 임무였.

4월 22일 공작의 비서관 윌리엄 코번트리가 내각장관에게 쓴 전언은 다음과 같다.

"미스터 펜이 용맹스러운 우리 함대의 항해 상황에 대하여 보고할 것입니다. 풍속은 물론 전반적인 기상 조건이 양호합니다."

윌리엄은 해군으로 내세울 경험이 그리 많지 않았기에, 오르퍼드네스[60]에 정박한 로열 찰스 호에서 하선하여 작은 배로 70-80킬로미터 정도 떨어진 하리치[61]에 도착한 후 그가 내린 그간의 날씨에 대한 평가는 비서관과는 대조적으로 전혀 긍정적이지 않았다.

윌리엄이 하리치에 도착한 때는 일요일 정오였다. 필마가 준비될 때까지 기다리는 동안, 아버지 앞으로 편지를 적어 자신이 타고 왔던 배편으로 전달했다.

---

60) Orfordness 혹은 Orford Ness로 표기됨. 잉글랜드 서퍽주 오르퍼드 부근의 첨단 해안.
61) 잉글랜드 에식스주 북동부에 위치한 작은 항구 도시.

1665년 4월 23일, 하리치에서

존경하는 아버님께,

오늘 정오가 되어서야 겨우 여기에 도착하였습니다. 함선의 진로와 직각으로 바람이 계속 불어오고 날씨도 험한 상황이라 지체된 것 같습니다. 아버지께서 지금 맞서고 있고 앞으로도 줄곧 노출될 모든 위험과 거친 기상조건을 이겨내고 무사히 집으로 돌아오시길 하느님께 기원합니다. 저도 마음을 굳게 다잡을 수 있길 기도하고 있습니다. 하느님께서 아버님을 전쟁터로 소환하셨더라도 앞뒤 분간이 어려운 구름 자욱한 바다에서 보호해주시리라고 확고하게 믿고 있습니다. 아직은 지혜가 부족하여 아버지가 된다는 것의 의미를 현재 제 머리로는 결코 헤아릴 수가 없습니다. 그래도 그 어느 때 보다 지금 저에게 가장 중요한 것은 아버님의 안위라고 말씀드리고 싶습니다. 아버지이자 친구 같은 분을 잃는다는 것은 저에게 너무나 큰 고통이니까요.

월리엄 드림

월리엄은 같은 날 오후 3시에 역말을 잡아타고 출발했다. 하리치에서 120킬로미터 떨어진 런던까지 최단 시간에 갈 수 있는 방법인데도 밤새 달려야 했다. 새벽에 해가 뜨기도 전에 이미 스트랫퍼드-바우[62]를 부리나케 통과한 후, 올드게이트를 거쳐 런던으로 진입했다. 왼쪽에는 런던탑의 포탑 4개가 동트는 하늘 위로 솟아 있었다.

'그 그림자가 길게 드리워진 네이비 가든스에서 사람들이 기지개를 켜고 일어날 준비를 하겠지' 라고 월리엄은 생각했다. 자신과 아버지를 걱정하고 있을 어머니도 침실 여닫이창으로 깨어나는 아침을 보고 있을 것이었다. 그러나 그는 말을 멈출 수가 없었다. 국왕이 봐야할 메시지를 품고 달려가야 했다.

이른 아침거리에는 아직 잠이 덜 깬 견습공들과 밤늦게 까지 떠들썩하게 여흥을 즐겨 부스스한 얼굴의 사람들이 여기 저기 보였다. 레든홀 거리과 콘힐을 지나갈 때 깃발 제조공의 공방이 굳게 닫힌 채 잠들어 있는 모습도 눈에 들어왔다. 칩사이드. 세인트 폴

---

[62] 런던에서 3킬로미터 가량 떨어진 마을.

교회, 플리트 거리, 스트랜드, 채링 크로스를 지나 화이트홀 궁에 이르는 맨 마지막 길 자락에 도착했다. 템스강 둑 위로 당당하게 자리 잡고 있는 화이트홀 궁 너머로 세인트 마거릿 교회의 탑과 사원의 지붕이 나타났다.

윌리엄은 궁에 대해 훤히 알고 있었다. 루벤스[63], 코레조[64], 반 다이크[65]의 작품들이 전시된 위층의 기다란 석조 미술관으로 들어가 국왕과의 알현시간을 기다렸다.

국왕은 아직 기침 전이었다. 윌리엄은 내각장관인 알링턴 경과 국왕의 경호원인 애시버넘 대령에게 먼저 인사했다. 자신의 임무에 대해 설명을 시작하려는 찰나, 옆방에서 자고 있던 왕이 소리를 듣고 크게 벽을 두들겨 무슨 일인지 보고하도록 했다. 애시버넘 대령은 왕에게 달려가 요크 공작이 긴급하게 보낸 전갈이 있다고 말했다. 이 말은 들은 왕은, 후에 윌리엄이 자기 아버지에게 묘사했듯이, "말 그대로 침상에서 뛰쳐나와" 실내복과 슬리퍼만 착용한 채로 신하들을 맞았다. 윌리엄을 보고선, "오, 자네로군. 펜 경은 잘 있는가?"라고 물었다.

왕과의 대화는 30분 넘게 격의 없이 이루어졌다. 실내복 차림의 왕은, 여행으로 죄다 구겨진 옷을 그대로 입고 있는 윌리엄에게 계속 질문했다. 아버지의 안부를 세 번씩이나 묻기도 했다. 질문에 응답하면서 윌리엄은 모든 메시지와 서한들을 왕에게 전달했다.

"이제 펜 경과 자네의 일을 보게"라고 왕이 말했다. 임무를 다한 윌리엄은 아버지 소식을 어머니에게 전하러 갔다.

6월 3일이 되어서야 비로소 교전이 시작됐다. 전쟁이 발발한 지점은 북동쪽으로 200킬로미터 가량 떨어진 항구도시 로스토프트[66]였다. 도버에서 들리는 포성은 런던까지 가닿지 않았다. 그 해전은 잉글랜드 해군 역사상 또 하나의 위대한 전쟁으로 기록되었

---

63) 페테르 파울 루벤스(1577-1640). 플랑드르의 화가. 바로크 미술의 대표적 작가로, 대담한 명암 표현과 생동적·관능적 표현에 능하였다. 작품에 〈야경꾼〉, 〈마리 드 메디시스의 생애〉, 〈베누스의 화장〉, 〈비너스와 아도니스〉 따위가 있다.

64) 이탈리아의 화가(1494-1534). 본명은 안토니오 알레그리(Antonio Allegri). 르네상스 시대 바로크 회화의 선구자로, 화려한 색조를 사용하고 명암 효과를 강조하였다. 작품에 〈파르마 대성당(大聖堂)의 천장화〉, 〈밤〉, 〈마리아의 승천(昇天)〉 따위가 있다.

65) 안토니 반 다이크(1599-1641, 네덜란드어로는 판 데이크로 발음). 플랑드르의 화가. 잉글랜드에서 찰스 1세의 궁정 화가로 활약하였다. 초상화를 그려 루벤스에 이어 17세기 플랑드르 최대의 초상화가로 불리며, 섬세하고 명암에 갈색을 즐겨 쓰는 소위 잉글랜드 풍 초상화의 틀을 마련했다. 작품에 〈자화상〉, 〈찰스 1세의 초상〉 등이 있다.

66) 잉글랜드 서퍽주의 도시. 런던에서 북동쪽으로 177킬로미터, 입스위치에서 북동쪽으로 61킬로미터, 노리치에서 남동쪽으로 35킬로미터 정도 떨어진 곳에 위치.

다. 펜 제독은 오전 3시부터 밤 10시까지 중무장을 하고 통풍의 고통도 아랑곳없이 전투와 작전을 지휘했다.

이삼일 후 런던으로 전해진 승전보에 네이비 가든스에 모인 펜의 가족들은 기뻐서 어쩔 줄 몰랐다. 피프스의 축하 인사를 받은 후, 그와 함께 다른 이웃집의 멋진 공간으로 이동하여 파티를 했다. 이어 거리로 나와 기념문 근처에서 커다란 모닥불을 피워 불꽃놀이를 했다. 런던 도처에서 환희의 불꽃이 늬엇늬엇 해질녘의 청명한 하늘 위로 피어올랐다. 아버지에 대한 아들의 자부심도 불꽃처럼 함께 빛났다. 피프스가 지적한 대로, 펜 가족은 승리에 도취해 "무척이나 우쭐해 했다." 여느 때 같으면 생기발랄할 피프스 씨도 가끔씩 질투심에 맘을 내주는 모습이 보였지만, 그 역시 제독이 나라에 큰 공로를 세웠다는 사실을 인정하지 않을 수 없었다.

그러나 기쁨과 승리의 환성 너머로, 묵직한 불안감과 불길한 예감이 느껴지기 시작했다. 흑사병이라니! 일 년도 더 전부터 간간이 전염병에 대한 소문이 들려왔다. 한 번은 암스테르담에서, 12월은 런던에서 흑사병이 터졌다고 했다. 4월에는 두 세집이 폐쇄되기도 했다. 사람들의 입에 이러 저러한 치료법들이 오르내렸다. 피프스는 감염 퇴치법으로 궐련을 씹는 게 좋다고 했다. 그러나 흑사병에 일단 걸리면 회복할 수 있는 사람이 거의 없다는 사실을 속으로는 모두 잘 알고 있었다. 승전에 대한 소식을 받기 바로 하루 전날에 피프스는 이미 드루어리 레인에서 문에 붉은 십자가 표시와 함께 붉은 분필로 "신이여 저희에게 자비를 베푸소서"라고 쓰인 집 몇 채를 보았다.

그 해 6월은 후덥지근한 나날의 연속이었다. 밤낮으로 들이치는 마른 번개 속에서 흑사병은 무방비 상태의 도시를 휩쓸고 갔다. 사람들의 하얗게 질린 얼굴에 공포감이 역력했다. 병마는 너무도 빨리 그리고 끈질기게 덮쳤다. 6월 한 달 만에 265명의 생명을 앗아갔다. 7월 두 번째 주에 사망자의 수는 1100명을 기록했다. 세 번째 주는 2000명에 달했다. 8월 첫 번째의 희생자 수는 4000명이었고 9월에 이르자 매주 8000명의 사람들이 죽어나갔다. 시신을 담은 관들이 거리에 쌓이기 시작했다. 밤이 되면 종을 울리며 "망자를 밖으로 내다 놓으시오"라고 침통하게 외치는 사람이 수레를 끌고 가는 소리가 들렸다.

처음에 거리는 흑사병을 피해 시내를 벗어나려는 사람들이 탄 대형 4륜 마차, 4륜 우마차, 수레들로 넘쳐났다. 그런 거리가 갑자기 어느 순간 텅텅 비어버렸다. 아침 내내 길거리를 돌아다녀봐야 마주치는 것은 마차 두 대와 수레 한 대 뿐 이었다. 걸어다는 사람은 거의 없었다. 질퍽거리는 길 여기 저기 올라온 잡초들은 밟고 지나가는 사람이 많지 않아 방해받지 않고 쑥쑥 자랐다. 대도시의 거리를 뒤덮으며 무성하게 자라고 있는 잡초보다 더 불길한 징조는 없었다.

국왕과 조신들은 화이트홀 궁을 떠나 템스강 상류에 위치한 햄프턴 코트로 이동했다. 의회는 옥스퍼드로 본부를 옮겼다. 성직자들은 일제히 교회와 교구민들을 저버리고 자기네만 살자고 시골로 몰려갔다. 부인을 7월 초 울리치로 보낸 피프스는 해군청 업무 처리로 런던에 계속 머물렀다. 펜 제독은 여전히 네이비 가든스에 있는 가족과 멀리 떨어져 함대를 지휘해야 했다.

윌리엄은 링컨스 인을 다니며 끈덕지게 법학 공부를 계속했다. 보통법[67]을 집대성한 『코크의 잉글랜드법 제요』[68]는 그에게 그 시절을 살아간 사람들이 천착한 생과 사의 심오한 문제들로부터 벗어날 수 있는 도피처가 되었다. 길에서 만나는 몇 안 되는 사람에게도 죽음의 그림자가 드리워져 있었다. 어쩌다 한 마디 말이라도 나누게 되면 다시는 보지 못할 것처럼 애틋하게 행동했다. 평소에는 명랑한 피프스조차도 영혼과 육체의 문제에 관하여 주변을 정리하고 있었다.

세인트 올라브교회의 목사인 밀스 박사는 신도들이 자기로부터 아무런 영적 도움도 받지 못한 채 병마와 죽음의 공포와 슬픔에 희생되도록 내버려 두었지만, 종지기들과 조묘군들은 제각기 자신의 자리를 지키며 소임을 수행했다. 네이비 가든스에서는 하루 종일 사망과 매장을 알리는 황량하면서도 엄숙한 종소리가 들렸다. 교회로 들어가기 위해 펜 부인과 페그는 작은 교회 마당에 겹겹이 쌓인 무덤 더미 사이를 조심스럽게 지나가야 했다.

잉글랜드 국교회의 연단을 소속 목사들이 저버리자, 비국교도 설교자들과 목회자들이 대신 그 빈자리를 채웠다. 퀘이커들은 공개적으로 모임을 열었다. 가정집 뿐만 아니라 감옥도 방문했으며, 병마에 시달리는 사람들과 가난한 사람들도 찾아보았다. 이런

---

67) 잉글랜드 전체에 공통적으로 적용된 법. 헨리 2세 때 앵글로색슨법과 노르만법 그리고 로마법과 교회법을 차용하여 수립되었다
68) 잉그랜드 튜더왕조의 저명한 정치가이자 법학자인 에드워드 코크의(Edward Coke, 1552-1634) 대표 저작. 코크가 정부와 사법부에서 일했던 1600-1615년 사이에 집필했으며, 대헌장을 보통법의 신성한 기초로 간주했다. 특히 식민지 아메리카에서 강력한 영향력을 발휘했고 법률 교육의 핵심을 이루었다.

그들을 "흑사병의 천사"라고 부르는 사람들도 있었다. 반면, 흑사병이란 퀘이커의 불경스런 믿음에 대하여 신이 내린 벌이라고 하는 사람들도 있었다.

한편 안전한 전원으로 옮겨간 왕실은 청정한 공기 속에서 본연의 경망스럽고 세상사에 무신경한 태도로 조정을 이끌었다. 여전히 호사스럽게 치장하고, 카드놀이와 가무, 연애에 몰두하기 바빴다. 옥스퍼드라는 안전한 피난처에서 의회는 국교회와 구별되는 모든 종파에 대하여 그 어느 때 보다 더 혹독한 처벌을 내릴 수 있는 일련의 법들을 통과시켰다. 국교회를 수호하기 위한 고육지책이라고 주장했다.

이러한 상황에 대한 소식은 10월이면 곧 21세가 될 윌리엄의 귀에도 들어왔다. 그의 마음은 이 세상의 허영과 종교의 반종교성에 대한 번민으로 무거웠다.

8장

젊은 해결사

젊은이가 손도 댈 수 없을 정도로 방대하고 복잡하게 얽힌 세상의 부당함을 보고 머리와 가슴이 혼돈에 빠질라치면, 현명한 어른은 그에게 어려운 과제를 제시하여 모든 에너지를 그 일에 몰두할 수 있도록 한다. 늦가을에 가족에게 돌아온 펜 제독은 윌리엄이 심리적 동요를 겪고 있는 징후를 곧바로 목도하고 서둘러 아들에게 일거리를 마련하여 단박에 런던에서 벗어나게 했다.

아버지의 계획에 따라, 윌리엄은 성탄절 휴가가 끝나자 파리에서 구입한 고급스런 의상을 입고 프랑스에서 자기 짐을 싣고 다녔던 역마를 이용하여 다시 길을 떠났다. 아일랜드로 활동기지를 옮겨 그간 습득한 법률지식을 활용할 참이었다. 더블린의 오몬드 공작에게 제시할 소개장도 여러 통 지니고 갔다. 아버지가 새로 보유하게 된 샨어게리의 사유지 관리는 이제 윌리엄의 소관이었다. 이제 학생이 아닌 21세의 청년으로, 아버지가 전란으로 피폐해진 해군을 향후 전투를 위해 재정비하는데 전념하느라 직접 관장할 수 없게 된 중요한 업무를 위임받게 되었다. 그는 벌써 어깨가 으쓱해졌다.

윌리엄은 배를 타고 킨세일 쪽으로 올라갔다. 절경의 해각인 올드 헤드 오브 킨세일을 지나, 당시 부재 상태에서 펜이 책임자로, 동시에 주둔 보병중대의 대위로 이끌던 요새에서 하선했다.

윌리엄의 발길이 향한 곳은 코크로부터 40킬로미터 서쪽으로 들어앉은 매크룸이 아니라, 동쪽의 샨어게리였다. 아름다운 곳이었다. 오래된 정원이라는 켈트어 이름에 걸맞게 21평방킬로미터에 이르는 풍성한 녹지대가 물로 에워싸여 펼쳐져 있었다. 동쪽은 폭이 넉넉한 강어귀와 닿았고 남쪽은 대양을 향했으며 서쪽은 아름다운 항구 코크와 접해 있었다. 한 때 엘리자베스 여왕의 군대에 맞서 저항했던 샨어게리의 고성은 거의 20년 전 크롬웰의 군대에 의해 파괴되어 이제는 폐허로 남아 있었다. 그러나 성에서 서쪽으로 3킬로미터 정도 떨어진 곳에는 선빌이라는 이름의 쾌적한 고택이 있었는데, 거기서 윌리엄은 머물렀다. 선빌에 소속된 소규모 농장 다수가 잉글랜드 사람들에게 임대 중이었다. 윌리엄의 삼촌, 조지 펜도 농장 임차인 중의 한 명이었고, 윌리엄으로 불리는 삼촌의 아들은 킨세일 인사부[69]의 서기로 일하고 있었다. 한편, 이모킬리[70]에는 신식 건축양식의 저택이 있었는데, 월리스 대령이라는 자가 거주하고 있었다.

윌리엄이 아일랜드에서 수행할 주된 임무는 아버지의 사유지에서 월리스를 퇴거시키는 일이었다. 1660년 찰스 2세의 즉위와 함께, 대대적인 사유지 재정리작업이 이루어졌다. 찰스왕의 친구 클렌카티 백작은 크롬웰에 의해 강제로 펜 제독에게 양도된 자신의 매크룸 사유지를 되찾고 싶어 했다. 친구의 요청에 따라 왕은 사유지 소유권을 백작에게 회복시켜 주었다. 그 후, 펜은 자기도 왕의 친구라는 점을 염두에 두고 매크룸과 유사하거나 더 나은 조건의 사유지를 확보하고자 했다. 그가 선택한 곳이 바로 '이모킬리의 주요 정착촌의 하나'[71]인 샨어게리였는데, 이곳은 크롬웰이 자신의 부하 월리스 대령에게 하사했던 곳이기도 했다. 찰스 왕은 일말의 감정도 없이 월리스를 퇴거시키라는 명령을 내렸다. 하지만, 펜 제독은 월리스의 처지를 감안하여 자신이 직접 사유지를 사용할 수 있을 때까지 대령이 임차인 자격으로 살 수 있도록 허락했다. 그러나 자신의 건강이 점차 악화되자 퇴임과 함께 아일랜드에 정착하는 것을 심각하게 고려했다. 펜은 샨어게리를 은퇴 후 생활에 적합하게 정돈할 목적으로 월리스에게 자기 사유지에서 나와 달라고 부탁했다. 그러나 월리스는 샨어게리의 주인은 자기라고 내세우기 시작했다. 들판에 배수로를 설치하는 등 사유지 보수에 엄청난 돈을 들였다는 것이다. 게다가 지금 그곳에 살고 있는 사람이 월리스 자신이므로 앞으로도 계속 살아야겠다고 맞받았다. 왕실의 아일랜드 정착위원들이 서신으로 퇴거 명령을 촉구하였지만, 그는 역사적으로 재산은 손에 쥔 사람이 임자나 마찬가지라는 원칙[72]을 환기시키며 꼼짝도 하지 않았다. 법적으로 꼬인 이 문제의 해결사로 윌리엄이 아일랜드로 파견된 것이었다.

협상 초기에는 모든 일이 별 탈 없이 진행되었다. 대화를 끝낸 윌리엄과 월리스는 쌍

---

69) 킨세일 소재 해군정비창 소속 부서로 인사, 급여 등을 담당했다.
70) 아일랜드 코크 카운티 24개 구역 중 하나.
71) 문맥의 이해를 돕기 위해 옮긴이가 덧붙인 수식어구.
72) "Possession is nine points of the law." 17세기부터 통용된 이 법적 격률은 재산을 손 안에 보유하고 있으면 그 사실 자체가 법적 소유권의 90%를 이룬다는 뜻을 의미한다.

방이 만족할 수 있는 합의에 도달한 것 같다고 평가했다. 1월 26일 윌리엄은 그간의 경과에 대하여 펜에게 서면 보고하고 더블린으로 출발했다.

윌리엄이 도착한 곳은 더블린의 광대하고 고색창연한 오몬드 공작의 성이었다. 잉글랜드 국왕을 대신하여 아일랜드를 통치 중인 공작은 능력이 뛰어난 인재들을 옆으로 불러들여 거의 스러져갈 지경에 놓인 보잘 것 없는 숙소에 머물게 했다. 조정회의가 열리는 곳은 비록 초라했지만 조신들은 모두 재기발랄한 인물들이었다. 오러리 백작 작위를 받은 브로길 경은 자신의 사유지가 소재한 먼스터에서 더블린을 빈번하게 방문했다. 동생인 섀넌 경도 자주 모습을 나타냈다. 오몬드 공작의 두 아들, 토마스(오소리 경)와 리처드(애런 경)도 아버지 곁에 머물렀다.

윌리엄보다 8살 연상이었던 애런 경은 만나자마자 그의 친구이자 우상이 되었다. 두 사람 모두 프랑스 여행의 경험을 애지중지 했으며, 책을 사랑했고, 운동에 발군의 기량을 보였다. 둘째가라면 서러울 정도로 강한 영웅숭배의 경향을 보였던 윌리엄인지라, 새로 사귄 친구를 온 마음을 다해 숭앙했다. 조신, 군인, 그리고 지성인의 면모를 동시에 지녔던 애런 경은 그 당시 윌리엄이 추구하는 바로 미래의 자신의 모습으로 느껴졌다.

그해 봄 윌리엄은 새로 사귄 친구를 따라 자기 인생의 전 경로를 다른 방향으로 바꿀 수도 있었던 모험의 길에 올랐다.

더블린에서 북쪽으로 150킬로미터 가량 떨어진 벨파스트 로 해안에 주둔한 캐릭퍼거스 수비대가 돌연 국왕에게 반기를 들고 성과 주변 마을을 점령하는 사건이 발생했다. 반란의 소식이 더블린 전역으로 퍼지자, 아일랜드 총독인 오몬드 공작은 즉각적인 행동에 나섰다. 잉글랜드의 아일랜드 지배는 여전히 최종적이지도 완료되지도 않은 과업이었기에, 반란이라면 그 어떤 사소한 움직임도 바싹 마른 산림에 떨어진 불똥처럼 일거에 제거해야 했다. 공작은 자신의 아들 애런 경을 필두로 4중대로 구성된 연대를 파견하여 캐릭퍼거스를 탈환하게 했다. 윌리엄도 한 치의 주저도 없이 즉시 지원하여 중대장의 소임을 맡아 전투에 참가했다.

캐릭퍼거스는 해안가에 조성된 자그마한 마을이었다. 마을 전체가 두꺼운 담에 에워싸여 있었고 안으로 슬레이트 지붕의 석조 가옥들이 들어서 있었다. 마을을 방어하는 성채에는 거대한 석조 중앙 탑이 밀물 시 거의 물에 잠기는 툭 튀어나온 바위 위로 견고하게 자리 잡았다. 이러한 환경 조건 때문에 캐릭퍼거스는 4 중대의 군사력으로도 공략

이 쉽지 않았다. 게다가 반란군들의 저항은 절박했다. 곱게 자란 아들들의 전쟁놀이가 아니었다. 강심장과 냉철한 이성이 요구되는, 목숨이 오가는 치열하고 위험한 싸움이었다. 오몬드 경의 명령으로 왕립 해군 호위함인 다트머스호가 벨파스트 로 해안으로 파송되어 대기했다. 만일을 대비한 조치였지만, 그런 상황은 일어나지 않았다. 애런 경과 윌리엄, 그리고 4중대는 전승을 쟁취하기 위해 필요한 모든 것을 다 수행했다.

전투가 끝나자, 정복자들은 성 중앙 탑과 퍼거스의 만찬장이라고 불리는 대형 연회장으로 속속 들어가 탑의 그 유명한 샘에서 솟는 달콤하고 시원한 물로 포연에 시달린 건조한 목을 적셨다. 날아갈 듯한 기쁨과 승리감에 도취된 윌리엄은 바로 그때 군인이야말로 자신이 가야할 길이라고 단정했다.

전투에 가담한 다른 이들도 윌리엄의 장래에 대해 같은 생각이었다. 애런 경은 윌리엄이 전투에서 보여준 용맹과 침착함을 강조하며 널리 알렸다. 사방에서 그에 대한 칭찬의 소리가 끊이지 않았다. 오몬드 경은 즉시 펜 제독에게 서한을 보내 제독이 보유한 킨세일 중대의 지휘권을 양도할라치면, 윌리엄이 인계받는 게 당연하다는 뜻을 전했다. 다트머스호의 함장이자 윌리엄의 사촌이기도 했던 리처드 루쓰도 캐릭퍼거스 반란에 대해 제독에게 보낸 편지를 다음과 같은 글로 끝맺었다. "제독께서도 사촌 윌리엄에 대해 익히 들어 잘 아시겠지만, 그 친구는 기꺼이 제독의 뒤를 이어 자기 명성에 걸맞게 임무를 잘 수행할 것입니다." 윌리엄 자신도 아버지에게 두 통의 편지를 보내 킨세일의 군 통솔자가 되고 싶다는 소망을 재차 표명했다. 그 때 경험한 흥분과 영광은 그 어느 와인을 마실 때 보다 더 컸다.

아버지로부터 답신을 받는 데는 시간이 좀 지나야 했다. 그 사이에 윌리엄은 갑옷을 입고 있는 자신의 모습을 초상화로 그리게 했다. 목을 둘러싼 정교한 옷 주름들이 광이 나는 철제 흉부 보호대 위를 드리웠고, 잘 다듬어진 가발의 곱슬머리 채가 철제 견갑 위로 지렁거렸다. 모든 사람들이 입을 모아 초상화를 칭찬했다. 그림에 나타난 청년은 정말로 외모가 수려하고 생기가 넘쳤다. 그러나 그 얼굴은 군인의 얼굴이 아니었다. 아무리 애를 써봐야 마음 속 깊은 곳에서는 결코 부인할 수 없는 사실이었다. 푸른 두 눈은 지나치게 생각이 많았고, 입술은 너무 섬세하고 선량했다.

공교롭게도 그 즈음 펜 제독도 인기 초상화가 피터 렐리 경에게 자신의 초상화를 그리도록 했다. 그 작업은 요크 공작의 명에 의한 것이었는데, 일 년 전 해전을 승리로 이끄는데 공헌한 유명한 함장들 전원의 초상화를 자기 방 벽에 걸어두는데 그 목적이 있었다. 초상화 속의 제독은 갑옷이 아니라 벨벳 외투를 착용하고 있었다.

5월 29일 오몬드 공작은 제독에게 편지를 보냈으나, 아무런 회신을 받지 못했다. 그 다음 달에도 여러 번 윌리엄에게 킨세일 중대 건에 대하여 물어보았다. 아버지로부터 애정 어린 장문의 편지를 받았지만 그 사안에 관한 한 아무런 언급도 없었다. '어쩌면 공작의 서한이 아버지 손에 들어가지 않았나보구나' 라고 윌리엄은 생각했다. 7월 4일 제독에게 다시 한번 편지를 써서 그의 의견을 간곡히 요청했다.

사실, 제독은 이미 공작의 편지를 받아 보았다. 편지의 내용을 두고 많은 생각이 교차되었다. 킨세일 지휘권은 자신에게 유리한 자산이라 샨어게리로 은퇴하더라도 계속 소유하고 싶었다. 게다가 오래 전부터 아들을 위해 생각해 둔 진로는 군인이 아니라, 대사직이었다. 윌리엄의 편지를 받은 지 열흘이 지나서야 제독은 답장을 보냈다.

아들에게,

내가 너에게 마지막으로 보낸 편지의 답장으로 너에게 받은 편지가 두세 통은 되는 것 같구나. 예전이나 지금이나 나는 진지하게 너에게 충고할 것이며 진정한 기독교인과 신사로서 언제나 변함없이 신중한 태도로 충고의 말을 전하고자 한다. 킨세일 요새 문제를 두고 아일랜드 총독이 보낸 서한과 관련하여, 나는 네가 청춘의 욕망에 휩싸여 신중함을 상실하는 일이 없기를 바랄 뿐이다. 총독은 당분간 자신의 곁에 (킨세일 지휘권을 내가 계속 유지함으로써) 나는 없어도 될지 모르겠지만, 너는 없으면 안 된다고 나에게 말했다.

부디 신의 축복과 지도와 가호가 있기를 기도하며.

사랑하는 아버지 펜으로부터

편지를 받고 윌리엄은 어리둥절해했다. '없어도 된다.'라고 쓴 제독의 의중이 무엇인지 정확히 알 수가 없었다. 더군다나 세상일에 적극적으로 참가하고 있는 그로서는 청춘의 욕망이 신중함을 앞서 나갔다고 견책 받는 일이 대단히 성가셨다. 그러난 분명한 것은 제독이 킨세일 중대를 아들에게 넘기지 않으려 한다는 사실이었다.

윌리엄은 이제 아일랜드 파견의 본래 임무를 다할 수밖에 없었다. 월리스 대령은 여전히 아버지의 사유지를 차지하고 있었고 제독에게 고소를 하겠다고 으름장을 놓고 있었다. 월리스 대령 문제 외에 그가 아버지로부터 부가적으로 주문받은 업무는 킨세일에 주둔한 군함들에게 식량을 공급하는 일이었다. 네덜란드와의 전쟁이 잉글랜드에게 유리하게 진행되지 않고 있던 형국에서 네덜란드 함선들이 아일랜드 해상에서 위협을 가하고 있었다. 이에 잉글랜드는 자국 함선들로 아일랜드 해안 지역을 보호해야 했고, 그 보호 지역 중의 하나인 킨세일에서 함선들의 군량을 공급하게 했다.

1월이 되어 아일랜드 정착위원들이 런던에 모였을 때, 제독은 아들에게 런던으로 와서 자신의 사유지 문제를 대신 처리해 줄 것을 제안하는 편지를 썼다. 윌리엄은 그 제안에 내심 기뻤다. 집을 떠난 지 일 년이나 되었던 터라 런던에 돌아가고 싶었다. 게다가 여동생 페그의 결혼식이 2월로 예정되어 있었다.

지난 9월에 큰 화재가 런던을 휩쓸었단 소식을 듣기는 했어도, 그가 실제로 목도한 파괴 상태는 사건이 일어나고 세 달이 지난 시점임에도 상상을 초월할 정도로 처참했다. 77개의 소규모 교회는 말할 것도 없고, 런던 생활의 중심이 되었던 그 위대하고 아름다운 세인트 폴 교회도 폐허가 되어버렸다. 윌리엄이 세례 받았던 시딩 레인의 올 할로스교회는 펜 제독의 열정과 기민한 의사 결정으로 겨우 파괴를 모면했다. 제독은 화약을 타워 거리로 실어 보내 올 할로스교회 주변의 집들을 폭파하여 불이 교회로 번지지 않게 했다. 그런 조치에도 불구하고 화염이 교회의 현관까지 스멀거리고 올라와 기둥들이 연기로 시커멓게 그을렸다. 폐허 더미들이 도처에 깔려 있었다. 가난한 사람들이 타다 남은 목재와 쪼개진 타일을 이용하여 피난처로 꾸려 보려는 시도는 너무나 애처로웠다.

설상가상으로 그때는 실을 에듯 추운 겨울이었다. 석탄은 한 자루에 자그마치 4파운드를 지불해야 했다. 윌리엄은 자신의 힘으로 어쩔 수 없는 비극에 눈을 돌리려고 애써보았으나 속수무책이었다. 정착위원들이 샨어게리에 대한 펜의 소유권을 확인해준 사실과 밸런타인데이 다음 날 여동생이 결혼할 것이라는 소식에 기대어 기분을 풀어보려고 했으나, 사방에 널린 고통의 광경에 윌리엄은 가슴이 미어졌다.

페그는 15세였고, 남편이 될 안토니 로더는 24세였다. 두 사람의 결혼식은 세인트 올라브 교회에서 조용하게 이루어졌다. 결혼식이 있고 일주일 후, 친구들을 초대하여 조촐한 저녁 식사를 하는 것으로 혼인 축하만찬을 대신했다. 참석한 모든 손님들에게는 각자 모자에 답례품을 넣어주었다. 페그는 아주 행복해 했다. 안토니가 선물해 준 팔지도 맘에 들었으며, 4000파운드에 달하는 결혼 지참금도 어린 아이처럼 자랑스러워했다. 혼숫감은 사순절이 지나야 받을 수 있었지만, 그래도 최신 하계 패션에 필요한 모든 것을 갖게 될 수 있다는 생각에 기뻤다. 윌리엄은 그 해 겨울 발발한 런던 참사로 결혼식 자체와 관련 축하행사를 간략하게 치룬 일이 올바른 처사라고 생각했지만, 피프스 가족에게 파티용 은제 식기류는 차라리 빌리지 않았더라면 했다. 피프스가 축하연 전체를 냉소적으로 바라보며 참 형편없다고 생각하는 모습이 자기 눈에 비쳤기 때문이었다.

페그 부부는 여름이 끝날 때까지 런던에 머물다가 요크[73]에 있는 안토니의 집으로 갈 예정이었다. 윌리엄은 샨어게리로 돌아가 이제 오롯이 펜 가족의 소유가 된 사유지를 관리해야 했다.

---

73) 잉글랜드 노스요크셔주에 있는 도시.

9장

다시 만난 토마스 로

샨어게리로 돌아온 윌리엄은 어느 날 입을 옷가지를 사러 코크로 갔다. 그가 들린 곳은 퀘이커가 운영하는 가게로, 어린 시절 매크룸에 살 때 펜 가족이 자주 이용하던 바로 그 자그마한 잡화점이었다. 그곳은 손님이 많았다. 퀘이커 특유의 정직한 상거래 명성에 힘입어, 퀘이커가 운영하는 가게들은 번창했다. 다른 상인들의 관행과는 달리, 적정 가격이라고 생각하는 수준보다 더 높게 가격을 책정하지 않고, 모든 손님들에게 정가제로 동일한 가격을 요구했다. 새로운 상거래에 일단 익숙해지자 사람들은 그 제도를 선호하여 퀘이커 상점을 골라 물건을 구입했다.

수수한 차림새와 차분한 표정으로 카운터 뒤에 서있는 여주인의 모습은 10년 전 윌리엄이 어머니와 함께 그 가게에 들렀을 때와 변함이 없었다.

"혹시 저를 기억하시는지요?" 윌리엄이 물었다.

여주인은 그의 얼굴을 살피고는 고개를 저었다.

"저는 윌리엄 펜 경의 아들입니다. 10년 전 매크룸에서 열린 모임에 토마스 로 씨와 함께 오셨던 것 같은데요."

이 말에 그녀의 표정이 환해졌다. "아, 이제 알겠네요. 어쩜 그걸 다 기억해주다니. 그 땐 소년이었는데, 10년 만에 많이 변했군요." 그녀가 겸연쩍어 하면서 대답했다.

매크룸 모임과 그 자리에 있었던 사람들 모두에게 깊은 인상을 남긴 그토록 침착하고 확신에 찬 모습의 젊은 남자에 대한 기억이 윌리엄에게 불현듯 생생하게 되살아났다. 그 모임에 대한 기억과 함께 바로 그 순간 그가 오래 전에 품었던 의심과 혼란스런 감정이 솟구쳐 올라 자신을 압도하는 것 같은 느낌이 들었다.

"로 씨가 어디 있는지 안다면 200킬로미터 떨어진 데라도 찾아가 그 분의 말을 다시 듣고 싶어요!" 윌리엄이 충동적으로 말해 버렸다.

윌리엄이 고른 리넨을 포장하던 상점 주인은 잠시 일손을 멈추고 쳐다보았다. "그리 멀리 갈 필요 없어요. 토마스 로 씨는 지금 코크에 있답니다. 내일 모임에 올 거예요."

"내일이라고요? 코크에 말이죠? 그럼……"

그녀는 윌리엄에게 모임 장소를 일러주었다. 상점에서 23킬로미터 떨어진 샨어게리로 돌아가는 길 내내 윌리엄의 머리는 여러 갈래의 생각으로 복잡했다. 우연치곤 참 기묘하지 않은가! 이 토마스 로라는 사람은 과연 자신이 옥스퍼드 시절부터 지난 6년 동안 간간이 갈구해 온 바를 제공할 수 있을까? 하지만 퀘이커 모임이라니! 상점주인과 같은 평범한 사람들이 모이는 데가 아닌가! 더블린의 성에 거주하는 친구들이 자기를 어떻게 생각할까? 부모님은 또 어떻고? 그러나 그때 10년 전 아버지가 해준 충고가 떠올랐다.

"고귀한 베뢰아 사람들이 그랬듯이, 그 사람이 하는 말을 들어보고 사람됨을 판단하는 게 옳아."

다음 날 아침 윌리엄은 모임 장소에 당도하여 자리를 잡고 앉았다. 깃털 달린 모자와 가발을 쓰고 파리에서 맞춘 옷을 입고 있는 그의 모습은 수수한 차림의 퀘이커들 사이에서 단연코 눈에 띄었다. 사방을 둘러보며 토마스 로를 찾았다. 그러나 그가 일어나 연설을 시작할 때 까지는 그를 알아보지 못했다. 윌리엄은 소스라치게 놀랐다. 10년 전의 그 젊은이는 그간의 고된 삶과 감옥살이로 35살의 나이에 이미 늙고 초췌해 보였다. 그러나 그의 눈동자는 여전히 반짝거렸고, 그의 목소리는 듣는 사람의 귀를 뗄 수 없게 만드는 그 무언가가 있었다.

"믿음에는 두 종류가 있습니다. 하나는 세상을 넘어서는 믿음이고, 또 하나는 세상에 압도 당하는 믿음입니다." 로는 찬찬히 말을 이어갔다.

좌중 속의 윌리엄은 온 마음과 혼을 다해 연설을 들었다. 로의 말 한 마디 한 마디가 자기 가슴에 곧바로 꽂히는 것 같았다. 조지 폭스의 표현을 빌리자면, 그 말들이 "자신의 처지에 와 닿았던 것"이었다. 목마름으로 보낸 지난 세월 동안 세파에 무기력하게 거듭 휩쓸려 오진 않았던가? 이제 세상을 딛고 설 수 있는 믿음의 길이 자기 앞에 열리고 있는 건 아닐까? 토마스 로가 내면의 빛은 모든 이의 영혼에 존재한다는 퀘이커 믿음과 그 믿음이 밝혀주는 질박함, 자기극복 그리고 진리에 근거한 생활 방식에 대하여 설명하는 동안, 윌리엄은 이제야 자신이 온전하게 그리고 한 치의 주저도 없이 앞으로 영원토록 지킬 수 있는 믿음과 인생의 목적을 찾았다는 사실을 깊이 그리고 단숨에 깨달았다.

어느새 모임이 끝나버렸다. 한 친우가 팔을 툭 치자 그제야 윌리엄은 자신이 언제 어디에 있는 지를 인식하고 주변 사람들의 움직임도 느끼게 되었다.

"정말이지 그대는 과도하게 몰입하고 있더군요." 바로 옆에 있던 친우가 말을 걸었다. "토마스 로와 인사 나누지 않을래요?"

속칭 퀘이커라 불리는 사람들은 스스로를 '진실을 위한 친우회'라고 명명했다. 윌리엄은 그 유순하고 친절한 친우와 함께 토마스 로가 다른 사람과의 담화를 끝내기만을 기다리면서, 퀘이커들이 스스로 붙인 이름이야 말로 그들에게 딱 들어맞는다고 생각했다. 그들은 이름 그대로 진실을 위한 친우들이었고, 사람들의 벗이었다. 윌리엄은 벌써 자기가 이해를 받고 일원이 된 것 같은 기분이 들었다.

토마스 로는 예전에 매크룸 성을 방문했던 날과 성주의 아들인 그 소년을 기억하고 있었다. 훤칠하고 고상한 자태의 청년을 찬찬히 살펴보았다.

"당신 때문에 저는 진실을 위한 친우가 되었습니다." 윌리엄은 마음 속에서 도도히 일어나고 있는 이 강한 확신을 당장 말로 표현해야 한다고 느꼈다. 지금까지 살아온 그의 삶을 바위에 부딪혀 흩어지는 미미한 물줄기에 비유한다면, 이 만남을 통해서 그 작은 물줄기는 깊고 큰 강과 합쳐져 흔들리지 않고 곧바로 흘러나갈 수 있다고 생각했다.

"이야기를 좀 더 나눕시다." 토마스 로가 제안했다. 이윽고 둘은 근처에 있는 친우의 집으로 가서 토판불 난롯가에 앉았다. 잇단 감옥 생활로 준수하고 열정적이었던 그의 얼굴에는 고통과 근심의 그림자가 깊이 드리워져 있었다. 마음이 앞서나가는 젊은 속인에게 퀘이커로 살아나간다는 의미가 무엇인지 설명했다.

"하지만 저는 이제 친우가 됐습니다. 앞으로 영원히 친우로 남을 겁니다." 윌리엄이 소리쳤다.

토마스 로가 떠날 시간이 되었다. 다른 마을에 모임 약속이 잡혀 있었던 터였다. 불행히도 그가 타던 말은 그간의 과로로 완전히 녹초 상태에 있었다. 새 말 한 마리가 필요했다.

"제 걸 타고 가십시오." 윌리엄이 선뜻 자기 말을 내밀었다. 그토록 자기를 사로잡았던 감정들을 행동으로 보여줄 기회라고 생각했다. "몇 해 전 프랑스 여행 당시 제가 역마로 사용했던 말인데, 쓸 만할 겁니다. 선생님께서 타신다면 저한텐 더없는 영광입니다." 그러나 토마스 로는 정중하지만 단호하게 거절했다. 선물로도 대여물로도 윌리엄의 말을 받지 않으려고 했으며, 다른 친우들도 로가 그렇게 해야 한다고 생각했다. 윌리엄은 기가 죽고 기분이 상했다. 아직은 자기 말을 선뜻 사용할 만큼 진정한 친우로 여기지 않았던 것이다.

처음에 느꼈던 실망감이 누그러지자, 윌리엄은 그들의 처사가 옳았음을 깨달았다. 아직 자신이 퀘이커가 아니었기 때문이다. 그는 우선 친우가 되기 위해 노력해야 했다. 남의 이목을 끓지 않고 진지한 태도로 처음에는 스스로에게, 나중에는 남들에게 진정성을 입증했다. 모임에 규칙적으로 출석하고, 한결같은 자세의 퀘이커가 된다는 의미를 배워나갔다.

퀘이커의 한결같음이란 소박함과 신실함을 의미했다. 그것은 상대방에게 한 사람을 의미하는 "그대는(thou)" 혹은 "그대를(thee)"과 같은 말을 사용한다는 것을 뜻했다. 상대방이 짐짓 두세 사람이라도 되는 양 "you"라는 말을 사용할 때는 두세 사람의 가치가 있다는 암시를 줌으로써 상대방을 치켜세운다는 생각이 바탕에 깔려있다는 것이었다. 한결같음은 또한 인사할 때 그 누구에게도 모자를 벗지 않는다는 원칙을 의미했다. 사람들이 존경을 가장하여 아부를 하고 싶은 사람들을 대면할 때만 모자를 벗지 빈한하고 초라한 이들에게는 결코 그런 예의를 보이지 않는다고 헤아렸기 때문이다. 어법과 모자 예법보다 더 중요한 또 다른 퀘이커의 관행들이 존재할 것이라는 사실을 윌리엄은 잘 알고 있었다. 그러나 우선 이 관행들부터 실천함으로써 그의 진정성을 가늠하고 퀘이커로서 이 세상에 자신을 드러내는 일을 수치스러워 한다거나 두려워하지 않는다는 것을 입증해 낼 수 있다고 생각했다.

부와 지위를 지닌 젊은이가 고상한 자기 친구를 돌연 'thou'로 부르고 나이가 얼추 아버지와 비슷한 어른들 앞에서 모자를 계속 쓰고 있는 결례를 범할 때, 돌아오는 반응은 예외 없이 비웃음과 분노였다. 둘 다 견디기 힘든 반응이었다. 자기를 아끼고 우러러보던 사람들로부터 말도 안 되게 웃기다거나 상스러운 사람 취급을 당할 때면 맘이 편하지 않았.

여름 내내 윌리엄은 샨어게리 사유지와 관련된 업무 처리에 몰두하면서도, 하루하루 퀘이커의 길로 조금씩 더 깊이 들어갔다. 가진 옷이 고급스런 종류뿐이라 이를 그대로 착용한 채 여전히 가발을 쓰고 (프랑스에서 아무도 다치게 하지 않고 자기 목숨을 지키게 해준) 검을 차고 다녔다. 그 때까지도 아버지가 크게 분노하고 실망할까봐 자신의 믿음에 대하여 편지에서 한 마디도 쓸 수 없었다. 한 번에 한 걸음씩 천천히 발걸음을 떼야 했다. 그러나 그 한 걸음은 새로운 믿음을 향하여 앞으로 나아가는 걸음이었다. 뒷걸음질이란 있을 수 없었다.

한편 잉글랜드 정부는 비국교도들에 대한 단속을 강화하기 위해 일련의 법들을 정비하고 있었다.

9월 3일, 모임에 참석한 퀘이커 친우들이 예배의 정수인 웅숭깊고도 살아 숨 쉬는 침묵 속에 푹 잠겨있던 바로 그날, 군인 한 명이 부리나케 방으로 뛰어 들어왔다. 성가신 졸병들의 작태에 익숙하지 않았던 윌리엄이라 소란을 피우며 무례하게 모임을 중단시킨 군인에게 화가 잔뜩 났다. 퀘이커의 으뜸가는 원칙을 홀랑 망각한 채, 자리에서 벌떡 일어나 군인의 외투 깃을 잡아채곤 거칠게 내칠 참이었다. 한 친우가 그를 잡았다.

"그러면 안 됩니다. 우리는 평화를 사랑하는 사람들입니다."

이 말에 윌리엄의 두 손이 옆으로 축 늘어졌다. 그래봐야 덜 된 퀘이커일 뿐이었다. 후회로 가득 찬 마음을 안고, 자기 자리로 돌아와 앉았다. 자기의 난폭한 행동으로 퀘이커 친우들이 곤란해지지나 않을까 하는 걱정이 수치심과 뒤섞여 머리가 혼란스러웠다.

그의 우려는 빗나가지 않았다. 자기 때문에 문제가 생겼다. 화가 난 군인은 치안판사에게 달려가 상황을 보고했다. 문제의 모임이 끝나기도 전에 그가 순경 한 무리와 군인들을 이끌고 모임에 다시 나타났다. 윌리엄을 비롯하여 모임에 있던 친우들은 폭동과 소란스런 집회를 열었다는 혐의로 체포되어 코크 시장 티머시 터키 앞으로 소환되었다.

시장은 회색 옷을 입고 있는 퀘이커들 속에서 근사한 차림을 한 펜 경의 자제를 발견하곤 깜짝 놀랐다.

"펜 씨, 당신은 퀘이커가 아니지 않습니까. 관련 사안에 대하여 적법행위의 실천을 약속하면 보내드리겠습니다."

"시장님, 저는 퀘이커가 맞습니다. 적법행위 실천에 관하여 한 마디 올리겠습니다. 제가 적법치 않은 행동을 저질렀다고 떳떳하게 고발할 수 있는 사람이 있다면 나오라고 하십시오. 저는 그 어떤 법도 위반하지 않았습니다."

시장은 사안의 법적인 문제를 놓고 왈가왈부하기 싫었다. 윌리엄은 친우 18명과 함께 감옥으로 이송되었다. 그 춥고 혼잡하고 악취가 진동하는 감옥에서 그는 펜과 종이를 얻어 아버지의 친구이자 예전에는 브로길 경으로 불린 오러리 경에게 편지를 썼다. 어쩌면 그가 먼스터 주지사의 직권으로 코크 시장이 취한 조치를 기각시킬 수 있을지도 모른다는 계산에서다. 장문이었지만, 요구 사항이 명확하고 어조가 강한, 구걸의 기미가 전혀 없는 훌륭한 편지였다. 종교는 제가 저지른 범죄이면서 저의 결백을 입증할 수 있는 방법이기도 합니다. 시장의 악의적인 조치로 제가 죄인이 되었지만, 저는 독립된 자유인입니다.

이어 자신과 퀘이커 친우들의 투옥은 불법이라고 주장하면서, 석방시켜 줄 것을 요구했다. 백성들에게 종교의 자유를 허가하는 정부야말로 양심에 반하여 신앙을 강요하는 정부보다 실제로 더 견고한 체제라고 덧붙였다. 이 편지는 그가 평생을 다하여 지키고자 했던 위대한 원칙, 종교의 자유를 천명한 최초의 호소문이 되었다.

오러리 경은 자신의 종교적 관점과는 별개로 죽마고우의 아들이 감옥에서 썩어서는 안 된다고 판단하고, 윌리엄을 위시하여 함께 투옥된 친우들 전원을 석방하라는 명령을 하달했다.

아주 짧은 감방 생활이었다. 그러나 윌리엄은 평소대로라면 자기 앞에 머리를 조아릴 군인들과 순경들에게 당한 거친 경험들을 생생하게 기억하였다. 그와 함께 감방에 간 퀘이커들은 그들 나름대로 윌리엄이 문제가 생겨도 눈도 깜짝하지 않을 사람이라는 사실을 숙지했다. 그제야 윌리엄을 진정한 퀘이커로 받아들였다.

이 사건이 아버지 귀에 들어가는 것은 시간 문제였다. 제독에게 편지를 쓰기도 전에 다른 사람이 이미 소식을 전해버렸다. 아마도 오러리 경이 알렸을 것이다.

10월 중순 언저리에 아버지로부터 서신을 받았다.

윌리엄에게,

건강하게 잘 지내고 있으리라 믿는다. 이 글을 쓴 이유는 내 편지를 받는대로 최대한 신속하게 나를 보러오라고 요구하기 위해서다. 거기서 잠시라도 더 머물러서는 안 될뿐더러, 오는 도중에도 꼭 필요한 휴식이나 식음 때문이 아니면 여기 도착할 때까지 그 어느 곳에서도 멈춰 시간을 보내는 일이 없어야 한다.

사랑하는 아버지가

10장

아버지와 아들

윌리엄은 떠나는게 선뜻 내키지 않았다. 이러저러한 구실을 대고 출발을 늦춘 지 10일째 되는 날, 제독으로부터 압박의 수위가 한층 더 높아진 편지가 날라 왔다.

윌리엄에게,

너에게 수차례 편지를 보냈건만 아직 아무런 답신을 받지 못해 한자 적는다. 한시바삐 여기로 올 것을 다시 한번 준엄하게 명령한다. 네가 나의 명령을 순순히 따를 거라고 믿고 있겠다.

사랑하는 아버지

윌리엄은 킨세일에서 배를 타고 브리스틀에서 하선했다. 브리스틀의 부두들은 도시 안으로 깊숙하게 조성되어 정박 중인 배들의 돛대와 삭구가 가옥들의 뾰족한 지붕과 옹기종기 모인 굴뚝들과 하늘을 배경으로 뒤섞여 있었다. 브리스틀은 펜 제독에게 뜻 깊은 도시였다. 성장한 곳이기도 하거니와 그의 모친이 안식하고 있는 아름다운 세인트 메리 레드클리프 교회가 세워진 곳이기도 했다. 윌리엄은 아버지 친구이자 퀘이커로 개종한 조지 비숍 함장 집에서 머물렀다. 앞으로 닥칠 아버지와의 승강이에 대비하여 정신 무장을 할 참으로 한 이틀 더 눌러 있으면서 퀘이커 모임에 출석했다. 브리스틀 진우들은 이 새내기 신자가 제독과 대면하기가 두려울 거라고 헤아려, 어차피 런던으로 가기로 했던 조사이어 콜에게 제독의 집까지 함께 가줄 것을 제안했다. 윌리엄은 감사한 마음으로 제안을 받아들였다. 조사이어 콜이 옆에 있는 동안에는 아버지가 당연히 성미를 누르고 있을 거라고 생각했다. 그런 대면은 첫 한 두 시간이 가장 넘기기 힘들기에 누군가가 옆에 있어야 했다.

사실, 런던으로 가는 여정은 우려했던 것 보다 훨씬 더 유쾌했다. 조사이어 콜은 마음 편히 함께 시간을 보낼 수 있는 길동무였다. 그 역시 좋은 가문 출신으로 결코 방대하달 순 없지만 그래도 꽤 큰 규모의 사유지를 보유하고 있었다. 가을비와 안개를 뚫고 그레이트 웨스턴 거리를 쭉 따라 지나가면서 윌리엄은 지금 자기 마음 속에서 일어나고 있는 투쟁을 조사이어가 이해와 공감의 눈으로 바라보고 있을 거라고 느꼈다. 윌리엄의 동반자는 이야깃거리가 많은 재미있는 사람이기도 했다. 아메리카 식민지에서 3년을 보내고 막 돌아온지라 그 먼 곳에 대해 해줄 이야기가 엄청나게 많았다. 광활한 산림, 강, 청명하고 선선한 햇빛, 불꽃처럼 울긋불긋한 가을 잎새, 과묵하면서도 맹렬한 성품의 원주민들, 그리고 그들을 배신하고 속여 이득을 취한 무역상 등등 이야기가 끝도 없었다.

걱정거리가 마음을 무겁게 누르고 있어도 윌리엄은 그의 이야기를 귀담아 들었다. 아메리카! 잉글랜드에서 천대받고 투옥되고 괴멸될 운명에 놓인 퀘이커들이 아메리카로 이주하여 거기서 가장 적합한 정부를 세우면 되지 않겠나! 그는 상상했다. 옥스퍼드에서 공부했던 이상적인 정부, 거기서 한 걸음 더 나아가 퀘이커교의 원칙에 기반을 둔 그런 이상적인 정부 말이다.

이따금 조사이어 콜은 자신과 친한 아이작과 메리 페닝턴 부부를 언급했다. 버킹엄셔[74]에 거주하고 있는 그들은 문제가 생겨 도움이 필요한 친우면 누구든지 자기네 집으로 와서 피신할 수 있도록 조치해 주었다. 메리에게는 첫 결혼에서 얻은 딸이 하나 있었다. 줄리엘마 스프링겟이라 불린 그녀는 윌리엄과 동년배로 아름다운 자태와 온순한 성품과 명징한 정신을 소유한 숙녀였다. 그녀의 아버지 윌리엄 스프링겟 경은 잉글랜드 내전[75]에 참전했다가 그녀가 출생하기 바로 직전에 전사했다. 많은 남성들이 열성적으로 구애했지만, 그들의 마음을 상하지 않게 하면서도 단호하게 모두 물리쳤다. 그녀의 이름을 입에 올릴 때마다 조사이어 콜의 목소리와 눈은 부드럽게 누그러졌다.

---

74) 잉글랜드 남동부에 위치한 주. 주도는 에일스베리임.
75) 잉글랜드 내전은 잉글랜드 왕국의 왕당파와 의회파 간에 있었던 내전이다. 1642년에서 1649년까지 계속되었다.

윌리엄이 정작 더 강하게 끌린 것은 줄리엘마가 아니라 아메리카의 숲과 강이었다. 물론 이 세상은 어여쁜 소녀들이 도처에 많았지만, 아버지가 자기를 내쳐버리면 어디로 갈 것이며, 또 무슨 일을 할 수 있었겠는가?

펜 제독은 심기가 침울했고 낙심으로 가득 찼다. 얼마 전 세상을 뜬 옛 친구 윌리엄 배튼 경이 무척 그리워졌다. 예전부터 앓아온 통풍은 여전히 애를 먹였다. 다른 사람의 지휘 아래 출격한 함대는 네덜란드 해군의 공격에 압도 당하고 있었다. 템스강 하구의 메드웨이강까지 진격한 적군은 정박된 전함들에 불을 지를 정도로 기세가 등등했다. 펜은 당시 원스테드[76]에 집 한 채를 빌려 네이비 가든스의 사택을 오가며 생활하고 있었다. 막내아들 딕은 건강이 좋지 못해 이탈리아로 요양하러 갔고, 16살도 채 되지 않은 페그는 벌써 해산일을 기다리고 있었다. 장남인 윌리엄은 생각만 해도 우울해지는 퀘이컨지 뭔지가 되어 집에 와 있었다. 이 모든 것이 너무도 감당하기 힘들었다.

저녁식사는 침묵으로 일관되었다. 펜은 조사이어 콜이 머무는 동안 윌리엄의 모자 예법과 어법에 대해 한 마디도 토를 달지 않았다. 아들은 여전히 불경스럽게 가발 위에 모자를 쓰고 있었고, 여전히 열성적으로 "그대가" "그대를"이라는 말을 사용했다. 손님 앞에서 손님 자신이 행하고 있는 예법과 어법을 아들이 따라한다고 호통을 치는 일이 가당키나 했겠는가? 조사이어 콜이 떠나고 처음으로 윌리엄이 자기한테 "그대"라고 부르자 펜은 화가 머리끝까지 치밀었다.

나이 어린 퀘이커는 기어들어가는 목소리로 어색해하면서 자신의 입장을 해명해보려고 했다. "아버지, '그대'에게 결례를 범하려는 의도에서가 아니라 하느님께 복종하는 마음에서 우러나 실행한 일입니다."

아버지와 아들은 판벽널이 붙어있고 피프스 가족의 굴뚝을 본 따 만든 정교한 굴뚝 장식이 곁들여진 다이닝 룸에 단 둘이 있었다. 하인들은 잠자리로 불러난 지 오래였고, 펜 부인은 원스테드에 가고 없었다. 너무니 닮은 구석이 많은 두 사람은 비통했지만 서로에게 양보하지 않으려는 듯 결연한 표정으로 마주 앉아 있었다. 화를 참는 모습이 역력한 제독이 크게 마음을 내어 대답했다.

"네가 원하는 대로 누구한테나 '그대'라고 불러도 좋다. 그러나 이 세상에는 결코 그런

---

[76] 런던 동부에 소재한 지구.

어법으로 대할 수 없는 사람들이 있다. 바로 국왕, 요크 공작, 그리고 나 세 사람이다."

이 말에 윌리엄은 잠시 흔들렸다. 이 세 가지 예외만 지키면 아버지와의 관계를 돈독하게 유지할 수 있지 않을까? 게다가 이 세 가지는 자신뿐만 아니라 어느 누구든 다 예외로 치부할 수 있는 사안이 아닌가? 그러나 사소한 문제라도 처음부터 양보하기 시작하면 앞으로 중대한 문제에 관해서도 자기 목소리를 내지 못할 게 뻔할 일이었다. 마음을 다잡은 윌리엄은 확고하게 대답했다.

"아무리 상대가 아버지, 국왕, 그리고 요크 공작이라 할지언정, 말할 때는 단일한 어법을 사용해야 합니다." 윌리엄은 간절하게 말을 이어갔다. "그렇다고 해서 '그대'에게 예의에 어긋나는 행동을 범하는 것이 결코 아닙니다."

제독은 더 이상 참을 수가 없었다. 노여움으로 시뻘게진 얼굴을 하고, 마음에 품고 있던 생각을 아들에게 그대로 쏟아냈다. 훗날 기술한 내용이기도 했지만, 분노에 찬 사람은 상대방의 주장을 귀담아 들으려고 하지 않아 그를 상대로 자기의 입장을 제대로 개진할 수가 없다는 것을 그 때 이미 터득하고 있었기에, 윌리엄은 잠자코 듣기만 했다.

잠자리에 들러 위층으로 발걸음을 옮기려 할 때, 제독이 뒤에 대고 소리쳤다.

"아들아, 아침에 일찍 일어났으면 한다. 나와 마차 타고 갈 데가 있어."

윌리엄은 차고 있던 칼을 내려놓고 가발을 가발걸이에 걸어두었다. 시계의 태엽을 감은 후 잠옷으로 갈아입고 백랍 촛대의 촛불을 껐다. 자리에 눕자 불안감이 엄습해왔다. 아버지와 마차로 외출한다고? 어디로 간다는 거지? 궁전으로? 그래 맞아, 궁전임에 틀림없어. 과연 내가 국왕 앞에서도 모자를 계속 눌러 쓰고 있으면서, 요크 공작에게 '그대'라고 호명하는지 확인해보려는 거겠지. 멸시로 가득한 웃음, 어쩔 수 없다는 듯이 으쓱 올라가는 어깨, 조신들이 쏴대는 분노에 찬 눈길, 격앙되는 아버지의 분노를 상상하며, 장막이 쳐진 침대 위에서 윌리엄은 몸을 뒤척였다. 그의 마음에 가장 크게 걸린 것은 아버지의 분노였다. 사실, 다른 것들은 용기와 진정성에 대한 시험과 관련된 문제였기에 어느 정도 견딜 수 있었지만, 아버지와 자기 사이에 존재하는 이 간극은 그의 마음을 고통스럽게 갉아먹었고, 그의 목을 견딜 수 없도록 단단히 옭아맸다.

윌리엄이 아일랜드에 체류하는 중에 펜이 새로 장만해둔 장려한 마차가 문밖에 도착해 있었다. 창백한 얼굴로 아버지를 따라 마차에 올라탔다. 말발굽이 자갈돌을 세차게 누르자 육중한 마차가 앞으로 요동치며 나아갔다. 화이트홀을 향해 서쪽으로 움직였다.

제독은 통풍이 생긴 발을 방석에 편히 올려놓고 지팡이 손잡이에 두 손을 모은 채 앉아 있었다. 가끔씩 헛기침으로 목청을 가다듬었으나, 행선지에 대해선 아무 말도 하지 않았다.

채링 크로스에 이르자 몸을 앞으로 숙여 마부에게 공원으로 가자고 소리쳤다.

그제야 윌리엄은 공개적 시험이 아니라 사적으로 심각한 대화를 나누기 위해 여기까지 왔다는 사실을 깨닫게 되었다. 어쩌면 견디기 더 힘든 시간일 수도 있었다. 마음을 졸이며 아버지가 말문을 열기를 기다렸다.

"얼마 전에 귀족 작위[77] 수여를 약속받았다." 펜이 말하기 시작했다. "너는 가만히 있기만 해도 웨이머스 백작 작위를 이어받을 수 있다. 그러나 내가 이해하기로 퀘이커는 그런 귀족 계급 자체를 인정하지 않는다지."

"네, 아버지."

"그럼, 내가 수락한들 무슨 소용이 있지? 네가 한사코 이 말도 안 되는 길을 가겠다는데 말이야."

"그렇습니다만, 아버지. 저는……"

"신료나 외교관이 될 훈련을 받고 나서 퀘이커로 탈바꿈을 하다니, 난 도대체 네 생각이 뭔지 알 수가 없구나! 이런 걸 들어 본 적이 있는지 모르겠지만, 한 퀘이커가 벌거벗은 채 유황 냄비를 머리에 얹고 세상의 종말이 다가온다고 소리치며 의회 의사당을 활보하고 돌아다녔다는 이야기 말이다. 너는 높은 지위를 비롯하여 누릴 수 있는 모든 이점들을 다 갖추고 있다. 그런데도 이 모든 것을 내던지려고 하다니. 도대체 뭣 때문에? 퀘이커가 된다는 것은 그런 미친 작자들과 같은 패거리가 된다는 말이다!"

그 가엾은 솔로몬 에클스[78]가 열의가 좀 엇나갔다거나 퀘이커들은 통상적으로 에클스처럼 행동이 극단적이지는 않다고 반박하기란 쉬운 일이었다. 그러나 비탄과 실망에

---

[77] 영국의 귀족작위는 公爵(duke), 侯爵(marquess), 伯爵(earl), 子爵(viscount), 男爵(baron)의 다섯 단계의 작위로 구성되었다. 스코틀랜드의 경우 baron 대신 lord 작위가 부여되었고, 이 다섯 작위를 제외한 귀족들을 gentry 라고 불렀다. 20세기 이전까지 귀족작위는 일반적으로 세습되었으며 몇몇 예외를 제외하고는 아들이 승계하였다. 아버지의 duke, marquess, earl 작위를 승계하기 전까지 그 장자는 한 단계 낮은 작위로 호칭되는 것이 일반적이었다.

[78] 솔로몬 에클스(Solomon Eccles, 1618–1683)는 솔로몬 이글로도 알려진 잉글랜드의 작곡가. 퀘이커 활동가가 되면서 전문 분야인 교회음악과 소원해졌다. 종교박해로 처형되기 전 유산을 동료 퀘이커에게 남겼다.

빠진 아버지를 상대로 무게감이 있는 관점을 유지하며 자신의 주장을 내세워 대답하기란 쉬운 일이 아니었다. 두 번씩이나 꾹 참았던 윌리엄이 드디어 입을 열고 자기 입장을 표명하기 시작했다.

"저의 양심에 대고 직접 말씀하신 분은 바로 하느님이십니다. 그렇기에 저는 하느님의 뜻을 거스를 수 없습니다. 그것은 저에게도 십자가입니다. 정말이지 할 수만 있다면 '그대'를 실망시키고 싶지 않습니다. 하지만 10년 전 매크룸에서 직접 주선하신 토마스 로와의 만남이 생각나지 않습니까?" 말들이 술술 나왔다. 마차 속에서 감정이 밀물처럼 올라왔다. 윌리엄은 점점 더 열띠게 호소했다. "그때 아버지도 감동하셨습니다. 눈물이 그렁그렁했던 그대 눈을 아직도 기억하고 있습니다. 저와 마찬가지로 퀘이커교의 진리를 확신했다고 믿었던 그대가 이제는 누리는 세상의 영화가 너무 장대하여 버리시질 못하는군요!"

윌리엄은 더 많은 말을 토로하려고 했으나, 제독이 소리쳐 그의 입을 닫게 했다. 마차가 공원 주변을 돌 때마다 두 사람의 언쟁도 같은 내용으로 반복되었다. 아들과 아버지의 확신은 제각기 전보다 여러 길 더 깊어져버렸다.

한참 있다가 제독은 마부에게 집 방향으로 마차를 몰되 도중에 선술집에서 멈추라고 지시했다. "술 한잔 해도 되겠지." 펜이 지친 목소리로 윌리엄에게 제안했다. 술로 달래야 할 만큼 얼굴에 피로가 역력했다.

술집의 방 한 칸을 독차지하곤 술을 가져오게 했다. 술상을 받자마자 제독이 느닷없이 몸을 돌려 문을 잠갔다. 윌리엄은 다시 불안해지기 시작했다. 연전에 옥스퍼드에서 쫓겨나 집에 왔을 때 경험했던 일이 너무도 생생하게 떠올랐기 때문이다. 그때처럼 또 지팡이로 매질을 당할 거라고 생각했다.

그러나 제독은 두 손을 탁자에 두고 아들을 빤히 응시했다. 비통함으로 일그러진 얼굴로 엄숙하고 무겁게 말을 했다.

"이제 나는 무릎을 꿇고 하느님께 기도하려고 한다. 네가 더 이상 퀘이커가 되도록 내버려 두지 말고 그들의 모임에도 얼씬 하지 말도록 기도할 것이다."

견딜 수 없는 상황이었다. 낙담의 무게를 이기지 못한 윌리엄은 창가로 달려가 여닫이 창문을 열어젖혔다.

"그대가 그런 식으로 기도한다면 그 전에 창밖으로 뛰어 내릴 겁니다!"

외침 소리가 잦아지며 들어선 침묵에 이어 경쾌한 노크 소리가 들렸다. 아버지가 열어도 좋다고 머리를 끄덕이자 윌리엄이 문쪽으로 갔다. 문고리를 잡은 그의 손이 파르르 떨렸다.

깃털이 달린 모자에 레이스 주름 장식을 두르고 벨벳 코트를 입은 아버지의 귀족 친구가 방으로 잽싸게 들어왔다. "밖에 세워진 마차가 자네 거라는 걸 알고 카나리아[79] 한 잔이라도 같이 마시려고 올라왔네." 그가 친근하게 말했다.

제독과 귀족 친구는 모자를 훌렁 벗으며 서로 인사를 나누었다. 윌리엄은 완강하게 모자를 눌러쓰고 있었다.

"여기 내 아들 녀석은 퀘이커가 되었다네." 제독이 침울하게 말했다.

"그래서 그 누구 앞에서도 모자를 벗지 않지, 상대가 국왕이라도 말일세."

펜의 친구는 정교한 레이스와 벨벳으로 휘감고 있었지만 긴 곱슬머리 사이로 드러나는 얼굴은 예리하면서도 친절해보였다. 숨을 거칠게 내쉬고 있는 아버지와 창백한 얼굴로 뻣뻣하게 곧추 서있는 아들을 번갈아 보고는 이내 상황을 판독해냈다. 윌리엄의 어깨를 다정하게 한 번 툭 치고 나서 제독에게 한마디 했다.

"친구, 윌리엄 같은 사람을 아들로 둔 걸 행복으로 생각하게. 자네 아들은 세상의 영화를 경시하고 또래들이 그토록 탐닉하는 악벽들을 멀리하고 있지 않은가."

윌리엄은 감사의 인사와 안도하는 마음을 반짝거리는 눈길로 전했다. 펜 제독도 덩달아 기분이 조금 나아졌다. 전에는 생각도 못한 전혀 새로운 시각이었다. '그래, 어느 정도는 맞는 말일지도 모르지' 하고 펜은 마음을 쓸어내렸다.

집으로 가는 길에 펜의 또 다른 친구 집에 들렀다. 자기가 평소 존경하던 친구라 그의 의견이 궁금했던 터였다. 사태에 대한 설명을 듣고 난 그 친구도 합리적인 시각에 근거하여 자기 생각을 전했다. 자식들이 시류를 거스르는 종교보다 오히려 훨씬 더 바람직하지 못한 일에 아주 쉽게 빠질 수 있으니 지나치게 걱정하지 말라는 내용이었다. 윌리엄은 한층 더 용기가 났다. 아버지와 자기가 각자 종교에 충실하면서 서로 사랑하며 살아갈 수 있을지도 모른다는 희망을 갖기 시작했다.

겨울이 하루하루 지나갔다. 윌리엄이 네이비 가든스에서 열리는 파티에 발길을 끊

---

79) 카나리아 제도에서 생산되는 달콤한 와인.

자, 세인트 올라브 교회를 다니는 해군청 소속 신자들 사이에서 점점 그 존재가 잊혀져 갔다. 대신 윌리엄은 퀘이커 친우회가 그레이스처치 거리에 새로 세운 모임집을 드나들기 시작했다.

그 해 겨울 어느 날 윌리엄은 조지 폭스와 만나게 되었다. 구두를 만들고 양을 치면서 생계를 꾸려온 조지 폭스는 웨스트모얼랜드[80]의 펜들 힐에서 어둠으로 뒤덮인 바다 위로 빛의 바다가 일렁이며 끝없이 펼쳐지는 환영을 홀로 목도했다. 이 환영 속에서 퀘이커 신앙과 퀘이커 생활 방식을 발견했다. 장신의 당당한 체격에 머리는 금발이었고 침착하고 솔직담백한 성정을 지닌 양치기 퀘이커는 불가항력적인 매력으로 주변에 사람들을 끌어 들였다. 계속 몸에 지니고 다니는 칼에 대해 곰곰이 생각한 끝에, 윌리엄은 파리에서 일어났던 결투를 언급하고 그 무기의 처리에 대하여 조지 폭스에게 의견을 구했다.

"물론, 가능한 한 얼마든지 칼을 차고 다녀도 됩니다." 조지 폭스가 대답했다. 조지 폭스 말고는 그 어느 누구도 그렇게 대답할 수 없었을 것이다. 다시 만났을 때 조지 폭스가 물었다. "윌리엄, 그대의 칼을 어디에 두었나요?" 그러자 윌리엄이 말했다. "그대의 충고대로 했습니다. 원대로 충분히 칼을 찼습니다. 이제는 그럴 필요가 없는 것 같군요."

윌리엄은 이내 가발도 벗어버렸다. 시골에서 소집된 모임으로 퀘이커 친우와 함께 가는 중에, 이제 더 이상 가발도 사용할 수가 없다는 생각이 불현듯 떠올랐기 때문이다. 모자를 벗고 가발을 머리 뒤로 던져버리곤, 뒤로 눈길 한 번 주지 않고 유쾌한 마음으로 여정을 계속했다. 가발의 제거로 머리뿐만 아니라 마음까지도 현저히 가벼워진 걸 느꼈다.

윌리엄은 친우와 더불어 다른 모임에도 계속 참가했다. 급기야 펜과 친분이 있는 치안판사가 퀘이커들과 윌리엄이 함께 있는 광경을 보고는 무리들이 퀘이커의 믿음을 설파하면서 "소요를 일으키고 있다"는 내용의 편지를 집으로 보냈다. 펜은 윌리엄에게 즉시 편지를 보내 조속히 귀가하라고 명령했다. 마음이 내키지 않았지만 집으로 떠났다. 브리스틀에서와 마찬가지로, 런던을 경유하여 원스테드로 갔다. 런던의 퀘이커 모임에 들러 자신의 의지를 굳게 다지고자 했기 때문이다.

런던 모임에 참석한 사람들과 대화를 나누던 중에 윌리엄은 조사이어 콜이 한 어린

---

80) 잉글랜드 북서부의 역사적 카운티(주)로 1974년 이후에는 컴브리아주의 행정체제로 편입되었다.

소녀와 함께 자기 쪽으로 다가오는 것을 보았다. 그 짧았던 최초의 만남에서조차, 윌리엄은 머릿속이 여러 걱정으로 복잡한 와중에도 그 소녀의 몸과 마음에서 우러나오는 드문 아름다움을 알아보았다. 원스테드로 가는 내내 그의 생각을 사로잡은 사람은 아버지가 아니라 오히려 줄리엘마였다. 금발의 머리와 웃는 모습, 부드러우면서도 눈에 띄는 자태가 머릿속을 떠나지 않았다.

원스테드에는 펜 부인 외에 얼마 전에 출산한 페그와 아기도 함께 지내고 있었다. 아버지의 심기는 아들이 여태 경험하지 못했던 상태로 악화되고 있었다.

펜 제독은 거두절미하고 본론으로 들어갔다. 윌리엄이 과연 자기 인생에서 퀘이커 방식을 버릴 것인가 말 것인가?

"버리지 못하겠다면, 이 길로 옷가지를 싸서 내 집에서 나가거라. 내 재산은 나와 마음이 더 잘 맞는 사람에게 남겨주면 되지."

사태가 이런 형국에서 윌리엄은 다시 한번 아버지를 설득해보았다. 실망시켜 말할 수 없이 마음이 아팠고, 재산에 관심이 있어서가 아니라 아버지를 너무 사랑하기에 더 마음이 아프다고 말했다. 그럼에도 불구하고 자기가 믿는 진리에 충실해야 한다는 자신의 입장을 아버지가 이해해주길 바랬다. 그러나 아무 소용이 없었다. 아버지의 귀에 윌리엄의 말은 공허하고 무의미하게 들렸다. 사랑하는 아들이 세상에서 위대한 인물로 커나길 바라는 아버지에게 그 목적 달성을 위한 길이란 단 하나밖에 없었던 것이었다.

윌리엄은 위층의 자기 방으로 가 조그만 짐 보따리를 챙겼다. 다시 내려와 어머니와 여동생에게 입맞춤하고 아버지에게 화나게 해서 미안하다는 말을 건넸다. 터질 것 같은 가슴에 짐 꾸러미를 부여안고 아버지의 집을 떠났다. 문지방을 지나갈 때 어머니와 페그가 흐느끼는 소리를 들었다. 그 어느 때 보다 더 우울하고 어두운 날을 맞이하고 있었다.

집에서 나온 지 얼마 안가서 누군가가 달려오는 소리가 들렸다. 흑인 하인 잭이었다. 아버지가 나갔으니 집으로 돌아오라는 펜 부인의 말을 전했다.

방금 전에 영원히 이별했던 집으로 돌아가 자기 방에 갔다. 그 뒤로 여러 날 동안 아버지의 모습이 보이지 않았다. 다시 돌아온 아버지는 멀고도 차갑게 느껴졌다. 어머니는 평소와 마찬가지로 부드럽게 대해주었다. 그러나 윌리엄의 처지에 가슴 아파하면서도 비통한 마음은 쉽사리 감출 수가 없었다.

11장

「흔들리는 모래성」

이제 윌리엄은 24살의 성년이 되었다. 어떤 일이든 어중간하게 해치우는 일이 없던 터라, 퀘이커교의 대의를 실천하는 데도 열성적으로 뛰어들었다.

윌리엄은 말과 글로 퀘이커 신앙을 전파했다. 모자를 쓴 채로 법정에 서서 부당하게 투옥된 퀘이커들의 석방을 호소했다. 종교 토론에도 참가했다.

신앙의 세부 사항들을 놓고 벌이는 토론은 그 당시 연극 공연을 탐탁찮게 여기던 중산층 사이에서 엄청나게 인기 있는 소일거리였다. 어떤 문제를 바라보는 상이한 두 시각을 대변하는 사람들이 쏟아내는 열변에 몇 시간이고 숨죽이며 경청했다. 토론이 마무리되면 토론에서 이긴 사람에게 지친 기색도 없이 있는 열의를 다해 환호를 보냈다. 한번은 요크셔에서 유아세례에 대한 토론이 벌어졌다. 오후를 지나 저녁까지 지속된 토론이 끝나자 청중들은 길 밖으로 쏟아져 나오면서 토론의 승자였던 토마스 테일러의 이름을 연호했다.

윌리엄도 토론회에 토론자로 참가하게 되었는데 그 경위는 다음과 같았다. 런던탑에서 북쪽으로 1.7킬로미터 떨어진 런던 외곽 교구 스피탈필즈의 장로교 교회 교인 두 명이 퀘이커로 개종한 일이 발생했다. 이에 분개한 담임 목사 토마스 빈센트는 퀘이커교를 오류투성이의 저주 받을 교리라고 맹렬하게 비판했다. 흑사병이 창궐하던 시기 내내, 감옥에서 앓고 있던 병자들을 찾아 돌봤던 조지 화이트헤드와 뜻을 합하여 윌리엄은 빈센트 목사에게 공개적으로 토론해 보자고 도전장을 내밀었다.

공개 토론회는 오후 2시로 정해졌다. 그러나 빈센트는 신도들에게 1시까지 오라고 은밀하게 일렀다. 윌리엄과 조지 화이트헤드가 친우 두세 명과 함께 토론 장소에 도착했을 때는 이미 빈센트의 추종자들이 장내를 꽉 채우고 있었다. 목사는 앞에 나와서 퀘이커를 표적 삼아 독설을 퍼붓고 있었다. 사람들을 헤치고 토론장의 전방으로 밀고 나가는 윌리엄 일행을 향해 청중들이 깔깔거리며 야유를 보냈다. 퀘이커의 입장을 변호하려고 하자, 빈센트 측 사람들이 그들을 끌어내 말문을 막았다.

빈센트의 변론은 날이 어둑해져 촛불을 켜야 할 시간까지 계속 이어졌다. 그러다 느닷없이 찡얼거리는 목소리로 토론 상대를 신성 모독자(신성 모독은 감옥형을 선고받을 수 있는 심각한 혐의였음)로 규정하는 기도를 하고 자기 발표를 끝냈다. 윌리엄 일행에게는 반론의 기회조차 주지 않은 채 토론회의 종료를 선언하고 청중들에게 자리를 떠나라고 말했다. 그러곤 토론장을 박차고 나와 위층에 있는 별실로 올라가 버렸다.

빈센트는 자신의 상대가 어떤 종류의 사람인지 전혀 감을 잡지 못했다. 그런 식으로 윌리엄의 입을 막을 수는 없었다. 자리를 박차고 일어난 윌리엄은 곧바로 반론의 문을 열었다. 그를 잡아당겨 앉히려는 사람이 있는가 하면, 촛불을 죄다 끄고 다니는 이도 있었다. 나머지 사람들은 그래도 잠자코 기다렸다 칠흑 같은 어둠이 내린 싸늘한 토론장에서 이 정열적인 청년이 토해내는 웅변에 귀를 기울였다. 윌리엄의 연설이 끝나자 화이트헤드가 바통을 이어받아 주장을 펼쳐나갔다. 조롱 가득한 웃음도 야유도 없었다. 귀를 사로잡는 목소리가 어둠을 뚫고 전하는 말을 사람들이 실제로 받아들였는지 이해했는지 알 길이 없었다. 그러나 그들은 가만히 앉아 두 사람의 말을 들었다.

잠시 후, 빈센트가 촛불을 높이 들고 토론장으로 다시 돌아왔다. 그를 동반한 가느다란 빛 한 줄기가 그의 창백한 얼굴과 멋진 퀘이커 젊은이의 매끈한 얼굴 생김새를 비추고는 희미하게 앞줄 의자에 앉아있는 사람들 쪽으로 퍼져나갔다. 그 너머로는 모든 것이 바스락거리는 소리를 내며 그림자처럼 어둑한 모습으로 움직이고 있었다.

빈센트는 지금이라도 연설을 멈추면 다시 만나 더 공정하게 토론할 수 있는 기회를 마련하겠다고 약속했다. 기나긴 하루가 끝났다.

그러나 목사는 약속을 지킬 마음이 처음부터 없었다. 두 번째 공개 토론회의 시간조차 잡아주지 않았다. 이에 윌리엄은 자신의 반론을 「흔들리는 모래성」이라는 제목을 붙여 35페이지의 소논문에 담아냈다. 언제나 그랬지만, 윌리엄이 뽑아내는 제목은 주제에 적확했다.

소뮈르에서 받은 가르침과 그 이후 줄곧 품어온 그 모든 생각과 느낌을 토대 삼아 윌리엄은 단시간에 자신의 신념을 글로 명확하게 표현할 수 있었다. 리처드 더비라는 사람에게 인쇄를 맡겨 발행한 윌리엄의 글을 이윽고 많은 사람들이 읽게 되었다. 종교보다는 음악에 훨씬 더 관심이 많았던 피프스조차도 이글을 읽기 시작했다. 눈이 거북해지자 자기 부인한테 큰 소리로 읽어달라고 부탁할 정도였다. 대놓고 솔직한 이웃답게 글에 대해 한마디 평을 했다.

"그가 썼다고는 믿기 어려울 정도로 잘 쓴 글이야. 심각한 저술이라 아무나 읽기엔 적합하지 않아."

그 내용이 지나치게 급진적이라고 생각한 사람들도 있었다. 그러나 바로 그 점 때문에 세간의 눈길을 크게 끌 수 있었다. 펜 제독의 퀘이커 아들의 말을 듣기 위해 그가 나타날 공산이 큰 퀘이커 모임집으로 사람들이 모여들었다.

출판물과 관련하여 윌리엄은 한 가지 실수를 범했다. 그리고 그 심각성은 시간이 지나고 나서야 깨닫게 되었다. 거의 시행된 적은 없지만 발행되는 책자는 모두 런던 주교의 인가를 받아야 한다는 해묵은 법의 존재를 완전히 잊고 있었다. 아니 어쩌면 전혀 모르고 있었을 것이다. 어쨌거나 윌리엄의 귀에 들어온 소식은 인쇄업자 리처드 더비가 위법행위로 게이트하우스 감옥에 갇혀있다는 것이었다.

윌리엄은 내각대신 알링턴 경에게 달려갔다. 3년 전 4월 이른 아침, 로열 찰스호를 지휘하던 아버지가 국왕에게 보내는 서신을 전달할 때 자신이 접견했던 바로 그 사람이었다. (그 때를 돌이켜 보니, 까마득한 옛날처럼 느껴졌고 그때 자신은 딴 세상에 살던, 지금과는 완전히 다른 사람같아 보였다.) 윌리엄은 책자를 당국의 허가 없이 발행했다고 실토하고 처벌받을 사람은 자신이니 죄 없는 인쇄업자는 풀어달라고 간청했다.

결국 윌리엄의 실수는 경범죄에 불과했다. 그러니 경아스럽게도 알링턴 경은 그를 즉각 체포하게 하여 재판도 없이 런던탑으로 보내버렸다. 정문에는 런던탑의 무관장인 존 로빈슨 경이 윌리엄을 기다리고 있었다. 그는 네이비 가든스에서 두루 이름이 나 있었는데, 런던탑에서 해군청까지 이르는 구간에 특별히 자신만 다닐 수 있도록 만든 길이 그 명성의 근원이었다. 피프스는 수다스럽고 멍청한 허풍쟁이라고 폄하했지만, 펜 제독은 그를 좋게 생각하고 있었다. 로빈슨 경은 왕이 추밀원[81]과 상의하여 서명한 영장 없이는

---

81) 잉글랜드 노르만왕조 이후부터 존재한 국왕의 정치 자문기관인 귀족 모임으로 1536년 토마스 크롬웰에 의해서 추밀원(The privy council)로 개칭되었다. 국가의 주요 정책의 입안 처리, 법원 감독, 회계청 재정관리, 지방 행정 조정 등 광범위한 영향력을 행사하였다.

런던탑으로 받아들이려고 하지 않았다. 그런 영장은 대체로 경범죄에는 해당 사항이 없고 반역 행위에만 발부되었다. 그러나 런던 주교는 윌리엄이 쓴 「흔들리는 모래성」에 크게 분노한 나머지 신성모독이라는 무시무시한 단어로 단죄했다. 게다가 알링턴 경은 윌리엄을 상대로 토론했던 장로교 교인들에게 특별한 애착이 있었던 데다가, 펜 제독에게 얼마간 악의를 품고 있었던 터였다. 제독과 사이가 돈독했던 찰스왕은 런던탑의 따끔한 경험으로 윌리엄의 퀘이커 열병을 치유하게 해주면 제독에게 득이 될 수 있을 거라고 나름 헤아렸다. 이러저러한 동기와 이유가 뒤섞여 12월 6일 국왕과 추밀원 위원 6명이 서명한 영장이 발부되어 윌리엄은 국왕의 다른 지시가 있을 때까지 단단히 감옥에 붙잡혀 있게 되었다. 불과 일 년 전 더블린에서 그를 그토록 잘 이끌어주었던 오몬드 공작도 영장에 서명한 추밀위원의 한 사람으로 이름을 올렸다. 런던탑의 문이 쿵하고 무겁게 닫히는 소리에 윌리엄의 마음은 끝도 없이 혼란스럽고 상처가 컸을 것이다.

 몸져누운 아버지는 아무런 소식도 보내지 않았다.

12장

런던탑에서

　런던탑에 수감된 정치범들은 거의 모두 어느 정도의 자유가 인정되었다. 친지들의 면회를 받을 수 있었으며, 필요한 식음료는 물론 수형생활에 편의를 제공할 수 있는 물품도 구입할 수 있었다. 런던탑 경내 공원에서 맑은 공기를 마시며 산책하거나 운동도 할 수 있었을 뿐더러, 종종 가석방으로 출옥하기도 했다. 수형생활의 조건이 이렇더라도 그토록 음침하고 섬뜩한 역사로 점철된 런던탑에서 형기를 치러야했을 때는 그 사실만으로도 너무나 가혹했다. 펜 제독도 이전에 겪은 5주간의 투옥으로 정신과 건강이 거의 다 망가졌었다.

　윌리엄은 '중감금' 상태에서 감옥생활을 해야 했다. 이는 지붕 바로 아래 높이 위치한 협소한 감방에서 한 발짝도 나갈 수 없었고, 간수의 끊임없는 감시 때문에 잠시도 혼자 있을 수가 없다는 것을 의미했다. 특별 허가가 없는 한 의사든 이발사든 그 어느 누구도 만날 수 없었다. 편지 쓰는 것도 허락되지 않았고 선물 수령도 금지되었다. 감옥에서 제공되는 맛없고 양도 보잘것 없는 음식을 먹어야 했으며, 수년 만에 처음으로 템스강이 얼어붙을 정도로 혹독했던 겨울의 추위를 한 줌밖에 안 되는 배급 땔감으로 견뎌야 했다. 게다가 형기가 언제 끝나는지 그 누구도 알려주지 않았다. 아마 수년 동안 갇혀있어야 할지도 모를 일이었다. 런던탑에 한번 갇히면 사람들의 기억에서 잊히면서 생을 마감할 수도 있었다.

　펜은 원스테드에서 병환에 시달리고 있었다. 해군청의 위원직을 사임하고 네이비 가든스의 사택도 내놓았다. 그간에 네덜란드와는 강화가 이루어졌다. 잉글랜드가 강화조약에서 자기 입장을 오롯이 반영할 수 없었기 때문에 자국령으로 복속시키고 싶었던 동인도 제도의 섬들은 원래대로 네덜란드가 계속 지배하게 되었다. 요크 공작은 그 누구도 관심이 없었던 아메리카 대륙의 네덜란드 식민지들을 손에 넣었다. 제독의 나이 불과 48세였지만, 펜은 정신이 피폐해지고 인생에 낙담한 병든 모습이 영락없는 노인이었다. 원스테드에서 통풍과 슬픔을 달래면서 퀘이커가 된 아들에게 런던탑의 감옥생활이 어떤 여파를 가져올 지 관망하고 있었다.

　윌리엄에게 크나큰 영향을 미치고 도움의 손길을 내밀었던 토마스 로와 조사이어 콜 두 사람 모두 그해 겨울에 눈을 감았다. 조지 화이트헤드뿐만 아니라 갈수록 윌리엄의 삶에 그 존재의 의미가 커져간 페닝턴 부부는 모두 런던탑에서 윌리엄과의 접견이 차단되었다. 그 암울하고 차디찬 겨울 내내 그가 유일하게 만날 수 있었던 사람은-그것도 간수의 감시 하에-종복인 프랜시스 쿡이었다.

　쿡이 전한 말은 아버지의 전갈이 아니라 불길하고 비관적인 소식뿐이었다. 윌리엄이 "공개적으로 퀘이커 신앙을 저버리거나 아니면 죽어서야 감옥에서 나가야 할 것"이라는 런던 주교의 결정이 그 소식이었다.

　있는 용기를 다하여 윌리엄은 쿡에게 대답했다. "다 괜찮네. 석방되리라고 내심 바라다가 정말 해야 할 일을 중도에 그만 두어버렸다네. 나의 거처에 대해 처음부터 그렇게 말해줬으면 더 좋았을 걸세. 그대로부터 내 소식을 기다리고 있을 아버지에게 이 말을 전해주게. 내가 한 치라도 나의 입장에서 흔들린다면 내가 갇힌 이 곳이 내 무덤이 될 것이라고 말이네. 왜냐하면 나는 필멸의 인간 그 누구에게도 내 양심에 거리끼는 일을 하지 않기 때문이라고."

　근거 없는 희망을 마음에 품느라 중단한 '일'에 윌리엄은 다시금 손을 댔다. 아무리 춥고 상황이 절망적이라도 맥빠진 채 주저앉아 있을 사람이 아니었다. 부당하고 어이없는 징역에 대한 분노에 쏟아 버릴 수도 있었던 에너지를 모두 저술 활동에 집중했다. 그가 쓰기 시작한 책의 제목은 『고난없이 영광없다(No Cross, No Crown)』으로 토마스 로의 작별 인사말을 참고하여 만들었다.

　"친애하는 치우여, 그대이 십자가를 짊이지고 가세요. 하느님께서 누구도 그대로부터 앗아갈 수 없는 영원한 영광의 면류관을 그대에게 주실 겁니다." 완성된 글은 총 111쪽에 달했다. 훌륭한 글이었다. 1669년 초판을 발행한 이후 50판이나 찍힌 일리엄의 저서는 250년 이상 많은 사람들에게 용기와 영감을 제공했다. 그러나 당시 윌리엄의 아버지는 생각이 달랐다. 아들의 책은 단연코 아버지가 짊어져야 할 십자가였다.

　프랜시스 쿡은 젊은 주인을 다시 찾아오지 않았다. 아무도 찾아오지 않는 습하고 추운 작은 방에서 윌리엄은 나날이 묵묵히 앉아 여러 장의 종이를 휘날리는 큰 글씨로 메워갔다. 앞으로 죽을 때까지 이 곳에서 똑같은 일을 해야 할 지도 모른다는 생각이 엄습해올 때 마다 애써 머릿속에서 밀어냈다. 쿡은 주인을 접견하는 대신 런던으로 가 여러 퀘이커들을 만나 윌리엄 지원금 명목으로 모금한 돈을 들고 잠적해 버렸다. 이 일이 있고 한참 지나서야 진상을 파악한 윌리엄은 돈을 내주었던 사람들에게 한 사람도 빠짐없이 그대로 돌려주었다. 그러나 그토록 믿었던 사람에게 느낀 실망감과 자기 곁으로 돌아오지 않을 친구이자 하인을 가만히 기다려야 하는 고통을 되갚게 할 길은 없었다.

　아버지가 드디어 윌리엄을 만나러 왔다. 수선화가 만발하고 되새가 산울타리에서 지저귀는 4월의 윈스테드를 떠나 봄의 흔적이라곤 조금도 찾아볼 수 없는 런던탑으로 가서, 감방에 있는 아들에게 저술한 내용을 철회하고 퀘이커교를 포기하라고 애원했다. 그러나 윌리엄은 이번에도 거부했다. 그런 아버지의 태도가 다소 맹목적이지 않나하는 생각까지 들기도 했다. 자신이 퀘이커 신앙을 버릴 거라고 진짜 믿기라도 하는 것이었을까?

　제독은 궁정에 가서 아들이 재판을 받게 해달라고 청원했다. 추밀원은 거부했다. 자기네가 할 수 있는 최선은 런던 주교 험프리 헨치맨 박사에게 지시하여 윌리엄을 심문하고 그의 관점이 이단인지를 판단토록 하는 방법뿐이라고 했다.

　주교는 에드워드 스틸링플리트 박사를 대리인으로 내세워 윌리엄을 만나 입장을 바꾸도록 설득하게 했다.

　스틸링플리트 박사는 런던에서 성공가도를 달리는 가장 세련된 젊은 성직자였다. 서른 네 살의 나이에 세인트 앤드루 홀본 교회의 목사, 템플교회의 깅사, 세인트 폴 교회의 참사회원 등 다양한 직함으로 활동 중이었다. 신학 서적 수권을 저술한 작가이기도 한 그는 화이트홀 궁에서 가장 인기 있는 설교자로 명성을 떨치고 있었다. 윌리엄과 박사는 첫눈에 서로 마음에 들었다. 기와지붕 아래 감방의 습하고 싸늘했던 공기가 습하고 텁텁한 공기로 바뀌는 봄이 느리고 길게 지나가는 동안, 이와 같은 짧은 방문은 몇 번 되지 않았지만 윌리엄이 유일하게 고대할 수밖에 없던 만남이었다.

　젊은 박사는 매력적이지만 고집 센 젊은 퀘이커가 자기 맘에 쏙 들었기에 정성을 다해 대했다. 윌리엄도 그의 친절한 배려에 마음이 풀렸고 그의 가르침도 기쁜 마음으로 수용했다. 어리석고 투덜대기만 하는 간수와 여러 달 동안 매일 얼굴을 맞대다가 그토록 명민하고 위트 있고 친절한 신사와 대화를 나눈 시간은 기분 전환 그 이상의 경험이었다. 그러나 박사가 개진하는 주장들과 국왕의 호의와 등용이라는 유혹을 매개로 부여되는 감동적이고 흥미 있는 동기들, 그 어느 것도 윌리엄의 생각에 전혀 영향을 끼치지 못했다.

"그대에게 부탁드립니다." 윌리엄이 궁극적으로 단언했다. "저의 마음을 바꾸기에 런던탑은 가장 졸렬한 위협이라고 국왕에게 전해주십시오. 누가 옳고 그르건 간에, 종교의 이름으로 폭력을 행사하는 사람들은 결코 올바를 수 없습니다."

스틸링플리트 박사는 국왕에게 돌아서 윌리엄의 말을 그대로 전했다. 런던탑에서 7개월의 중감금형을 겪고도 그런 식으로 자기 생각을 토로할 수 있는 젊은이는 어떤 위협과 엄포에도 쉽사리 굴복하지 않을 것이었다.

미래의 삶에 대한 사람들의 의견을 옥에 가두고 제대로 먹이지 않거나 나쁜 공기를 마시게 함으로써 바꾸려는 시도가 터무니 없다는 자신의 확신을 확증하기 위해, 윌리엄은 알링턴 경에게 편지를 보냈다. 그 편지에서, 폭력 앞에서 사람들은 위선자로 변할 수 있지만 개종을 하지는 않는다는 주장을 폈고, 그리스, 이집트, 로마와 같은 위대한 고대 국가들은 관용적인 종교 정책을 토대로 번영의 시대를 누렸다고 지적했다.

「흔들리는 모래성」에서 주장한 내용을 사람들이 오해하고 있다고 전한 스틸링플리트 박사의 말을 곱씹어 보고나서, 윌리엄은 그간 내세운 주장들을 다시금 강조하되 그 진정한 의미를 보다 더 명확하게 전달할 수 있는 또 다른 소논문을 써나갔다. 새로운 글의 제목은 「숨김없는 결백」이었다. 이즈음 지붕 밑 그의 감방은 견딜 수 없을 정도로 푹푹 쪘다. 머리 바로 위에 드리워져 있는 납 지붕위로 뜨거운 햇볕이 내리쬐고 벽 높이 뚫린 창문으로 바람 한 점 들어오지 않았다.

용기의 실체를 알아보고 이를 높이 살 줄 아는 펜 제독은 옛 친구인 요크 공작을 만나 아들을 도와달라고 간청했다. 요크 공작은 친구를 돕기 위해 국왕을 접견했다.

7월 말 추밀원회의가 다시 소집됐다. 스틸링플리트 박사는 윌리엄에 대한 자신의 평가를 보고했다. 윌리엄의 새로운 글「숨김없는 결백」도 함께 제시했다. 보고를 들은 국왕은 결과에 만족한다고 선언하고 존 로빈슨 경에게 죄수를 석방하여 아비지에게 돌려보내라고 명령했다. 석방이 다소 지체되기는 했지만, 이로써 런던탑에서 보낸 9개월의 수형생활을 뒤로 하고 윌리엄은 자유의 몸이 되었다.

런던탑에 처음 발을 들여놓았을 때 거리는 눈이 쌓여 있었고 강은 얼음으로 뒤덮여 있었다. 이제 날은 더웠고 거리는 먼지가 일었다. 노란 잎새 한두 개가 나무에서 떨어져 날리고 있었다. 그러나 아무래도 상관없었다. 하늘! 강! 신선하고 달콤한 바람과 햇빛! 자기 주위로 펼쳐지는 공간! 거리를 따라 전개되는 풍경들과 맘 가는 대로 걷고 있는 사람들! 이 모든 것 앞에서 잠시 멈춰 윌리엄은 자유를 벌컥 벌컥 들이켰다. 자유의 몸으로 이제부터 모든 것을 할 수 있다는 생각이 머릿속으로 밀려오자 기뻐 날아갈 것만 같았다. 그의 길을 막을 수 있는 것은 아무것도 없었다!

지금 당장 해야 할 일은 줄리엘마 스프링겟을 만나러 가는 것이었다.

13장

젊은이가 보낸 일 년

사랑스러운 줄리엘마 스프링겟의 주변에는 언제나 구혼자가 넘쳐났다. 그녀는 아름다운 용모에 성정도 다정다감하면서 활달한 상속녀였다. 그녀를 아꼈던 토마스 엘우드와 마찬가지로 다양한 지위와 조건의 열정적인 젊은이들이 결혼해 달라고 졸라댔으나, 줄리는 구혼하는 족족 거절했다. 그녀는 당시 25세로, 15세에 여자가 결혼을 하던 시절에 비추어 미혼 여성치고는 상당히 나이가 든 축이었다. 그러나 수형생활의 피로가 아직도 얼굴에서 가시지 않았지만 기쁨에 가득 찬 청회색 눈동자를 반짝이며 런던에서 달려올 윌리엄을 위해 마치 자신을 지키고 있던 것처럼 결혼하지 않고 있었던 것이다.

튜더 양식[82]의 벽돌 박공과 이끼 낀 타일 지붕이 얹힌 베리 팜은 밤나무들 아래에 자리 잡고 있었다. 비컨스필드에서 뻗어 나온 길이 런던 방향에서 시작되는 길과 만나 아머샴 마을의 하이 거리를 이루는 지점에 있었다. 저택 뒤에는 고어 힐이, 앞에는 미스본 강 건너 푸르른 들판과 산울타리, 그리고 여러 무리로 자란 너도밤나무들로 어우러진 언덕이 보였다. 아머샴의 가옥들 지붕 옆에는 단단한 석조 교회의 회색 탑이 우뚝 솟아 있었다. 퀘이커들이 "첨탑의 집"이라고 부르는 이 교회는 존 녹스[83]가 100년쯤 전에 설교한 곳이기도 했다.

베리 팜에 거주하는 사람들은 전원 퀘이커였다. 종교 때문에 지난 9년 중 5년을 감옥에서 보낸 아이작 페닝턴, 오랜 세월 동안 고단하게 갈구했으나 찾지 못했던 정신적 안식처를 친우회에서 얻게 된 그의 아내이자 줄리의 어머니인 메리 페닝턴, 14세에 퀘이

---

82) 잉글랜드 튜더 왕조 때에 유행한 고딕 건축 양식. 수직성이 약해지고 많은 조각 장식을 사용하여 중후하고 화려하다.
83) 존 녹스(John Knox, 1513?-1572). 스코틀랜드의 종교 개혁가이며 신학자이다. 원래 로마 가톨릭교회의 사제였으나 제네바에서 존 칼뱅에게 배우고 돌아와서 개혁주의를 도입했으며, 스코틀랜드 장로교회를 창설했다.

커가 된 줄리, 그리고 모두 퀘이커 집안에 태어난 페닝턴 부부의 세 자녀, 즉 줄리의 이복 남형제들이 거주하고 있었다. 줄리보다 다섯 살 연상인 토마스 엘우드도 가족의 일원이었는데, 모자 예법 때문에 크로얼의 대지주인 부친에 의해 집에서 쫓겨난 이후 줄곧 베리 팜에서 지냈다. 그는 런던에서 눈먼 시인 밀턴[84]의 비서로 잠깐 일한 뒤, 베리 팜으로 와 처음에는 아이들에게 라틴어를 가르치다가 계속 머물며 페닝턴 부부의 최측근으로 여러 일을 처리해왔다. 페닝턴 가족이 머무는 곳은 (챌폰트 세인트 피터[85]의 그레인지와 베리 팜, 아머샴의 임시 숙소들과 나중에 살게 되는 우드사이드 등 장소에 상관없이) 그 어디든 정신적 고통을 받거나 처지가 어려운 퀘이커 친우들에게 언제나 안식처가 되었으며, 그러한 관용의 손길은 주변 지역으로도 널리 퍼져나갔다.

베리 팜에 윌리엄이 도착한 때는 1669년 9월 16일이었다. 여전히 아들을 보고 싶어 하지 않는 펜이 펜 부인을 통해서 전해준 명령에 따라 샨어게리 사유지를 관리하러 아일랜드로 가는 길에 들렀다. 베리 팜에 도착해보니 많은 사람들이 모여 있었다. 윌리엄을 비롯하여 함께 런던에서 온 친우 두 명을 만나보러 이웃 동네에서 건너온 퀘이커들이었다. 모임은 베리 팜의 거실에서 열렸다. 사랑스럽고 차분했지만 약간 무심해 보이는 줄리가 좌중에 있었지만, 주변에 사람들이 너무 많아 그녀에게 말 걸기가 쉽지 않았다. 예배 모임이 진행되는 동안은 당연히 그녀에 대한 생각을 머리에서 밀어내야 했다. 다음 날 아침, 윌리엄은 작별인사를 하고 비컨스필드를 거쳐 메이든헤드[86]로 떠났다.

메이든헤드에서 자기를 기다리기로 한 하인이 나타나지 않았다. 오히려 의기양양해진 윌리엄은 그 길로 돌아서서 아머샴으로 말을 몰고 돌아갔다. 그 때가 17일이었고, 18일에는 줄리와 함께 아머샴과 펜 중간 쯤 위치한 작은 마을인 펜 스트리트라는 곳을 들렀다. 거기는 윌리엄의 친척뻘 되는 사람들이 살고 있었다. 메리 페닝톤이 주변에 거주하는 사람들 절반을 대상으로 여러 사안에 대하여 자문에 응해주고 도움을 주고 있던 터라, 줄리와 윌리엄 두 사람이 거기 갔을 때는 분명 메리가 부탁한 심부름 때문이었을 것으로 추정된다. 윌리엄이 이런 내용을 일기에서는 언급한 바가 없었지만, 어쨌든 거기

---

84) 존 밀턴(John Milton, 1608-1674). 잉글랜드의 시인. 종교 개혁 정신의 부흥, 정치적 자유, 공화제 등을 지지하다가 탄압을 받고, 실명(失明)과 아내를 잃은 비운을 달래면서 대작 『실낙원』을 썼다. 다른 작품에 『복낙원(復樂園)』, 『투기사 삼손』이 있다.
85) 버킹엄셔주 남동부의 칠턴 지구에 있는 마을.
86) 잉글랜드 버크셔주에 위치한 작은 도시.

로 간 것은 사실이었다. 평생 동안 가슴 속에 간직했을 줄리와의 많은 대화도 윌리엄은 일기에 남기지 않았다. 어쩌면 두 사람은 어린 시절을 돌이켜 보며, 윌리엄이 그래머 스쿨에 다니고 줄리가 치그웰 스트리트의 큰 벽돌 집에 살던 의붓 할아버지 알더만 페닝턴을 방문했을 때 치그웰에서 서로 본 적이 있는 지 기억을 더듬어 봤을 지도 모르겠다.

그 다음 날 윌리엄과 줄리는 다른 사람들과 함께 퀘이커 모임이 열리는 러스비로 걸어갔다. 거기서 그는 에일즈베리[87]에 있는 하인에게 편지를 보냈다. 20일 이른 아침 하인이 도착하자 윌리엄은 더 이상 지체할 명분이 없었다. 페닝턴 부부는 그 때 레딩에 들릴 일이 있었는데, 윌리엄이 브리스틀을 가려면 레딩을 지나야 해서 그와 함께 떠났다. 줄리는 메이든헤드 지나 조금 더 같이 갔다가 데리러 온 토마스 엘우드와 함께 집으로 돌아갔다.

이렇게 두 사람은 헤어지게 되었지만, 이미 서로 사랑하고 있다는 걸 알고 있었다. 그러나 그로부터 한 해가 경과하고 나서야 그들은 다시 만나게 되고, 그 뒤로도 이 년이 더 지나고 결혼이 성사되었다.

레딩[88]에서 브리스틀까지는 꼬박 이틀이 걸렸다. 거의 한 달 가까이 브리스틀에 머물면서 윌리엄은 여러 퀘이커를 만나보고 모임에도 참석했다. 10월 24일 동북동 방면에서 불어오는 바람을 타고 브리스틀을 떠난 배는 이틀 뒤에 아일랜드에 당도했다. 가을이 무르익어 가는 샨어게리의 들판이 코크 항구 밖으로 튀어나올 듯 펼쳐졌다.

먼저 들린 코그에서 윌리엄은 거의 모든 친우들이 감옥에 있다는 사실을 알게 되었다. 윌리엄의 일기에 의하면, 그들은 "종교적 열성뿐만 아니라 사업에 대한 세인들의 시기심 때문에" 투옥되었다. 윌리엄이 찾아간 감옥은 무위도식하지 않는 삶을 신조로 삼고 있는 퀘이커 죄수들에 의해 이미 "모임의 집"이나 "노동의 집"으로 변해 있었다. 윌리엄은 그들과 모임을 갖고, 감방 배식을 함께 식사로 나누어 먹었다. 그길로 코크 시장을 찾아가 그들의 석방을 호소했지만 아무 소용이 없었다. 더블린으로 떠날 수밖에 없었다. 퀘이커들의 석방에 자신의 힘을 보태려고, 더블린으로 가는 길에 아일랜드 최초의 퀘이커인 윌리엄 에드먼슨이 살고 있던 로즈낼라 농장에 들러 하룻밤을 보냈다. 또

---

[87] 잉글랜드 버킹엄셔의 주도.
[88] 잉글랜드 버크셔주에 위치한 도시. 역사적으로 유명한 대학도시이기도 하다.

한 밤은 오몬드 공작의 유서 깊은 장원인 털레스에서 보냈다.

아일랜드에서 지내는 내내, 윌리엄의 일정은 일관되게 하루는 감옥에서 다음날은 궁에서 식사하는 것으로 이루어졌다.

오몬드 공작은 더 이상 아일랜드의 총독이 아니었다. 당시 잉글랜드를 쥐락펴락 하던 권세가들 집단인 도당[89]에 반기를 들었다가 패퇴했기 때문이다. 그러나 윌리엄이 처음 만났을 때 브로길 경으로 소개받아 지금껏 그 이름으로 불러온 펜 가족의 옛 친구 오리 경과 그의 동생 섀넌 경이 다행히 더블린에 있었다. 자신이 예전에 그토록 아끼고 경탄해 마지않았던 애런 경과 소미르에서 불과 이삼 년 앞서 수학했던 셰필드 경도 거기에 있었다. 그들 모두 윌리엄의 신앙에 괘념치 않고 그를 환영했거니와 곤경에 처한 퀘이커 친우들을 구제해보려는 그의 노력에 힘을 실어주었다.

윌리엄은 존과 앤 게이와 함께 더블린에서 숙소를 잡아 11월 한 달 내내 머물렀다. 11월 5일에는 아일랜드에서 활동하는 퀘이커들의 연례 하반기 총회가 윌리엄의 숙소에서 열렸다. 또한 그의 도움으로 총독에게 제출할 퀘이커 수난 보고서가 작성되었다. 거의 한 달 동안 하루가 멀다 하고 윌리엄은 영향력이 있는 지인들을 찾아가 억압받는 사람들에게 자비와 정의로운 처사를 베풀어 주기를 호소했으며, 이러한 활동 때문에 곧 더블린에서 유명 인사가 되었다. 준수한 용모에 조정의 실력자들을 친구로 둔 젊은이가 퀘이커라니! 윌리엄은 평민들에게는 경이로움의 대상이었지만, 자신과 같은 계급 중 어리석은 부류에게는 말도 안 되게 웃기는 존재였다. 어느 일요일 모임에는 더블린의 무례하고 소란스런 멋진 청년들 몇몇이 몰려와 그저 그를 노려보기만 했다. 윌리엄 말로 "거의 한 시간 가까이 그러고 있었다." 모임이 끝나자 윌리엄은 그 무리에게 아주 매섭게 호통쳤다.

11월 한 달 동안 윌리엄은 아버지를 위시하여 조지 화이트헤드, 아이작과 메리 페닝턴 부부, 최근 스워스모어 홀[90]의 마거릿 펠과 혼인한 조지 폭스, 그리고 줄리 등 여러 사람들에게 편지를 보냈다.

---

89) 도당(The cabal)이란 잉글랜드의 찰스 2세가 1667년에서 1675년 사이에 유지했던 비밀외무위원회의 멤버들을 가리키는 말이며, 이들 5명(Clifford, Ashley, Buckingham, Arlington, Lauderdale)의 이름 앞 글자를 따서 만든 것이라는 설이 있다.
90) 잉글랜드 북서부 컴브리아주 스워스모어에 소재한 저택. 현재는 퀘이커 피정 센터로 사용되고 있다.

마침내 더블린의 감옥에 갇힌 퀘이커들을 전원 석방하라는 추밀원의 명령이 떨어졌다. 윌리엄은 일단 그 조치에 만족하고, 아버지의 용무를 처리하러 남쪽의 섄어게리로 떠났다. 비 오는 겨울 날씨를 헤치며 감행한 6일 간의 여정은 결코 순탄치 않았다.

블랙워터 강을 건너던 중 행선길 동반자 제이.피.가 배 밖으로 떨어져 하마터면 물살이 빠르고 수심이 깊은 차디찬 강에 익사할 뻔한 일이 생겼다. 뱃사공과 윌리엄이 부리나케 달려가 그를 잡았지만, 그 바람에 배가 기울어져 말들이 두 사람 쪽으로 미끄러져 왔다. 순간 윌리엄, 사공, 말들 그리고 나룻배까지 몽땅 강에서 허우적거리고 있는 사람 위로 덮칠 것만 같았다. 겨우 균형을 잡고 나서야 참사를 방지할 수 있었다. 있는 힘을 다하여 숙소로 달려가, 물속에 빠졌던 제이.피.의 옷을 벗겨 말리고 뜨거운 것을 마시게 하고는 침대에 눕혔다. 잃어버린 거라곤 다행히도 제이.피.의 모자와 두 시간 뿐이었다.

윌리엄은 이모킬리에서 아버지의 농장을 빌려 쓸 사람을 찾고 임대 조건과 임대 계약을 정비하며 그 해 겨울을 보냈다. 틈틈이 줄리에게 편지를 썼고 그녀의 답장 외에도 아버지, 페그, 혹은 남동생 딕이 쓴 편지와 함께 드문 드문 배달되는 소포 꾸러미를 애타게 기다렸다.

한번은 킨세일의 그린 드래곤 인에 묶으면서, 아버지가 보유한 킨세일의 군 통솔권과 요새및 수비대 지휘권을 400 파운드에 받고 사촌 리처드 루쓰에게 넘기는 데 필요한 업무를 처리했다. 캐릭퍼거스에서 보여준 윌리엄의 용맹스런 행동에 대하여 루쓰 대위가 펜 제독에게 편지를 썼던 일, 그리고 윌리엄이 아버지에게 킨세일 요새의 지휘권을 자기한테 이양해달라고 편지로 간청한 일이 모두 멀고 아득하게 느껴졌다. 그 3년 동안 발생한 일들은 펜 제독도 윌리엄도 전혀 예측하지 못했던 사건들이었다.

아일랜드의 겨울은 음침하고 축축한 나날들의 연속이었다. 「흔들리는 모래성」이 일으킨 반향에도 주눅 들지 않고 윌리엄은 다시 펜을 들었다. 「새로운 믿음을 얻은 젊은이들에게 보내는 사랑의 편지」라는 글에서 "생각이 다른 사람들과 논리적으로 따지는 일에 천착하지 맙시다."라고 썼다가도, 「양심의 자유에 관한 중대한 사례」라는 제목을 붙인 논문에서 단박에 논리를 내세워 반대 의견을 주장하는 사람들을 대상으로 힘주어 설득하기 시작했다. 런던탑에서 갇혀있는 동안 머릿속을 채웠던 종교의 자유에 대한 관념들을 소환하여 논문에 적용하려 했지만, 내용이 지나치게 강하고 심오하기에 성급하게 마무리할 수가 없었다. 더 많은 시간과 사유가 필요했다. 그렇지만 아일랜드에서 수행한 윌리엄의 이 작업은 미래를 위한 훌륭한 시발점이 되었다.

5월 초 아버지가 보낸 편지를 받고 윌리엄은 불안해지기도 했지만, 한편으로 고마운 마음을 느끼기도 했다. "그쪽에서 하던 일이 잘 마무리되었길 바란다. 나는 요즘 기력이 많이 쇠해지고 있다."라는 내용으로 미루어 이제 아버지가 자기를 용서했고, 집으로 돌아오길 바란다는 것을 알았다.

5월이 끝날 즈음 샨어게리 업무는 모두 마무리되었다. 그러나 잉글랜드로 떠나기 전에 코크의 퀘이커들이 좀 더 나은 상황에서 신앙생활을 할 수 있게끔 뭔가 해주고 싶었다. 여전히 비협조적인 코크의 시장은 "진리가 도래한 이래 그 어느 시장이나 판사보다도 더 독했기에," 윌리엄은 밤새 날아가듯 달려 더블린에 가닿아 권세 있는 친구들에게 다시 한번 도움을 요청했다.

친구들은 윌리엄을 굳건히 지지해주었다. 이제 그들은 윌리엄이 퀘이커라는 사실을 있는 그대로 받아들였고, 이와 별개로 그가 가진 인간적인 매력, 용기, 충성심 때문에 그를 더욱 사랑했다. 애런 경은 그를 자기 마차에 태워 왕궁으로 가서, 그가 작성한 호소문을 대신 왕에게 올려주었다. 그의 진정한 우정은 윌리엄과 함께 기꺼이 퀘이커 모임에 참석했다는 사실에서도 여실히 나타났다.

그 다음 날로 아일랜드의 퀘이커 죄수들은 한 명도 빠짐없이 전원 석방되었다. 윌리엄은 애런 경, 섀넌 경, 셰필드 경을 자기 숙소로 불러 이별 만찬을 열었다. 그리고 애런 경에게는 특별히 말을 작별 선물로 선사했다. (3년 전, 그 당시 아일랜드 총독의 아들이었던 애런 경과 조신이면서 군인이기도 했던 윌리엄이 함께 말을 타고 질주했던 많은 나날들이 떠올랐다.)

6월 중순경 윌리엄은 잉글랜드로 출발했다. 그제야 아버지 곁으로 돌아갈 수 있었다.

14장

그레이스 거리의 소요

1670년 8월 14일 일요일은 윌리엄의 생애 중 가장 중요한 날의 하나로 기록되었다. 이른 아침 윈스테드에서 말을 힘차게 몰아 런던의 모임으로 가고 있을 때만 해도 그 중요한 의미를 인식하지 못했다.

그가 뚜렷이 인식하고 있었던 것은 그때가 모든 퀘이커에게 투쟁과 시험의 시간이자 퀘이커로 살아나가는 것이 더할 나위 없이 위태롭다는 사실이었다. 의회가 몇 달 전에 통과시킨 비밀집회금지법[91]의 시행으로 탄압의 광풍이 잉글랜드 전역에 휘몰아쳤다. 잉글랜드 국교회를 제외한 나머지 모든 종파들을 퇴치하기 위한 조치였으나, 가장 큰 타격을 입은 종파는 퀘이커였다. 예배 모임을 비밀리에 열거나 부정기적으로 열어 탄압을 모면한 금지대상의 종파들도 더러 있었지만, 퀘이커들은 정해진 장소와 시간에 맞추어 공개적으로 모였다. 모임집들이 자물쇠로 채워져 폐쇄 당하면, 길거리에서 모였다. 불살라버리면, 그 잿더미를 딛고 예배를 했다. 감옥으로 끌고 가면, 순순히 따라 가지만 이윽고 부당성을 제기하며 벌금 지불을 한사코 거부했다. 어린 아이들도 따라와서 석방을 묵묵히 기다리고 있는 죄수들과 함께 모임을 여는 경우도 있었다.

아이작 페닝턴이 레딩 감옥에 갇혀 있다는 소식이 전해졌다. 신체적으로 강인하지 못해 고된 감옥생활을 힘들어 할 양아버지를 걱정하고 애통해 할 줄리 생각에 윌리엄은 마음이 아팠다. 스트랫퍼드에 있는 조지 폭스가 병마에 시달리고 있다는 소식도 들었다. 그러나 부인 마거릿은 랭카스터 감옥에 투옥 중이라 남편에게 가볼 수 없다고 했다.

윌리엄은 윈스테드의 아버지 집으로 기쁜 마음으로 돌아가는 대신 차라리 그날 밤을

---

91) 비밀집회금지법(The conveticle act)은 잉글랜드 찰스 2세 치하에서 1664년 과 1670년 두 차례에 걸쳐 시행되었다. 장로제파, 침례파, 회중교회파와 퀘이커들의 모임을 불법으로 규정함으로써, 이 모임에 계속 참여하는 사람들은 심문과 처벌의 대상이 되었다.

감옥에서 지새웠으면 하는 생각이 들었다. 그러나 감옥 생각을 머리에서 밀어내 버렸다. 당장은 아버지와 떨어져 지내는 걸 상상하기 싫었다. 아일랜드에서 돌아와 보낸 두 달은 아버지와 아들이 조건 없는 사랑과 이해와 존경으로 서로를 아낀 시간이었다. 나날이 악화되는 제독의 건강 문제 말고는 두 사람 사이에 아무런 걱정거리도 없었다. 펜 제독은 아직 49세 밖에 되지 않았지만, 그간 격렬하게 살아온 인생 역정으로 몸과 마음이 지칠대로 지쳐 있었다. 윌리엄은 오는 일요일 오전에 런던에서 열릴 퀘이커 모임으로 달려가는 자신을 상상했다. 어둠이 내리기 전에 체포될 수도 있다는 생각을 떨쳐냈지만, 그렇다고 자기가 집에 남아 안전을 기할 거라는 가능성에 대해서도 생각해보지 않았다.

런던 대화재[92] 이후 신축된 큰 퀘이커 모임집은 그레이스처치 거리에서 조금 떨어진 화이트 하트 거리에 자리하고 있었다. 윌리엄이 도착했을 때 이미 친우들은 모임집의 굳게 잠긴 문 앞에 결집하고 있었다. 군집한 많은 사람들은 좁은 화이트 하트 거리를 다 채우고 그레이스처치 거리로까지 넘쳤다. 현장에는 퀘이커 친우들 외에 다른 사람들도 있었다. 대부분이 펜처치 거리와 이스트 칩 거리에서 어슬렁거리며 걸어 들어와 벌어지는 광경을 구경하러 온 무람없는 사람들이었다. 모임의 언저리에 서서 목을 쭉 뺀 채 서로 이리 저리 밀면서 소란스럽게 떠들어댔다. 잠시 후 머스킷병들과 미늘창[93]으로 무장한 경비병 무리가 도착했고, 그 뒤를 따라 흥미진진한 구경거리가 있다는 생각으로 신이 난 불한당들이 떼거리로 몰려왔다.

더위로 후끈 달아오른 거리에 모인 사람들은 얼추 사오백 명에 이르렀다. 군중의 머리 너머로 삐죽 솟아 있는 경비병들의 미늘창에 햇빛이 부딪히며 흩어졌다.

그날의 모임은 퀘이커 모임치고 아주 특이한 행사였다. 오래 전 매크룸에서 열린 모임이나 평화와 사랑으로 충만했던 방의 창가에 줄리가 앉아있던 베리 팜의 모임과 견주어 분위기가 사뭇 달랐다. 평화도 고요함도 없었다. 그러나 온갖 위험을 무릎쓰고 모임에 참석하러 온 퀘이커들이 거기 있었다. 어쩌면 그 거칠고 나태한 무리 중에서라도 전혀 예상치 못한 방법으로 진리에 가 닿을 수 있는 사람들 한두 명은 있을 수 있었다. 군

---

[92] 1666년에 9월 2일 런던에서 발생한 대화재. 빵 가게에서 우연히 발생한 화재로, 닷새 만에 주택 1만 3000여 채와 많은 교회 건물, 공공건물 따위가 불탔다.
[93] 도끼와 창을 결합한 무기.

인들이 이때다 하고 체포하리라는 것을 빤히 알면서도 윌리엄은 침착하게 문 앞의 계단으로 올라가 말문을 열었다.

바로 그 순간 머스킷병들과 경비병들이 빽빽하게 들어선 사람들을 밀쳐내며 윌리엄 쪽으로 다가가기 시작했다. 군인들에 의해 거칠게 떠밀리고 옆으로 내쳐지는 사람들의 얼굴에 나타난 고통과 두려움이 윌리엄의 눈에 들어왔다. 그가 소리쳤다.

"내 말을 끝내게 해주시오. 모임이 끝나는 대로 당신들과 함께 가리다."

한 병사가 뭐라고 말하자 지휘관이 고개를 끄덕이고 가만히 서있었다. 구경꾼들 사이에서 투덜거리는 소리가 들렸다. "조용히 합시다!" 누군가가 소리쳤다. 떠들썩한 소리 위로 윌리엄은 자기가 꼭 전해야만 한다고 생각한 메시지를 크게 외쳤다.

자기 말을 들은 사람이 한 사람이라도 있었는지, 그 모든 혼란과 난리법석 통에 진지하게 주의를 기울이는 사람이 있었는지 윌리엄은 알 길이 없었다. 군인들의 감시가 있건 없건 간에 모임은 반드시 열려야 했기에 젊은 퀘이커는 침묵 속에서 하느님의 목소리를 들을 수 있다는 자신의 믿음을 마지막 말 한 마디까지 목청을 다해 토해냈다.

여태껏 윌리엄이 한 번도 본 적이 없는 사람을 군인들이 단단히 붙잡고 있는 광경이 눈에 띄었다.

"그대를 위해 나 자신을 보증인으로 내세우겠습니다. 나는 윌리엄 미드라고 합니다." 낯선 사람이 말했다.

"내가 여기 있으니, 그대는 이제 가도 좋습니다."

그것은 분명 이치에 맞는 생각이었다. 그러나 군인들은 어디로 데려 가냐고 소리치는 사람들에게 아랑곳 하지 않고 두 사람을 끌고 가버렸다.

그날 저녁 두 사람은 런던 시장 앞으로 끌려갔다. 당국이 그날 하루 체포한 비국교도들은 윌리엄과 미드 외 독립파[94]와 침례교파 교인들 몇 명이었다. 백 명 남짓한 사람들이 몰려와 앞으로 일어날 재미있는 일을 상상하려고 기다렸다.

당시 시장 직은 사무엘 스탈링이 맡고 있었다. 모자를 벗으려는 시늉조차 없이, 윌리엄은 런던시의 우두머리로 군림하는 스탈링의 냉정하고 분노에 찬 눈동자를 직시했다.

---

94) 잉글랜드 청교도혁명의 중심 세력을 이루었던 종파. 예수교 신교의 한 파로 17세기 잉글랜드에서 각 교회의 독립과 자치를 내걸고 국교회로부터 분리하여 독립했다. 다른 말로 '회중파', '조합파'로 불리기도 하였다.

시장이 그를 잡으려고 벼르고 있었다는 걸 알고 있었다. 군인들이 내민 영장에 윌리엄의 이름이 이미 적혀 있었다는 사실과 정확한 이유는 알 수 없으나 자기 아버지에게 적의를 품고 있다는 사실에 비추어 쉽게 유추할 수 있었다. 게다가 스탈링은 한 때는 크롬웰을 열광적으로 지지했지만 지금은 비국교도에 대한 탄압의 수위를 높임으로써 작정하고 국왕의 환심을 사려고 했다.

"옛말 틀린 거 없다는 말이 사실이네." 윌리엄이 읊조렸다.

"배신자 한 명은 이단자 세 명을 합친 것 보다 더 사악하니까." 시장은 병사에게 명령하여 윌리엄의 모자를 억지로 벗기게 하고 심문을 시작했다.

"아무리 펜 제독의 귀한 아들이라도, 모자는 벗어야 할 것이오." 그가 퉁명스럽게 말했다."

"나를 다른 퀘이커들과 똑같이 대해주시오." 윌리엄이 침착하게 응대했다.

"난 일반 습속 뒤로 숨고 싶지 않소."

"당신 아버지가 이십 년 전에 사령관이었다고 해서 달라질 건 아무 것도 없소." 시장은 강한 어조로 계속 밀고나갔다.

아버지가 이 사건과 연루되지 않도록 하기 위해 윌리엄은 모자 예법에 대한 퀘이커의 입장을 설명하기 시작했지만, 시장은 아예 귀를 막아버렸다. 대신 아버지를 추한 말로 폄하하는 데 시간을 더 할애하자 윌리엄이 불같이 맞받아쳤다.

"나를 두고는 뭐라고 해도 좋소. 아버지가 여기 있어서 자기 입장을 변호할 수 있는 것도 아닌데 당신이 무슨 권리로 아버지를 험담한다 말이오."

뒤에 서있는 사람들 사이에서 윌리엄의 말이 옳다고 중얼대는 소리가 들려오자, 시장은 느닷없이 심문을 종료해버렸다. 그러고는 윌리엄과 미드를 난동을 부린 혐의로 당장 감옥으로 넘겨버렸다.

그날 밤 두 사람은 뉴게이트 마켓에 있는 사인 오브 블랙 독이라는 곳에서 지내야 했다. 그 곳은 지저분하고 불쾌하기 짝이 없는 작은 여관으로 죄수들을 일시적으로 구금하는 장소로 이따금 사용되었다. 다음 날 아침 그곳에서 윌리엄은 아버지에게 쓴 편지를 다음과 같이 마무리했다.

사랑하는 아버지,

저 때문에 언짢아 하지도 비통해 하지도 마시기 바랍니다…. 이삼 일 안으로 풀려나 그대를 뵐 수 있을 것 같지는 않습니다. 그러나 저는 건강하고 정신도 굳건하니 걱정하지 마십시오. 이 시점에 그대 곁을 지키지 못한다는 사실 빼고는 그 어느 때 보다 아무 걱정 없이 잘 지내고 있습니다. 저들이 저에게 덮어씌운 죄목은 아무 위협도 되지 않습니다.

그러나 윌리엄은 하루 이틀 내로 풀려나지 않았다. 미드와 함께 뉴게이트 감옥으로 보내져 2주나 더 기다렸다가 재판을 받아야했다.

뉴게이트는 시를 둘러싼 옛 성벽에 만들어진 대문 중의 하나였다. 뉴게이트 감옥은 그 대문 위와 둘레를 터로 하여 지은 감옥으로 존 왕이 대헌장을 선포한 시절부터 사용된 곳이었다. 윌리엄도 바깥에서는 익히 보아온 구조물이었다. 대문 위로 동쪽에는 정의, 용기, 그리고 신중의 여신상을 모셔둔 벽감이, 서쪽에는 그 발치에 딕 위팅턴[95]의 고양이도 함께 조각된 자유의 여신상과 더불어 안위와 풍요를 상징하는 여신상의 벽감이 마련되어 있었다. 불의와 불안, 궁핍과 압박이 건물의 돌 하나하나에 깊이 배어있는 이 정 떨어지는 낡은 감옥에 그러한 덕목들을 그러모아 갖다 붙이다니 신기한 조합이 아닐 수 없었다. 한 쪽 탑은 특실로 간주되는 감방이었는데 죄수들이 방 값을 내면 얼마간의 사생활이 보장되는 곳이었다. 그렇다 해도 청결이나 편안함과는 거리가 먼 곳이었다. 나머지 탑은 보통실이었다. 바로 위 예배당을 지탱하는 거대한 오동나무 기둥이 세워져 있는 한 칸짜리 둥근 방으로, 밤이면 돈 없는 죄수들이 모두 모여 들었다. 오동나무 기둥을 뺑 둘러 반대편 벽까지 잠자리로 쓰는 해먹이 세 단으로 차곡차곡 걸려 있었다. 가장 먼저 잠자리에 드는 이가 맨 위에서 자고, 해먹이 없는 사람들은 그냥 맨 바닥에서 잤다. 거의 백 명에 이르는 사람들이 한꺼번에 수용될 때도 있었다. 도둑, 살인자, 부랑자, 무고한 사람, 건강한 사람, 병 든 사람을 세로는 해먹 두 개를 붙인 길이, 가로는 기둥의 두께 길이의 둥근 방에 구별 없이 뒤섞어 놓았다. 두 탑을 연결하는 대문의 출입구를 지나 들어갈 수 있는 공동 홀에서 죄수들은 해가 있는 동안 산책을 하거나 창밖으로 손을 내밀어 돈이나 먹을거리를 구걸하기도 했다. 한 마디로 역겹고 유해한 환

---

[95] 딕 위팅턴(Richard Whittington, 1354-1423)은 어느 귀족의 작은 아들로 태어난 포목상으로, 상류층과 왕궁에 직물을 팔아 많은 돈을 벌었으며 런던 시장을 세 번이나 지낸 인물이다. 자신이 번 돈으로 대학과 도서관, 병원을 세우고 빈민가에 수도관을 설치해주는 등 재산 대부분을 가난한 사람들을 돕는 데 썼다. 그의 선행은 입에서 입으로 전해지면서 많은 동화와 연극의 모티브가 되기도 했다.

경이었다.

　윌리엄 펜과 윌리엄 미드, 두 명의 윌리엄은 많은 생각을 하며 8월의 나날을 보냈다. 재판이 점점 다가오고 있었지만, 변호인 접견 자체가 허락되지 않아 사건을 맡아줄 변호사를 구할 수가 없었다. 또한 재판에 대비해 조언을 해줄 사람도, 재판에서 피고를 옹호하는 발언을 해줄 사람도 섭외할 수 없었다. 자력 변호를 위해 참고할 수 있는 서적도 허락되지 않았다. 자신들을 위하여 증인이 되어줄 사람들을 주선하는 그 어떤 노력도 실행할 수 없었다. 폭동과 음모라는 누가 들어도 말도 안 되는 죄목을 들이댈 거라는 거 외에는, 검사 측에서 기소 내용을 어떤 방향으로 잡을 지 짐작조차 할 수 없었다. 설령 배심재판을 받게 된다고 하더라도 배심원들이 소신대로 평결을 내릴 수 있을 지 확신이 서지 않는다는 것이 가장 받아들이기 힘든 일이었다. 튜더 왕조와 성실청[96]의 시대를 거치면서 판사들의 구미에 맞지 않는 평결을 제시하는 배심원들은 벌금이나 구금의 채찍으로 조련 받아왔다. 이런 이유로 배심원들은 자기네가 옳다고 믿는 것 보다는 판사들 마음에 들 거라고 생각하는 평결을 쉽사리 내리는 경향이 있었다.

　옆에서 동료 수인들이 불평을 늘어놓고 말다툼하고 구걸하는 동안, 두 윌리엄은 날마다 그 악취투성이의 덥고 혼잡한 공간에서 머리를 맞대고 재판에 대비했다. 링컨스 인 법학원에서 수학한 윌리엄은 미드에게 보통법[97]에 대해 조언 해주었다. 윌리엄이『코크의 잉글랜드법 제요』의 내용을 손바닥 보듯 훤히 알고 대헌장과 그것이 자국민에게 의미하는 바를 잘 알고 있다는 사실은 그나마 다행한 일이었다.

　"우리나라에는 고래로 내려오는 자유와 재산에 관련되고, 종교적 문제에서 특정한 신념에 국한되지 않는 어떤 기본법이 있다" 윌리엄은 거듭 되뇌었다.

　"우리는 이 법에 근거하여 우리의 주장을 펴야한다. 우리의 판관은 판사석에 앉아있는 치안판사들이 아니라 바로 배심원들이다."

　용감한 말이었다. 그러나 과연 배심원들이 흔들리지 않을 수 있을까? 수석 재판관으로 나설 사무엘 스탈링 경에게 감히 맞설 수 있을까?

---

96) 14세기 이후 런던의 웨스트민스터 궁전의 성실(The star chamber)에서 열리던 특별 재판소. 국왕 평의회의 재판권에 의거한 것으로, 일반 재판소가 다룰 수 없는 사건을 심리하였으나, 튜더 왕조와 스튜어트 왕조 때에는 왕의 전제 지배의 도구로 악용되다가, 1641년에 장기 의회에 의하여 폐지되었다.
97) 보통법

8월의 하루하루가 낡고 콩나물시루 같은 감옥의 열기, 악취, 먼지, 그리고 소음 속에서 야금야금 지나가고 있었다. 윌리엄은 법과 관련하여 여태껏 배운 것이면 무엇이든지 다 기억하려고 공을 들였고, 습득한 지식을 미드에게 가르치면서 더욱 확실하게 자기 것으로 만들었다. 그러나 자기 때문에 가슴 아파하고 있을 부모님과 살날이 얼마 남지 않은 아버지를 한시라도 잊은 적이 없었다. 줄리는? 분명 그녀도 많이 괴로워 하고 있었을 것이다. 그러나 윌리엄에게 힘과 위안을 가져다 준 것은 바로 그녀에 대한 생각이었다.

15장

재판

1670년 9월 1일 목요일. 그날 아침 일찍 경찰에서 나온 경사와 그의 부하들이 윌리엄과 미드를 뉴게이트 감옥에서 데리고 나와 올드 베일리 거리를 거쳐 법원인 세션스 하우스로 호송해갔다. 재판 방청구간이 널찍하게 지정되어 있는 "멋지고 위풍당당한" 법원 청사에서 재판이 7시로 잡혀 있었다.

판사석은 10명의 판사들로 채워졌다. 개중 몇 명은 윌리엄과 이미 안면이 있었다. 사무엘 스탈링 경이 수석 재판관으로 참석했다. 펜 제독의 "덜 떨어진" 옛 친구이자 런던 탑의 무관장 존 로빈슨 경의 모습도 당연히 기억했다. 안면이 있는 또 한 사람은 리처드 브라운 경으로, 몇 년 전 퀘이커 모임집들을 급습하여 무참하게 탄압했던 인물이었다. 열성적인 국교회 신자이자 비국교회 탄압자로 명성이 높았던 다른 판사 두 명도 윌리엄이 아는 얼굴이었다. 입실한 판사들은 모두 둘째 가라면 서러울 정도로 오만하고 도도하고 다혈질에다 얼빠지고 편견에 가득 찬 사람들이었다.

배심원단의 선서가 끝났다. 얼띠게 보이는 12명의 배심원들은 모두 평범한 시민들로 존, 제임스, 윌리엄, 헨리와 같이 흔하고 특색 없는 이름으로 불렸다. 배심원 중에는 에드워드 부셀도 포함되어 있었고, 배심원 대표는 토마스 비어가 맡았다.

죄수들이 법정에 서자 기소문이 낭독되었다. 기소문은 한마디로 경악을 금치 못할 문건이었다. 250개의 단어를 이리 저리 엇걸고 묶어 법적인 문구와 극도로 감정적인 문구를 교대로 적어놓은 단 하나의 문장이었다. 기소문의 골자는 다음과 같았다.

"신사 윌리엄 펜과 리넨 상인 윌리엄 미드는 8월 15일 폭력과 무기를 휘둘러 불법적이고 무질서하게 집회를 열었고, 앞서 언급한 윌리엄 펜은 윌리엄 미드와 공모한 후 거리에서 공개적으로 설교하여 많은 사람들을 끌어 모아 혼란을 야기했으며, 장시간 거리에 남아 국왕과 그의 법을 계속 욕되게 하여 국왕의 안위를 크게 손상하고 백성들을 공포로 몰아넣었다"

서기가 물었다. "윌리엄 펜과 윌리엄 미드. 당신들은 기소의 내용대로 유죄입니까 아니면 무죄입니까?"

"무죄입니다." 둘은 항변했다. 그리고 법정은 오후까지 휴정이 선언되었다.

기다리는 동안 두 윌리엄은 기소문의 오류를 찾아내 토의했다. 우선 날짜부터 잘못 기입했다. 모임이 있던 날은 8월 15일이 아니라 8월 14일 일요일이었다. 다음은 군인들을 제외하곤 모임에서 그 누구도 폭력과 무기를 사용한 적이 없었다는 점이었다. 윌리엄은 미드를 그 모임 전에는 한 번도 만난 적이 없기에 둘이 미리 만나 공모했다는 주장은 어불성설이었다. 마지막 오류는 거리에 계속 남아 국왕과 그의 법을 욕되게 했다는 혐의였다. 그들을 체포하러온 병사들의 지휘관이 모임이 끝나면 윌리엄이 순순히 동행할 것이라는 미드의 말을 듣고 모임을 계속하도록 허가했기에 혐의로 인정될 수 없었다.

오후에 그들은 세션스 하우스로 다시 호송되었다. 그러나 중단된 재판은 다시 시작되지 않았다. 법정은 그 둘을 "모욕하고 지쳐 나가떨어지도록" 다른 중죄인들과 살인자들의 재판을 대신 열어 5시간이나 기다리게 한 다음 재판을 다음으로 연기해버렸다.

9월 2일에도 윌리엄과 미드는 뉴게이트 감옥에서 여전히 재판을 기다려야 했다.

9월 3일은 토요일이었다. 오전 7시가 되기도 전에 지난번에 왔던 경사와 부하들이 둘을 데리러 왔다. 법정에 막 들어서려고 하는데 법원 직원이 배려 차원에서 윌리엄과 미드가 쓰고 있는 모자를 대신 벗겨주었다. 스탈링 경이 이 광경을 놓치지 않고 호통 쳤다.

"거기, 누가 저 사람들 모자 벗기라고 했소? 다시 씌우시오."

모자를 그대로 머리에 쓴 채 둘은 판사들 앞에 섰다. 가발을 쓰고 판사복을 입은 판관 10명이 판사석에 거들먹거리고 앉아 적의에 가득 찬 눈으로 피고인들을 내려다 봤다. 수석 재판관은 두 사람에게 법정에서 모자를 썼다는 죄명으로 각기 40마크[98]의 벌금을 지불하라고 엄숙하게 명령했다.

유치하고 야비한 요구였다. 스물다섯 살의 윌리엄은 매몰찬 편견 덩어리의 나이든 두 눈을 직시하고 차분하게 입을 열었다. "우리가 모자를 벗고 (다시 말해, 다른 사람이 모자를 벗긴 상태로) 법정에 들어왔다는 사실을 본 법정은 주지해주길 바랍니다. 그 뒤 판

---

98) 마크(mark)는 예전 잉글랜드와 스코틀랜드에서 통용된 화폐 단위. 40마크는 당시 가치로 26파운드에 해당하는 상당히 큰 액수의 돈이었다.

사의 명령으로 다시 모자가 제자리로 돌려졌으니, 모자에 손 댄 적이 없는 우리는 벌금형을 받을 이유가 없습니다."

윌리엄의 항의에 대하여 적절한 응답을 찾지 못하자, 다시 배심원들을 불러들였다. 존 로빈슨 경은 에드워드 부셸의 선서 태도가 영 마뜩찮았다. 부셸은 성정은 부드럽지만 의지가 결연한 사람으로 알려져 있던 터라 판사들도 만만하게 볼 수 없었다. 그를 배심원단에서 제거할 수 있는 적당한 구실이 없었기에 재판은 그대로 시작되었다.

"오로지 진실만을 말할 것을 하느님께 맹세합니다." 맨 먼저 출두한 증인이 맹세했다.

병사들을 지휘했던 쿡 중위가 윌리엄이 사람들 앞에서 연설했지만 그 내용은 듣지 못했다고 증언했다. 뒤 이어 나온 증인들은 윌리엄이 400명 남짓하게 모인 사람들을 향하여 설교하는 동안 미드가 쿡 중위와 이야기하는 건 봤지만, 두 사람이 한 말은 들리지 않았다고 했다. 증거가 더 이상 제시되지 않았다.

윌리엄이 발언할 차례가 되었다. "어떤 법에 근거하여 나를 고소하고 나의 기소장을 작성했는지 알고 싶습니다."

윌리엄 사건의 법률 전문가인 런던 법원의 기록판사가 "보통법이요."라고 재빨리 대답했다.

"그 보통법이란 게 뭐죠?"라는 피고의 날선 질문에 법률 전문가라는 사람은 보통법이 무엇인지 그 예시로 무엇을 들 수 있는지 응답하지 못했다. 나머지 판사들이 윌리엄에게 고함을 쳐대자, 기록판사가 한 마디로 쏘아붙였다.

"문제는 당신이 이 기소장에 적시된 죄를 범했냐 하는 것입니다."

윌리엄은 기록판사의 발언을 바로 잡았다. "문제는 내가 그런 죄를 저질렀냐가 아니라, 내 기소장이 과연 합법적인 것인가 하는 점입니다." 또한 보통법이 그토록 이해하기가 힘들다면 보편적인 법 원칙과는 거리가 멀어도 한참 먼 것이라고 지적한 다음, 『코크 제요』와 『대헌장』을 인용하였다.

화가 있는 대로 치민 기록판사가 소리 질렀다. "피고, 당신은 참으로 오만한 사람이군요. 법원의 명예에 누가 될까 봐 더 이상 당신의 행동을 그대로 참고 볼 수가 없소!"

윌리엄이 부드러운 어조로 반격했다. "나는 그저 질문 하나만 했을 뿐인데 답변을 못하는군요. 잉글랜드 사람으로 마땅히 누려야 할 권리와 특권이 걸린 문제인 데도 말입니다."

기록판사는 씩씩거리며 대답했다. "내일 아침까지 내가 당신이 계속 질문을 제기하도록 용인한다손 치더라도, 당신이 무슨 짓을 하고 있는지 전혀 감을 잡지 못할 거요."

대꾸하고 싶어 입이 근질거리던 윌리엄이 말했다. "답변대로 질문했을 뿐입니다."

판사들은 더 이상 참을 수가 없었다. 노여움으로 얼굴이 붉으락푸르락했다.

"법정을 모독할 의도는 전혀 없습니다. 다만 내 입장을 정당하게 발언할 수 있는 기회를 원할 뿐입니다."

수석판사인 시장과 기록판사가 화가 오를 대로 올라 호통쳤다. "피고를 끌고 가시오! 피고를 구금실에 쳐넣어 버리란 말이오!"

피고 구금실이란 재판정의 맨 끝 언저리에 설치된 자그마한 방으로 위쪽은 개방되어 있지만 끝이 뾰족한 울타리로 둘러싸여 갇혀 있으면 주변에서 무슨 일이 일어나는지 볼 수도 들을 수도 없었다. 윌리엄은 이 닭장 같은 곳으로 끌려가기 전에 낭랑한 목소리로 도발했다.

"이것이 정의고 올바른 재판입니까? 우리나라의 기본법에 정의를 호소한다는 이유로 제가 끌려가는 것이 정당한 일입니까? 진정한 판관인 배심원 여러분의 양심에 묻겠습니다. 국민의 자유와 재산과 관련된(그리고 종교적 문제에 있어서 특정한 교파에 국한되지 않는) 유서 깊은 이 기본법이 어떤 상황에서도 필수불가결한 실재로 유지되거나 준수되지 못한다면, 자기 몸뚱이에 외투 자락을 걸칠 수 있는 권리가 있다고 그 누가 주장할 수 있겠습니까?"

"거기 입 다무시오."

"내 운명뿐만 아니라 가족들 수만 가구의 운명이 걸린 사건에 나는 침묵하지 않을 겁니다."

윌리엄은 구금실로 거칠게 끌려갔다. 미드의 차례가 되었다. 판사들 앞에서 라틴어 관용 표현을 인용하여 반란의 의미를 규정하면서 미드도 자신의 입장을 당당하게 표명하였다. 바로 그런 태도 때문에 그 역시 구금실로 넘겨졌다.

어둑한 곳에 갇힌 두 윌리엄이 법정의 상황을 파악할 수가 없어서 답답해 할 때, 마침 법원 직원이 다가와서 기록판사가 배심원단을 고발하고 있다고 귀띔해 주었다. 재판의 당사자들이 없는 상태에서 배심원들을 고발하는 일은 절대로 있을 수 없는 위법 행위였다. 울타리로 돌진하여 자기 몸을 끌어올려 그 너머로 소리쳤다.

"나의 판관들인 배심원들에게 호소합니다!" 목청을 다하여 윌리엄은 법조문을 인용하면서 자신이 제대로 변호할 기회를 얻지 못했다고 소리쳤다.

"저 작자를 끌어내리시오. 어서." 기록판사가 고래고래 소리 질렀다.

방청석에 있던 사람들은 목을 쑥 빼고 무슨 일인지 웅성댔다.

"여기서 일어나고 있는 소송은 야만적이고 부당합니다!" 울타리에 단단히 붙어 윌리엄이 외쳤다.

"구덩이로 끌고 가시오." 기록판사가 명령했다.

윌리엄이 끌려간 구덩이는 세션스 하우스 청사에 설치된 일종의 지하 감옥이었다. 악취가 진동하는 이 역겨운 구덩이를 런던 시장은 자기가 사육하는 돼지용 우리로도 쓰지 않을 거라고 생각했다. 그러나 배심원들이 심의하는 동안 갇혀있을 수밖에 없었다.

심의 시간이 길어졌다. 한 시간 반이 경과하고 배심원 8명이 재판정으로 돌아왔다. 반대 의견을 주장하는 배심원 4명은 위층의 배심원 평의실에 남아 심의를 계속했다. 반대 의견을 표명한 배심원의 리더로 지목받은 에드워드 부셀은 판사들에게 불려와 질책당하고 위협받았다. 배심원 12명 전원이 다시 배심원 평의실로 돌아가 평결을 내려야 했다. 오랜 심의 끝에 배심원들은 만장일치로 그레이스처치 거리에서 연설한 행위가 윌리엄의 죄라는 평결을 재판부에 안겨주었다.

물론 이 평결은 자동적으로 윌리엄의 방면을 의미했다. 그레이스처치 거리에서 연설하는 행위를 금지하는 법은 존재하지 않았기 때문이다. 시장이 "불법 집회에서 연설했다."라는 표현을 평결에 포함하라고 강요하자 배심원들은 거부했다. 또 다른 평결을 얻어내기 위해 그는 배심원단을 다시 평의실로 돌려보냈다. 이번에 배심원들은 펜과 잉크, 종이를 요구했다.

삼십 분 조금 지나서 배심원들이 재판정으로 돌아오자, 윌리엄과 미드도 다시 소환되었다. 배심원들은 이번에는 문서로 작성하여 서명한 평결문을 제출하였다.

"본 배심원단은 윌리엄 펜이 지난 1670년 8월 14일 그레이스처치 거리에서 조직된 집회에서 연설하거나 설교한 죄를 지었다고 보며, 윌리엄 미드는 기소된 행위를 범한 죄가 없다고 본다."

시장은 즉시 부셀을 "외람되고 위선적인 위인"이라고 폄하했다. 기록판사는 배심원 전원에게 다음과 같이 으름장을 놓았다.

"배심원 여러분, 우리 재판정이 용인할 수 있는 평결이 나올 때까지 심의를 계속해야 할 것입니다. 갇힌 채로 심의를 해야 하거니와 식사, 음료, 땔감, 궐련도 제공받지 못할 겁니다. 법정에서 배심원의 권리를 남용해서는 안 됩니다. 이 법정을 위해 제대로 된 평결을 도출해야할 것입니다. 만약 그렇지 못한다면, 하느님의 손을 빌어 당신들을 굶주리게 할 것입니다."

배심원단이 다시 자리를 뜨기 전에 윌리엄은 자기가 하고 싶은 말을 전했다. 런던 시장이 훗날 "제멋대로 날뛰고 떠벌이는 망아지"라고 부른 25세 젊은이의 목소리는 재판정의 경악스럽고 과도하게 흥분된 분위기를 뚫고 울려 퍼진 단 하나의 침착하고 믿음직한 목소리였다.

"나의 판관인 배심원들이 이런 식으로 위협을 받아서는 안 됩니다. 배심원단의 평결은 그들의 자유 의지로 결정되는 것이지 강압적으로 이루어지는 것이 아닙니다. 재판관들은 배심원단이 올바른 결정을 내릴 수 있도록 받들어야 합니다. 제압으로 평결에 영향을 주려고 해서는 안 됩니다."

그날 법정의 일정이 끝나자 죄수들을 그러모아 감옥으로 보내고 배심원단을 배심원 평의실로 다시 내몰았다. 그 다음 번 재판정이 종료되기 직전, 윌리엄은 배심원들을 향해 말했다. "여러분은 잉글랜드 국민입니다. 잉글랜드 사람으로서의 특권을 잊지 마십시오. 여러분의 권리를 포기해서는 안 됩니다."

"그럴 일 결코 없을 겁니다." 부셸이 단호하게 화답했다.

그날 밤 배심원들은 "식사, 음료, 땔감, 잠자리" 그 어느 것 하나도 제공받지 못한 채 방에 갇히는 신세가 되었다.

그 다음 날은 일요일이었다. 일요일에 재판을 여는 것은 불법이었지만, 여느 때처럼 오전 7시에 속개되었다.

배심원 대표가 평결을 다시 읽있다. "윌리엄 펜은 그레이스처치 거리에서 연설한 죄를 범했다."

수석 판사는 배심원 대표에게 대답을 재촉했다. "불법적으로 조직된 집회에서 말입니까?" 이에 에드워드 부셸이 대신 대답했다. "아닙니다, 재판장님. 우리는 간밤에 내린 평결 외에는 다른 내용의 평결을 제시할 수 없습니다. 다른 평결은 없습니다."

토마스 블러드워쓰 경이라는 판사가 침울하게 논평했다. "부셸 씨가 뜻을 굽히지 않을 줄 알고 있었소." 기록판사가 다시 위협을 가했다. "긍정적인 평결을 내놓으시오. 그렇지 않으면 모두 굶게 될 것이요." 간밤의 경험으로 미루어 배심원들은 기록판사의 위협을 그저 허풍으로만 여길 수 없었다.

윌리엄은 미드에게 내린 "무죄" 평결을 법정이 받아들였는지 알고 싶었다.

"그런 평결은 가능하지 않소." 기록판사가 대답했다.

"두 사람이 음모로 기소되었는데 한 사람은 유죄고 나머지 한 사람은 무죄라는 평결은 어불성설이오." 윌리엄은 잽싸게 맞받아 쳤다. "무죄라는 것이 평결이 될 수 없다면 이 법정은 배심원 제도와 대헌장을 무용지물로 만드는 것입니다. 윌리엄 미드가 무죄라면 당연히 나도 죄가 없다는 결론이 나옵니다. 우리 둘은 모의를 한 혐의로 기소되었고, 나 혼자서 모의했다는 것은 불가능한 일이니까요."

세 번째 평결도 거부되었다. 배심원들도 다시 방으로 보내졌다. 그러나 그들은 배심원으로서 내릴 수밖에 없는 평결을 들고 다시 법정으로 돌아왔다.

판사들은 거의 미친 듯이 분노했다. 에드워드 부셀에게 벌금을 부과하고 사찰할 뿐만 아니라 코도 잘라 버릴 수 있다고 협박했다. 이 말을 듣고 윌리엄이 쩌렁쩌렁한 목소리로 배심원단을 옹호하기 시작했다.

"내 재판의 배심원들이 이런 식으로 협박 받고 있다는 사실을 더 이상 용인할 수 없습니다. 재판관들의 행태가 과연 우리나라의 기본법에 부합된다고 할 수 있을까요? 배심원단은 대헌장에 명시된 기구로 그들이야 말로 나의 진정한 판관이 아닙니까? 배심원을 위협하고 그들의 평결이 맘에 들지 않는다고 거부해버리면, 이 땅에 정의를 세울 수 있다는 희망이 과연 가당키나 할까요? 이런 말을 하게 되어 유감입니다만, 이토록 전횡이 난무하는 소송이 눈앞에 벌어지고 있는 현실에 가슴이 너무 아픕니다. 런던탑의 무관장에 의해 한 배심원이 중죄인 보다 더 흉악한 범죄자로 낙인찍히지 않았던가요? 당신들의 목적과 의도에 동의하고 그에 맞게 대답을 제시하지 않는다는 이유로 너무나 쉽게 그런 범죄자로 몰고 간다는 생각이 들지 않습니까? 자신들의 양심에 반하는 평결을 내지 않는다고 배심원들이 벌금을 물어야 하고, 굶어야 하고, 몸과 마음이 망가져야 하는 이 현실이 비참할 뿐입니다."

"재판장님, 저치를 그냥 두면 안 될 것 같습니다." 기록판사가 할 말은 고작 이 말 뿐이었다.

"간수, 족쇄를 가져와 저치를 땅바닥에 묶어두게." 수석 판사가 명령했다.

"마음대로 하십시오. 나에게 당신들의 족쇄는 아무 의미가 없습니다."

법정에서 기록판사가 드러낸 분노는 먼 훗날 분노가 초래할 수 있는 결과가 경고해준 상황을 그대로 불러 일으켰다. 자기가 판 무덤에 빠져 헤어 나올 수 없는 절망적인 상태로 내몰리게 된 것이었다.

기록판사는 그 자리에서 연설을 시작했다. 그의 말은 런던 전역으로 퍼져 나갔고, 결국 나중에 가서는 자기가 한 행동에 대하여 뼈저리게 후회해야 했다.

"지금껏 나는 종교재판을 시행하고 있는 에스파냐 사람들의 정책과 판단의 근거를 이해하지 못했습니다. 이제 확신할 수 있습니다. 에스파냐의 종교재판과 같은 제도가 잉글랜드에 뿌리를 내린다면 우리나라에 그 보다 더 좋은 일은 없을 것입니다."

정말이지 끔찍한 발언이었다. 에스파냐의 종교재판이 야기한-윌리엄의 할아버지 자일스 펜도 겪었던-고통과 공포는 사람들의 마음에 여전히 생생하게 남아있었다. 그 결과 잉글랜드에서는 가톨릭교가 비국교 종파들보다 더 무시무시한 두려움과 증오의 대상이 되었다.

배심원단은 돌아가 다른 평결을 가져오라는 명령을 받았다. 네 번째 요구였다. 이번에는 달리 낼 평결이 없다고 주장하며 재판정에서 떠나려 하지 않았다. 기록판사는 홧김에 판사석에서 내려가면서 떠들었다. "더 이상 이런 말을 듣고 앉아 있을 수가 없소." 시장은 으름장 몇 마디를 더 내지르며 나가고 있는 기록판사를 불러 남아 있으라고 말했고, 법원 직원에게 배심원들을 배심원 평의실로 데려가라고 시킨 후 재판을 휴정했다.

두 윌리엄은 뉴게이트로 돌려보내졌다. 감옥이지만 적어도 배심원들보다는 더 자유롭고 편히 지낼 수 있었다.

9월 5일 월요일 오전 7시에 재판이 다시 시작됐다. 파리하고 부스스한 몰골을 한 배심원들이 비틀거리며 입정했다. 그들은 배고프고 목말랐다.

"죄수들을 보시오." 서기기 말했다.

"윌리엄 펜은 유죄입니까, 무죄입니까?"

"무죄입니다."

"윌리엄 미드는 유죄입니까, 무죄입니까?"

"무죄입니다."

평결은 분명하고 확고했다. 재판부는 배심원단의 점호를 실시하고 배심원 각각 자기 평결을 따로 발표하게 하는 일 외에는 할 수 있는 게 아무 것도 없었다. 배심원 전원이 "무죄"라고 단호하게 대답했다.

재판 방청객들도 평결에 기뻐하였다. 사람들은 그 큰 기쁨을 "찬가로 만들기"까지 했다. 재판정은 온통 재판 결과에 만족해하는 사람들의 낮은 웅성거림으로 가득 찼다.

그러나 윌리엄 사건은 재판으로 다 끝난 게 아니었다. 기록판사는 마지막으로 결정적 발언을 내던졌다. "신사 여러분. 유감스럽지만, 여러분은 우리가 제안했던 훌륭하고 건전한 충고는 마다하고 자신의 판단과 의견에 따라 평결을 내렸습니다. 당신들과 같은 부류와 상종하기 싫지만, 당신들의 행동에 대하여 본 법정은 일인 당 40마르크의 벌금형을 선고하고, 이 벌금을 내지 않으면 완납 때까지 구금된다는 사실을 공표하는 바입니다."

배심원들은 전부터 벌금형과 구금형의 협박을 받아왔고, 재판부의 추한 성미도 경험했기에 이런 일을 당하게 되리라고 분명 짐작은 하고 있었을 것이다. 그러나 이를테면 플리머스 식민지에 주둔 중인 중위의 연봉이 20마르크에 불과했고, 여자들이 하루에 1페니를 받고 목초장에서 노동하던 시절에 40마르크란 26파운드에 달하는 상당한 액수의 돈이었다.

윌리엄은 이내 판사석으로 걸어가서 자기를 풀어달라고 요구했다. 그러나 대답은 자기도 낼 벌금-모자를 썼다는 죄목으로 재판이 시작될 때 부과된 40 마르크의 벌금-이 있다는 말이었다. 윌리엄은 다시 대헌장의 관련 조문을 인용하기 시작했다. 인내심의 한계에 도달한 기록판사는 사정했다. "이 작자를 끌고 가시오. 제발 법정 밖으로 끌어내란 말이오."

그러나 윌리엄은 떠나기 전에 꼭 해야 할 말 한 마디가 더 있었다. 그는 기록판사에게 이렇게 말했다. "내가 우리나라 기본법의 준수를 강조할 때 마다 당신은 '저 작자를 끌고 가시오'란 말만 되풀이 하는군요. 하지만 에스파냐 종교재판이 당신의 마음 속에 그리도 큰 자리를 차지하고 있는 것을 보면 당신의 태도는 그리 놀랍지도 않습니다. 당신이 한 짓 때문에 전능하신 하느님의 정의로운 심판대에 오르게 될 것입니다."

그리하여 무죄 판결을 받은 죄수들과 그들에게 무죄 판결을 내린 배심원들은 함께 뉴게이트 감옥으로 보내졌다.

그날 밤 윌리엄은 아버지에게 편지를 썼다. "집에 돌아갈 수가 없어서 편지로 대신합니다." 재판의 과정과 결과에 대하여 보고하고 다음과 같이 편지를 끝맺었다. "저의 감옥살이보다 아버지의 병환과 그에 수반되는 고통이 더 걱정입니다. 저는 잘 지내고 있으니 걱정 마십시오."

그 다음 날 다시 썼다. "아버지께서 저의 석방을 위해 구걸하는 일은 절대로 없었으면 합니다. 저들이 저를 상대로 소송했다는 사실을 반드시 후회하게 될 것입니다. 저는 이제 저를 단죄한 법에 극렬히 반대하는 죄수가 되었습니다."

그 다음 날도 편지를 썼다. "좀 더 확실한 방법으로 저의 자유를 일거에 얻을 수 있다는 확신이 섰습니다. 자유를 얻고자 하는 이유 중에서 아버지와 함께 있을 수 있다는 것보다 더 바람직한 이유는 없습니다…저를 옥죄고 있는 현재 상황은 결코 즐겁지 않습니다. 그럼에도 불구하고 복수하고자 하는 저들의 끝도 없는 욕구를 극히 간접적인 방법으로라도 만족시켜 석방의 기회를 얻어내느니 차라리 이 자리에서 죽어버리겠습니다. 그런 식으로 얻은 자유의 이점은 그 자유를 얻기 위하여 들인 수고에 견주어 턱없이 부족합니다."

벌금을 낸다는 것은 그 형벌이 정당하다고 인정하는 거나 마찬가지였다. 그가 진정으로 바랬던 바는 재판에 의해 석방되거나 혹은 불법적으로 구금시킨 판사들에게 소송을 거는 것이었다. 이렇게 하면 어떤 원칙이 세워질 수 있다고 생각했다. 그런데 배심원들이 바로 이러한 행동을 취했다. 여섯 시간에 한 번씩 석방을 요구한 배심원들은 마침내 보석금을 내고 석방되고 난 후, 판사들을 상대로 소송을 제기하여 승소까지 이루어냈다. 그 결과 고등법원은 배심원의 평결에 대해서 그 어떤 상황에서라도 배심원에게 벌금형을 선고할 수 없다는 판결을 내렸다. 결국 윌리엄의 재판으로 배심원 재판제도의 신성함이 언제나 보호될 수 있는 법적 근거가 마련되었다.

그러나 이 모든 일은 거의 일 년이 지나고서야 이루어졌다.

펜 제독은 더 이상 기다릴 수 없었다. 나날이 죽음에 가까이 가고 있는 아버지는 사랑하는 아들과 다시 만나고 싶은 마음에, 아들 모르게 두 윌리엄을 대신하여 벌금을 물어주었다. 이로써 그들은 자유의 몸이 되었다.

16장

제독의 마지막 정박지

"아들아, 나는 이제 만사가 다 피곤하구나! 내 마음대로 할 수 있다면 내 운명으로 정해진 날보다 더 오래 살고 싶지 않다."

펜 제독이 살아온 49년은 전쟁과 투쟁으로 점철된 세월이었다. 그 중 아들과 적대했던 시간만큼 후회가 큰 것도 없었다. 자신이 이 세상 그 누구보다 더 사랑한 키 큰 청년이 보여준 용기와 확고부동한 자세를 이제 진심으로 인정하고 존경하게 되었다. 앞으로 아들이 종교 문제로 위험한 상황에 처하게 될 때 보호의 손길을 내밀어줄 수 있는 사람이 필요하다고 판단하고, 제독은 친지들 중에서 가장 큰 정치적 영향력을 가진 친구에게 도움을 요청했다. 요크 공작에게 서한을 보내, 아들을 힘껏 보호해주고 아들에게 도움이 되도록 왕에게 힘을 써달라는 것을 마지막 부탁으로 청원했다. 보호를 약속한 왕과 공작의 회신을 신속하게 받고서야, 제독은 마음이 놓였다.

윌리엄이 뉴게이트에서 윈스테드로 귀환하여 아버지와 함께 생활한 지 엿새가 지났다. 아들을 앞에 앉혀놓고 아버지는 세 가지 충고의 말을 전했다.

"첫째, 이 세상 그 어떤 유혹에도 너의 양심에 그르치는 일을 하지마라. 그러면 언제나 마음 속에 평화가 깃들어 시련 앞에서도 즐거운 마음으로 이겨나갈 수 있을 것이다. 둘째, 네가 무슨 일을 하려고 하든지, 정당하게 계획하고 적시에 이행하길 바란다. 그러면 네가 의도한 바를 안전하고 신속하게 실행할 수 있을 것이다. 마지막으로, 설령 결과가 실망스러울지라도 전전긍긍하지 말거라. 실망스런 결과를 개선할 수 있다면 고심해도 좋다. 허나, 나아질 가능성이 없는데도 계속 마음을 쓴다는 것은 헛된 짓이다."

"그리고 사랑으로 살아라." 한 마디 덧붙였다.

9월 16일 펜 제독은 영면에 들었다.

엘리자베스 여왕이 잉글랜드를 통 털어 "가장 아름답고 훌륭한 교구 교회"로 칭송한 브리스틀의 세인트 메리 레드클리프 교회에 안장되었다. 그가 묻힌 곳은 생전의 소원대로 어머니 묘지 바로 옆이었다. 보병 서너 중대가 운구 행렬을 이끌었다. 로열 찰스호에서 착용했던 갑옷은 모든 사람들이 볼 수 있도록 함께 운반되었고, 관을 실은 마차는 말 여섯 마리가 끌고 갔다. 제독이 지휘한 세 함대를 상징하는 깃발 세 개가 마차 지붕 위에서 날리고 있었다. 브리스틀 시민 전체가 그 도시가 낳은 걸출한 인물의 죽음에 조의를 표하기 위해 거리로 나왔다. 잉글랜드 전역에서 국가가 쟁취한 해상전 승리에서 제독이 기여한 공헌을 추념했다. 국왕과 요크 공작은 친구에게 다짐했던 약속을 떠올렸다.

사랑을 담아 아들이 바친 아버지의 비명은 다음과 같은 말로 마무리되었다.

그는 생의 끝자락을 위해 뒤로 물러나 대비하고 나아갔다. 잔잔하고 고르게 부는 바람을 타고, 그리고 지극히 평온하게, 1670년 9월 16일 불과 49년 하고 4개월의 나이로 자신의 마지막 기착지이자 최고의 항구인 에식스의 원스테드에 도착하여 닻을 내렸다. 그의 이름을 기리고 추억하기 위하여, 살아남은 부인이 이 기념비를 세웠다.

윌리엄의 청년기는 서서히 막을 내리고 있었다. 인생의 시운전도 이것으로 끝이었다. 제독이 떠나버린 세계에서 자기 앞에 놓인 인생의 위대한 항해를 스스로 감당해나가야 했다.

윌리엄 펜

제 2 부
위대한 지도자

17장

윌리엄과 줄리엘마

비탄에 빠졌을 때조차도 윌리엄은 무기력하게 넋 놓고 있을 사람이 아니었다. 그는 슬픔을 행동으로 승화시켰다. 저 세상으로 떠난 아버지에 대한 사무친 그리움으로 온통 가슴이 아팠지만, 전에 없이 더 깊이 일에 몰두하였다.

그가 전념한 작업은 대부분 글쓰기였다. 손에 쥔 펜으로 종이를 몇 장이고 수없이 맹렬하게 긁어나갔다. 여러 통의 서신을 작성했다. 자신이 받은 재판의 경험을 기술하여 재판의 내용을 사람들에게 알리고 그와 관련된 핵심 문제인 자유의 원칙을 일깨웠다. 소논문과 소책자 작성에도 많은 심혈을 기울였다. 대학 교육을 받고 소뮈르에서 신학을 공부한 윌리엄이야말로 사방에서 공격을 받고 있던 퀘이커교를 글로 옹호하는데 바로 적격이었다. 지식, 확신, 투지, 거기다 필력까지 두루 갖추고 있었기 때문이다. 그 당시 저자들은 어떤 사안을 두고 돌려서 말하지 않았을 뿐더러 특히 종교 문제에 관한 의견 표명이 단도직입적이었기에, 윌리엄도 강하고 정곡을 찌르면서 흥미를 유발하는 표현을 구사하였다.

옥스퍼드 대학당국이 학생들에게 퀘이커를 가혹하게 조롱하도록 부추기고, 비국교도 모임에 정탐꾼들을 보내 친밀하게 지내게 한 후 밀고 받은 활동 내용을 죄목으로 삼아 비국교도들을 투옥하고 벌금을 가하고 매질하는 상황을 비판하며, 윌리엄은 대학 부총장 앞으로 경멸조의 편지를 보냈다. "어리석은 이여! 그대는 하느님을 상대로 싸우려 드는가…? 그대의 오만방자하고, 성마르고, 혹독한 행실에 대하여 회개하라(그러나 그 우둔한 사람은 아무 응답이 없었고, 보아하니 회개라고는 전혀 할 마음이 없었다)."

아이브스라는 이름을 가진 웨스트 위컴[99]의 한 침례교 목사가 퀘이커를 표적 삼아

---
[99] 버킹엄셔주의 작은 마을

적대적인 강론을 펼치자 윌리엄은 그에게 공개 토론을 벌이자고 도전장을 내밀었다. 성사된 모임에서 두 사람은 격렬한 토론을 벌였다. 토론이 끝나자, 윌리엄을 동행했던 토마스 엘우드가 동료의 승리를 승전가로 축하했다.

진리가 승리했노라. 적들은 패퇴했노니.
우리들은 무사하다네. 천상의 하느님을 경배하세.

상대방 토론자도 기죽지 않고 자신이 승리자임을 자처했다. 결과적으로 모든 사람들이 토론에 만족스러워했다.

늦가을이 되자 윌리엄은 버킹엄셔의 작은 마을 펜으로 들어가 먼 친척이 소유하고 있는 장원 저택에서 머물렀다. 외딴 시골의 한적한 분위기 속에서 글쓰기를 이어갔다. 신선하고 서늘한 공기를 타고 촉촉한 잎사귀들과 나무 훈연의 향기가 은은하게 퍼졌다. 시골에서 간간이 들리는 소음이라 봐야 잎사귀가 다 떨어진 나무들 사이에서 깍깍거리는 까마귀들의 울음소리, 싸늘한 아침의 장작 패는 소리, 말 울음소리, 바퀴자국이 움푹 팬 길을 지나다니는 마차 바퀴의 삐걱거리는 소리가 전부였다. 잘 손질된 은제 소품과 오래된 오동나무 가구를 비추는 난로의 불빛, 누구의 방해도 받지 않고 글쓰기에 집중할 수 있는 책상의 존재, 식탁에 둘러 앉아 기분 좋게 나누는 환담으로, 저택 실내는 온통 온기와 안온감이 감돌았다. 펜 마을의 펜 가(家) 사람들은 퀘이커가 아니었지만, 함께 지내는 멋진 젊은 퀘이커 친척에게 다정하고 호의적으로 대했다.

그곳은 집필하기에 이상적인 장소였다. 금상첨화로 아머샴과 줄리 스프링겟에게 쉽게 가 닿을 수 있는 가까운 거리에 있었다.

하루하루가 행복했지만, 이 시간도 런던의 일요 퀘이커 모임 참석과 함께 끝나버렸다. 모임은 월러 거리에서 소집되었고, 때는 배심원의 평결로 윌리엄이 그레이스처치 거리에서 열린 불법집회에서 연설했다는 혐의를 벗은 지 불과 다섯 달밖에 되지 않은 1671년 2월 5일이었다. 런던 시장과 런던탑의 무관장은 여전히 그를 죄인으로 여기고 있었다. 다시 잡아들일 기회를 엿보고 있다가, 윌리엄의 이름을 미리 기입해 놓은 체포 영장을 발부하여 군인들을 월러 거리의 퀘이커 집회로 출동시켰다.

군인들은 윌리엄의 연설이 시작되기가 무섭게 그를 붙잡아 중지시킨 후, 토마스 러디어드라는 사람과 함께 런던탑으로 끌고 갔다. 위병소에 세 시간이나 갇혀 있다가 윌리엄이 대면한 사람들은 존 로빈슨 경, 런던 시장 사무엘 스탈링 경을 위시한 여러 판관들이었다. 이번에는 배심원단의 방해와 방청객들의 동정적인 "찬가"가 차단된 재판에서 윌리엄을 단죄할 요량으로, 그들은 배심원을 포함하여 그 누구도 참석하지 못하게 했다.

존 로빈슨 경으로 말하자면, 런던탑과 네이비 가든스 사이에 자기만 다닐 수 있는 길을 만들어 놓았고 윌리엄을 런던탑에 아홉 달 동안 구금했던 인물이었다. 세션스 하우스 청사에서 나흘간 열린 지난 재판에서 하루도 빼지 않고 윌리엄을 봐놓고도 이제는 못 알아보는 척 했다.

"나는 당신 같은 부류의 인간을 알고 싶지 않소." 순경이 윌리엄의 이름을 대자, 로빈슨 경은 고자세로 말했다.

"그렇다면 그대는 왜 나를 여기로 데려오게 했습니까?" 윌리엄이 천연덕스럽게 물었다.

로빈슨 경은 윌리엄과 머리싸움에서 언제나 한 수 뒤쳐진다는 사실을 나중에 가서야 깨달았다. 죄수들이 자기 앞에서는 당연히 겁에 질려 한 마디도 못할 뿐더러 적확한 말로 잽싸게 쏘아 붙이지 못할 거라고 내심 예상했던 그가 이제 어벙한 태도로 법정 공방에 빠져 허우적거리는 동안, 법정이 단죄코자 하는 죄수는 비밀집회금지법과 옥스퍼드법[100] 그 어느 것도 자기 사건에 적용되지 않는다는 것을 입증했다. 그러나 재판부는 그에게 올가미를 씌울 또 다른 방법을 찾아냈고, 존 로빈슨 경과 사무엘 스탈링 경은 감행할 준비가 되었다. 어떤 서약도 거부하는 퀘이커의 특성을 인지하고 있으면서도 런던탑의 무관장은 충성서약의 문제를 제기하여 윌리엄에게 서약하라고 명령했다. 윌리엄은 이를 거부함과 동시에 국왕에 대한 충성을 천명했다.

"당신이 정 그렇게 나온다면 당신을 뉴게이트 감옥에 6개월 간 감금할 수밖에 없소. 그 형기를 다 채워야 나오게 될 것이오." 주춤거리는 듯한 모습으로 로빈슨 경이 발표했다.

"그게 전부 입니까?" 윌리엄이 말했다. "더 큰 형벌도 나의 기를 꺾지 못했다는 사실을 그대도 잘 알고 있으리라 생각합니다…고통을 감수할 가치가 없는 종교와 그런 종교 때문에 사람들이 고통 받을 때 이들을 지켜줄 수 없는 종교를 나는 경멸합니다. 그러나 나의 종교는 그렇지 않습니다."

---

100) 1670년에 시행된 비밀집회금지법을 이름.

"하사와 머스킷병 몇 명을 붙여 이 작자를 감옥으로 보내시오."

"아닙니다. 졸병 한 사람이면 충분합니다. 뉴게이트로 가는 길을 훤히 알고 있으니까요."

그야말로 윌리엄은 뉴게이트로 가는 길을 익히 알고 있었고, 거기가 어떤 곳인지도 파악하고 있었다. 여섯 달을 뉴게이트에서 보내야 하다니. 그것도 아머샴에 있는 줄리를 두고.

감옥 생활 초기에는 러디어드와 함께 사생활을 조금이나마 지킬 참으로 특실 구역에 방 하나를 빌려 지냈다. 그러나 지나치게 간섭하고 입정 사나운 간수의 태도가 성가신 나머지 저항의 표시로 보통구역으로 옮겨갔다. 넘쳐나는 죄수와 먼지, 악취, 소음 속에서도 윌리엄은 그 어느 때보다 더 열심히 집필했다.

윌리엄이 재판에 대해 작성한 소논문을 두고, S.S.라는 약자로 이름을 서명한 한 남자가 펜 제독에 대한 모욕적인 공격으로 자신의 비판적 소견을 펼쳤다. 그는 펜 제독이 용렬함으로 히스파니올라 해상 원정에 실패를 안겨 주었고 왕을 위한 포획물을 가로챘다고 매도했다. 아버지를 겨냥한 부당한 비판보다 윌리엄의 가슴을 더 아프게 하고 그를 분노하게 하는 일은 없었다. 그가 아버지에게 물려받은 금 목걸이와 메달은 크롬웰이 제독에게 하사한 포상이 아니었던가. 소싯적 추수감사절 예배 중 아버지의 이름이 언급되자 자신의 가슴이 영웅적인 아버지에 대한 자부심과 숭앙심으로 부풀었던 그 기억도 여전히 생생했다. 퀘이커로서는 싸움에 반대하지만, 아들로서는 좌시할 수 없는 상황이었다. 그는 펜대를 잡아 제독은 용감하고 진실하고, 승리한 투사라고 힘주어 강조했다. 제독의 정직함에 관해서도, 제독이 에스파니아산(産) 금궤들을 실은 선박을 나포하여 잉글랜드로 들여왔던 일, 독특한 동전 하나를 기념으로 갖고 싶어 했던 어머니가 잉글랜드 돈으로 그만큼의 값어치를 지불하겠다고 제안했건만, 동전은 국왕의 소유물이라 포획한 그대로 국왕에게 올려야 한다면서 단호하게 거절했던 일이 떠올랐다. 아버지는 단 한 알의 정향이나 육두구[101], 메이스 블레이드[102]는 물론 실크 한 조각도 손을 대거나, 손에 들어오도록 일을 꾸미지도 않았다. 이런 아버지를 정직하지 못한 사람이라고 하다니! 윌리엄은 자기가 쓴 반박문을 "허위로부터 구출한 진실"이라고 불렀다.

---

101) 인도네시아 몰루카제도를 원산지로 육두구나무 열매의 씨앗을 말린 것. 후추와 더불어 대표적인 향신료.
102) 육두구의 씨를 감싸고 있는 씨앗 껍질을 말린 것. 육두구에 비해 조금 더 부드럽고 고급스런 향이 난다.

그러나 글의 말미에 가서는 퀘이커교의 사랑과 용서의 원칙에 의거하여(사무엘 스탈링으로 추정되는) S.S.에게 향한 분노를 누그러뜨렸다. "아무쪼록 S.S.는 자신이 범한 불경스런 행동을 뉘우치길 바랍니다. 아울러 그로 인해 야기된 고통스런 상처들을 뒤로하고 그를 진심으로 용서하려고 합니다."

8월 초가 되어 마침내 윌리엄은 출감했다. 그 즈음은 퀘이커 연례모임이 막 종료된 터라 전국 각지에서 결집한 퀘이커들이 런던에 여전히 남아 있었다. 연례모임이 진행되는 동안 희소식들이 많았다. 그 중 하나가 조지 폭스의 아메리카행에 대한 소식이었다. 하느님의 뜻으로 그는 퀘이커 11명과 함께 대양을 건너 아메리카에 있는 대농장을 방문할 수 있게 되었고, 체류기간도 일 년이나 아니면 그 이상이었다.

랭커스터 캐슬 감옥에서 얼마 전에 석방된 폭스의 아내 마거릿도 남편에게 작별 인사를 하러 런던에 와 있었다. 메리 페닝턴과 줄리도 모임이 끝나고 런던에 계속 체류 중이었다. 그들은 다른 퀘이커 친우들과 함께 그레이브젠드로 가서 조지 폭스를 전송하기로 했다. 여기에 윌리엄도 합류할 것인가?

물론이었다. 죽음의 그림자가 음습하게 드리운 뉴게이트 감옥에서 생기와 햇살이 넘치는 곳으로 간다니! 생각만 해도 윌리엄은 가슴이 뛰었다.

8월 12일 이른 아침, 조지와 마거릿 폭스, 메리 페닝턴, 줄리 스프링겟, 윌리엄이 왑핑[103]에 있는 제임스 스트릿의 집을 떠나 바지선에 승선했다. 일행이 탄 배는 행복으로 가득했다. 막 출옥한 두 사람의 가슴에 와닿는 공기는 신선하고 달콤했으며 태양은 성스러웠고 강과 그 강변을 따라 들어선 집들은 경탄스러울 정도로 아름다웠다. 사랑하는 네 사람들은 재회의 기쁨을 만끽했다. 그중 한 사람의 앞길에는 강렬하면서도 신성한 모험이 기다리고 있었다.

그들이 탄 바지선은 세로돛의 소형 어선들, 너벅선들, 호위함들, 서룻배들, 그리고 나른 바지선들과 한데 어우러져 강 아래로 나아갔다. 왕립 조선소가 있는 뎁트퍼드를 지나, 그리니치와 그곳의 병원, 그리고 햇빛으로 빛나는 환한 초록색의 평평한 초원이 뻗어 있고 물새들이 갈대밭 위로 날아 나와 창공으로 높이 비상하는 에식스 습지도 지나갔다. 때때로 구름이 머리 위로 흘러갔고, 구름이 만들어 주는 그림자를 가리개 삼아

---

103) 런던 동부의 동네.

잠시 더위를 식히기도 했다.

창백하고 여위었지만 '윌리엄은 전보다 더 멋있어진 것 같아' 라고 줄리는 생각했다. 훤칠한 윌리엄은 머리끝에서 발끝까지 활기로 넘쳤다. 강인하고 열성적이었으나 부드럽기도 했다. 퀘이커 특유의 소박함과 어떠한 상황에서도 잃지 않는 자연스런 고상함에 그녀는 매료되었다(그녀 자신이 그의 이런 면모를 의식하는 게 올바른 행동인지 의구심이 들었지만 말이다). 게다가 그는 자기가 이룬 성취와 겪은 시련에 대하여 떠벌이지 않았으며, 언제나 조지 폭스를 깊은 사랑과 존경으로 받들었다. 그녀가 조지 폭스 쪽으로 시선을 돌렸을 때, 꿰뚫어 보듯 날카로우면서도 부드러운 그의 눈길을 느낄 수 있었다. 그가 감당해야 할 아메리카의 여정이 지나치게 위험하거나 고생스럽지 않았으면 하고 그녀는 내심 바랬다. 하지만 퀘이커들에게 위험하지 않은 곳이란 존재하지 않았고, 퀘이커 치고 ―마거릿 폭스, 조지 폭스, 자신의 양아버지(수차례 투옥됨) 그리고 윌리엄의 경우처럼― 감옥에 다녀오지 않은 사람이 거의 없었기에 더욱 간절히 바랐다.

영혼의 아름다움으로 밝게 빛나는 줄리의 모습은 윌리엄에게 전에 없이 더 아름답게 느껴졌다. 둘이 함께 이룰 가정을 꿈꾸어온 그는 더 이상 시간을 끌 수가 없다고 생각했다. 아머샴에서 그리 멀지 않은 버킹엄셔에 보금자리를 마련하면 그녀가 자기 어머니와 굳이 멀리 떨어져 살 필요가 없을 것이었다. 아주 잠시 동안이었지만 슬퍼보였던 줄리의 눈을 보며, 그 이유를 생각해보았다. 그 이유가 무엇이든 윌리엄은 상황을 변화시켜 그녀를 언제나 행복하게 해주겠다고 다짐했다.

윌리엄 일행을 태운 배가 그레이브젠드를 지나고 있었다. 비스듬히 쏟아지는 햇빛을 받으며 강변에 늘어선 가옥들의 창문이 금색으로 반짝거렸다. 폭이 점점 넓어지는 강을 따라 수많은 배들이 정박해 있었다. 윌리엄은 순간적으로 맥박이 빨라지는 것을 느꼈다. 눈에 들어온 배들의 모습에 아버지가 생각났다.

조지 폭스는 그레이브젠드로부터 5킬로미터 정도 떨어진 지점에서 인더스트리호라고 불리는 범선에 올라탔다. 나머지 일행은 그레이브젠드로 돌아와 여관에서 하룻밤을 보냈다.

그레이브젠드에는 아메리카로 가기로 한 퀘이커 11명과 그들을 전송하러 온 다른 퀘이커들이 이미 도착해 있었다. 사람들의 부산한 움직임으로 분위기가 전체적으로 어수선했다. 항해용 개인 사물함이 없어진 사람도 있었다. 그러나 조지 폭스가 런던에서 출발하여 승선했다는 소식을 듣고 모두 안도의 숨을 내쉬었다. 마지막 순간에 그가 붙잡혀 투옥될 수도 있었다는 가능성은 생각만 해도 아찔했다. 예배 모임 시간을 정하는데 어떤 사람은 식사 전 시간을 제안하는가 하면 어떤 사람은 식사부터 먼저 하자고 주장하기도 했다. 전송하러 온 한 여자는 다른 사람들이 보지 못하게 몸을 돌려 눈물을 뚝뚝 떨어뜨렸다. 그토록 먼 곳에서 여태껏 경험한 적이 없는 여러 위험들—어떤 먹거리로 목숨을 부지할 수 있을지에 대한 불확실성 등—을 감내해야 했기에. 아메리카로 떠날 여자는 하느님의 위대한 역사를 수행토록 직접 선택 받았다고 기뻤지만, 애써 침착하게 행동하면서 기쁨을 드러내지 않으려고 했다.

그 와중에 존 헐이라는 사람이 그레이브젠드에 도착했다. 최근에 퀘이커가 된 이 젊은 이는 자신이 온 이유를 다음과 같이 설명했다. 그날 아침 자기 방에서 하느님에게 침묵의 기도를 올렸는데, 두 시간 쯤 지나 말씀에 이끌려 그들을 따라 아메리카 여정에 함께 오를 결심을 하게 되었고, 그래서 오전 10시에 런던을 떠나 곧바로 그레이브젠드로 왔다는 것이다. 갑작스런 결정으로 그의 얼굴은 창백해 보였으나, 결연한 의지가 역력했다.

존 헐의 말에 모두들 흥분을 감추지 못했다. 함께 떠나지 않는 사람들은 놀라움과 선망이 섞인 표정으로 그를 바라보았다.

다음 날 해가 뜨기도 전에 조지 패티슨이 사람들을 모두 잠에서 깨웠다. 그들은 바지선에 몸을 싣고 아침 안개를 헤치면서, 이미 닻을 내리고 출항 준비를 끝낸 인더스트리호로 나아갔다.

떠날 순간이 되자 모두가 조용해졌다. 가슴이 북받쳤다. 허락된 짧은 시간 동안 다정하고 용기를 북돋는 말을 서로 주고 받으며 작별의 인사를 나누었다.

해 뜰 무렵 조수가 바뀌자 강에 정박하고 있던 여러 척의 배들—인더스트리 호를 위시하여 호위함들, 상선들, 어선들—이 하나씩 물 위로 미끄러져 갔다. 유백색의 부드러운 햇빛 속에서 인더스트리호가 점점 작아졌다. 떠나지 않고 남은 이들은 배가 안개 너머로 더 이상 보이지 않을 때까지 줄곧 지켜보았다.

"10년 전 옥스퍼드에서 이미 나는 환희의 세계가 열릴 아메리카를 꿈꾸었소." 윌리엄이 천천히 말했다.

이 말에 줄리가 그의 팔을 만졌다. 윌리엄은 그녀 쪽으로 얼굴을 돌렸다.

조지 폭스와 퀘이커 12명이 아메리카로 떠났다는 사실이 그의 머리를 떠나지 않았다. 그는 여태껏 무엇을 했던가? 감방 경험이 있지 않은가. 하지만 그건 다른 사람들도 다 겪은 일인 걸. 소논문도 몇 편 썼었지. 글을 쓴다는 게 뭐란 말인가? 게다가 이제 정인과 결혼하여 자리를 잡고 지방 신사의 윤택한 삶으로 진입하게 될 터였다. 그런 삶에는 아무런 시련도 투쟁도 위험도 없지 않은가.

양심의 가책으로 윌리엄은 가만히 앉아 있을 수가 없었다. 퀘이커교는 네덜란드와 독일에서 서서히 퍼져나가는 동안에도, 많은 고초를 당하고 있었다. 그는 뉴게이트 감방 동료인 토마스 러디어드를 데리고 네덜란드로 떠났다. 그러나 "어둠에 쌓인 나라를 헤맬 때 내 영혼은 고통의 중압감을 견뎌야 했다"라고 말로만 표현했을 뿐, 자신의 네덜란드에서의 행적에 대해 그는 말을 아꼈다. 네덜란드 방문을 끝내고 10월 말 잉글랜드로 돌아왔다.

월섬스토에 마련한 숙소에 지내는 동안 윌리엄은 원스테드에 거주하는 어머니를 자주 찾아갔으며, 시간 나는 대로 줄리와 함께 살 집을 구하러 주변을 탐색했다. 마침내 살 집으로 정한 곳은 리크먼즈워스[104]에 있는 베이싱 하우스였다. 정원에 커다란 라임나무들이 뿌리를 내리고 있는 편안하고 쾌적한 거주지로, 아머샴과 지근거리에 있었고 런던과 월섬스토 그 어디와도 그리 멀지 않았다.

윌리엄과 줄리는 퀘이커 방식에 따라 각자가 속한 월례 모임에 결혼 의사를 알렸다. 승인이 떨어지자, 촐리 우드[105]의 킹스 팜에서 혼인을 위한 특별 모임을 열기로 했다.

엘리자베스 시대 풍의 목재 골조로 이루어진 오래된 농가는 리크먼즈워스를 굽어보는 언덕 정상에 터를 잡고 있었다. 1672년 4월 4일, 거의 50명에 이르는 하객들이 기둥이 세워진 거실에 모여 두 사람의 결혼식을 지켜봤다. 요크셔에서 오기가 너무 멀어 참석하지 못한 페그를 제외하고, 가족으로는 윌리엄의 어머니 그리고 키는 쑥 자랐지만 힘은 아직 고만고만한 풋내기 딕이 결혼식에 왔다. 아이작과 메리 페닝턴, 그 부부의 아이들인 메리와 존, 서리[106]에 사는 줄리의 이모 엘리자베스 스프링겟, 가까이 아머샴에 사는 토마스 엘우드와 부인 메리, 런던의 조지 화이트헤드, 그리고 많은 이웃들이 두 사람의 결혼을 축하했다.

---

104) 잉글랜드 남동부의 하트퍼드셔주에 있는 소도시.
105) 리크먼즈워스에 소재한 작은 마을.
106) 잉글랜드 남동부에 소재한 주로 주도는 킹스턴 어폰 템스임.

침묵 속에서 그들은 함께 앉아 있었다. 바깥에는 4월의 부드러운 바람에 나무의 그림자가 흔들거렸고 까만 새가 지져댔다. 여닫이 창을 통해 들어온 4월의 태양은 다리가 접히는 오동나무 탁자에 가닿아, 아직 서명되지 않은 혼인증명서와 이슬방울로 서늘한 촉감이 가시지 않은 수선화 화병을 비췄고 신부의 금발과 신랑의 널따란 어깨를 어루만졌다.

신랑 신부가 자리에서 일어났다. 엄숙하게 윌리엄이 자신의 강인한 손으로 줄리의 손—그의 손과 대조되어 그토록 자그마하고 섬세하고 티 하나 없이 하얀 그녀의 손—을 잡고 말했다. "하느님과 우리들의 친구들 앞에서 나 윌리엄은 그대 줄리엘마를 아내로 맞아 하느님께서 허락하신 생명이 다할 때까지 사랑하고 신의를 지킬 것을 약속합니다."

이어 줄리엘마도 신랑의 손을 잡고 그를 사랑하고 따뜻한 마음으로 신의를 지킬 것을 약속했다. 이렇게 그들은 부부가 되었다. 10년 후에 윌리엄은 줄리에게 이렇게 썼다.

하느님도 아시고 그대도 알다시피, 우리 둘의 결혼은 하느님께서 직접 맺어준 인연이었소.

18장

새로운 시작

브리스틀 페어는 지난 12세기부터 매년 7월 세인트 제임스 교회 안뜰에서 개최되는 행사로 잉글랜드에서 가장 규모가 큰 장터였다. 판매할 물건을 들고 전국 각지에서 상인들이 이곳으로 모여들었다. 갖가지 양모제품과 피혁제품, 농기구, 여성들에게 인기 있는 모든 물품들, 이를 테면 장식용품, 자질구레한 장신구, 그리고 장난감 등 없는 게 없었다. 근린지역은 물론 멀리 타 지역에서 온 사람들은 일 년 치 장도 보고 세상 구경도 하면서 즐거운 시간을 보냈다.

조지 폭스가 아메리카에서 막 귀환했다는 소식을 듣고, 1673년 7월에 열린 브리스틀 페어로 퀘이커들이 결집하기 시작했다.

윌리엄 부부도 페어로 왔다. 서부 지방으로 '선교 여정'에 올라-윌리엄 홀로-여러 집회에 참가하여 설교를 행한 후, 둘은 브리스틀에서 일주일 남짓 체류하면서 여정을 매듭지었다. 지난 1년의 여정은 비극적인 한 사건만 제외한다면 대체로 행복한 시간이었다. 부부의 첫 아기인 줄리엘마는 태어나서 불과 두 달 만에 저 세상으로 갔다. 그 외에는 대체로 깊은 사랑이 가득하고 부족함이 없는 가정생활과 평화가 깃든 외부적 환경을 경험할 수 있는 시간이었다. 그리고 국왕이 반포한 신교 자유령[107]으로 의회가 비국교도를 처벌하기 위해 제정한 법의 효력이 희석되어 그들을 향한 탄압의 칼날이 무뎌졌다. 그러나 관용의 시간은 오래가지 않았다. 부단한 권력투쟁에서 우위를 차지하게 된 의회가 국왕에게 선언을 철회할 것을 강요했다. 그렇더라도 숨 돌릴 최소한의 여유는 확보되었고 그 사이에 많은 퀘이커들이 감옥에서 석방되었다.

브리스틀의 퀘이커들은 예전 도미니크회 수도원 터에 모임집을 새로 건립했다. 모임

---

107) 1672년 찰스 2세가 가톨릭과 비국교회 신교도들에게 어느 정도의 종교적 관용을 허용한 법령.

집 한 쪽에 수도원이 가꾸던 오래된 과수원이 툭 트인 땅 쪽으로 뻗어 있었다. 앞에는 프롬강[108]의 지류가 빠른 물살로 흘렀고 그 너머로 폐허가 되어 담벼락만 남은 브리스틀 캐슬이 눈에 들어 왔다. 도시 자체는 언덕 높이 우뚝 솟아 있었다. 바로 이곳에서 조지 폭스와 함께 시간을 보내는 동안 마음이 움직이고 시각이 명확해진 사람들은 7월 한 달 만에도 영광에 찬 모임을 수도 없이 열 수 있었다. 모임이 끝나고, 윌리엄과 줄리는 과수원을 산책하거나 브로드 미드 거리에 있는 데니스 홀리스터 집의 정원에 앉아 햇볕을 쐬기도 했고, 조지 폭스가 들려주는 아메리카 여행담과 그가 목격한 대륙에 대한 묘사를 귀담아 듣기도 했다.

폭스의 경험담은 이랬다. 소수로 이루어진 퀘이커 원정대와 함께 캐롤라이나에서 로드아일랜드까지 올라갔다가 다시 버지니아로 내려가는 장도를 어렵사리 헤쳐 나가야 했다. 밤이면 숲 속에서 모닥불 옆에 잠자리를 마련하거나 원주민의 원형 천막이나 정착민의 통나무오두막을 빌어 눈을 붙였다. 잉글랜드처럼 성공회교회가 세워진 버지니아에는 소수의 퀘이커가 활동하고 있었고 볼티모어 경[109]의 메릴랜드 가톨릭 식민지에는 더 많은 퀘이커가 있었다. 청교도에 의한 핍박이 심했던 뉴잉글랜드 지방에서도 소수로나마 활동을 하고 있었다. 폭스가 가장 관심을 두고 관찰한 지역은 메릴랜드와 코네티컷에 걸쳐 형성된 인적 없는 드넓은 대지였다. 뉴캐슬의 네덜란드인 마을에서 델라웨어 강을 건넌 후, 원주민 가이드와 함께 몇 날이고 말을 타고 숲과 습지를 통과했다. 그 길은 너무나 적막해서 하루 종일 가도 백인이건 원주민이건 사람이라고는 단 한 명도 볼 수 없거니와, 사람들의 거주지를 나타내는 그 어떤 증좌도 발견하지 못할 때가 종종 있었다. 목조가옥이 건립되고 거리가 형성된 해안가 마을인 미들타운에서 배를 구해 롱아일랜드로 이동했다. 그 곳에는 정착촌이 세 군데 있었는데 모두 퀘이커들이 거주했다. 그러나 뉴캐슬과 미들타운 사이에는 아무 것도 없었다.

조지 폭스가 이야기를 들려주고 윌리엄이 귀를 기울인 그 시간 동안 두 사람의 생각은 나란히 같은 대상을 향해 나아가고 있었다. 사람의 발자취가 없는 그 모든 땅, 그리

---

108) 브리스톨과 글러스터셔주 남부를 흐르는 강.
109) 조지 칼버트(George Calvert, 1580-1632)는 초대 볼티모어 경으로 1632년 잉글랜드 국왕 찰스 1세로부터 버지니아 주와 펜실베이니아 주 사이에 있는 땅, 지금의 메릴랜드 지역에 대한 식민지 건설 허가 문서를 하사 받았다. 그 아들인 세실 칼버트(Cecil Calvert, 1605-1675), 즉 2대 볼티모어 경이 가톨릭교도들을 위해서 식민지를 건설하면서 메릴랜드가 시작되었다.

고 양심에 따라 하느님을 섬긴다는 이유로 박해 당하고 신앙생활을 금지 당하는 잉글랜드의 퀘이커에게로 생각이 가 닿았다.

조지 폭스의 이야기는 계속 이어졌다. 1664년 요크 공작은 네덜란드인들에게서 그 정착지를 빼앗아, 델라웨어강 서안 지역은 자신이 보유하고, 동안 지역은 버클리 경과 조지 카터렛 경에게 하사했다. 카터렛 경은 동안 지역을 자신이 출생한 저지 섬의 명칭을 따서 "뉴저지"라고 불렀다. 최근에 와서야 버클리 경은 자기 몫의 땅을 팔기로 결정하고 매입자를 기다렸다.

퀘이커들이 혹시 버클리 경의 땅을 사들일 수 있을까?

브리스틀에 모인 퀘이커들은 이 문제를 놓고 고심했다. 그 다음 달 조지와 마거릿 폭스가 다른 친우들과 함께 리크먼즈워스의 베이싱 하우스로 펜 부부를 찾아와 의논을 계속했다.

의논의 과정에서 고려해야 할 사항들이 산재했다. 국왕에게 신교 자유령을 철회하도록 강요한 의회는 이제 심사법[110]이라는 법령을 통과시켰다. 이로써 잉글랜드 국교회의 의식에 따라 성찬식을 받지 않으면 그 누구도 궁정의 공직을 맡을 수 없게 되었다. 이것은 가톨릭교도들은 물론 모든 종파의 비국교도 프로테스탄트들의 배제를 의미했다. 또 한 차례 박해의 거센 파도가 들이닥치고 있었다.

친우들을 위한 도피처를 해외에 마련해야 할 것인가라는 문제를 놓고, 오랜 숙고 끝에 에드워드 바일린지라는 퀘이커가 뉴저지 중 버클리 경에게 속하는 토지를 1000파운드에 매입하도록 결정하고 그의 대리인으로 퀘이커 존 펜윅을 지정했다. 토지 매입에 관한 준비가 완료되자, 윌리엄은 다른 사안들에 관심을 집중할 참이었다.

그러나 곧 윌리엄은 토지 매입을 둘러싼 문제에 예기치 않게 연루되었다. 에드워드 바일린지와 존 펜윅 사이에 갈등이 발생하자, 그는 이에 대한 중재 역할을 요청 받았다. 서른도 채 되지 않은 젊은이가 연배가 훨씬 위인 두 사람 사이의 의견 차를 조율해 달라고 부탁 받는 일 자체는 엄청난 찬사로 보일 수도 있지만, 그것은 결코 녹록한 일이 아니었다. 곰곰이 생각하고 난 뒤 윌리엄은 자기가 공정하다고 판단되는 결정을 내려 당사자들에게 제시했다. 실망스럽게도 존 펜윅은 처음에는 그 결정을 받아들이려 하지 않

---

110) 1673년에 잉글랜드 의회에서 제정된, 국교도 이외의 사람의 공직 취임을 금지한 법. 가톨릭교의 부활을 방지하기 위하여 제정되었는데 1828년에 폐지되었다.

았다. 그러나 여러 통의 편지, 거듭된 면담과 설득에 힘입어 마침내 펜윅은 협상의 결과에 만족감을 표명했으며, 자기 가족과 다른 몇 사람들과 함께 그리피스호를 타고 아메리카로 떠났다(이로써 그리피스호는 델라웨어강을 운항한 최초의 잉글랜드 선박으로 기록되었다). 펜윅 일행이 당도한 곳은 '쾌적하고 자원이 풍부한 지역'이었고, 이를 평화의 도시를 뜻하는 세일럼으로 명명했다.

그러나 문제는 여기서 끝난 게 아니었다. 에드워드 바일린지는 자기 몫에 대한 대가를 지불할 여력이 없었기에 해당 토지를 채권자들에게 양도하고 싶어했다. 채권자들은 토지의 신탁관리자로 나서줄 사람을 찾다가 윌리엄으로 결정하고 다른 퀘이커 두 명을 조력자로 지명하였다. 이 소임까지 보태진 윌리엄은 이제 꼼짝달싹 할 수가 없었다. 우선 바일린지의 땅을 조지 카터렛 경의 소유분에서 분리시켜야 했다. 수차례의 협상을 거쳐 뉴저지를 양분하여 동부 저지는 조지 카터렛 경이 서부 저지는 퀘이커들이 소유하는 것으로 타결되었다.

서부 저지를 100개의 구역으로 분할하여 그 중 10개는 펜윅의 소유로 남겨놓고, 나머지 90개는 채권자들에게 매각해야 하는 일이 남았다. 이를 추진하기 위해서는 정착민들이 믿고 준수할 수 있는 헌법의 기능을 가진 어떤 양해와 합의 사항들을 정비해야 했다. 이 모든 일이 누구 손에서 이루어지고 있었을까? 물론 윌리엄이었다.

무엇보다도 먼저 고려해야 할 사항은 종교의 자유, 인민에 의해 선출된 의회, 그리고 배심원 재판이라는 원칙들이었다.

일에 깊이 파고들수록 윌리엄의 관심은 증폭되었다. 그럼에도 불구하고 갈수록 업무가 자신이 원하는 방향으로 진척되지 않고 있다는 느낌이 들었다. 진행 면면이 지나치게 혼란스럽다고 생각했다. "네가 무슨 일을 하려고 하든지, 정당하게 계획하고 시기적절하게 이행해라." 아버지의 충고가 떠올랐다. 지금껏 모든 일이 제대로 수립된 계획도 없이 너무 성급하고 빠르게만 처리되고 있었다. 그래도 그는 최선을 다해야 했다. 옥스퍼드에서 접했던 모어[111]의 『유토피아』, 해링턴[112]의 『오세아나 공화국』과 같은 책들을

---

111) 토마스 모어(Thomas More, 1478-1535), 잉글랜드의 정치가. 헨리 8세 때 대법관을 지냈으나, 가톨릭교도로서 왕의 이혼에 반대하여 국왕의 노여움을 사 반역죄로 몰려 처형 당하였다. 1516년에 유럽 사회를 풍자한 『유토피아』를 발표하였다.
112) 제임스 해링턴(James Harrington, 1611-1677), 잉글랜드 내란기의 정치철학자. 내란 시에는 중립을 유지하였으나, 왕정복고 후에 투옥되었고 석방 후에는 미쳐서 죽었다. 주저 『오세아나 공화국』

다시 읽었다. 뉴잉글랜드 식민지에서 제정된 청교도 헌법도 연구했다. 그러나 자신이 수행하고 있는 작업들은 기껏해야 예행연습에 불과하다는 느낌에 내내 시달렸다.

1677년과 1678년 두 해에 걸쳐 다섯 척의 수송선이 도합 800명에 이르는 이민자들을 태워 서부 저지로 떠났다. 서부 저지에 기착한 사람들은 마을을 조성하여 벌링턴이라는 이름을 붙였다. 토지는 버클리 경으로부터 사들였지만 델라웨어강 동쪽에 거주했던 초기 네덜란드 이주민들의 관행을 모범으로 삼아 진정한 땅주인이었던 원주민에게서 다시 매입하는 형식을 취했다. 땅값으로 원주민에게 내놓은 것은 거울, 총, 가위, 빨간색 페인트, 구금[113], 그리고 럼주 등, 잡다한 물품들의 요상한 집합체였다. 그중 럼주의 선택은 실수였다. 원주민들에게 나쁜 영향을 끼쳤기 때문에 그런 물품은 제공하지 말았어야 했다.

한편 종교박해의 거센 물결이 퀘이커들을 다시 집어 삼켰다. 맨 먼저 체포된 퀘이커 중에 조지 폭스가 포함되었다. 치안판사들이 요구한 충성서약을-당연히-거부하자 이번에는 그를 우스터 캐슬로 내쳤다.

윌리엄은 그의 석방을 위해 백방으로 노력했다. 체포 소식을 듣자마자, 런던으로 달려가 친우들과 회의를 열었다. 협의 끝에 그들은 동원 가능한 모든 영향력을 결집하여 법정에서 행사하는 것이 석방을 위한 최선의 방도라고 결론지었다. 윌리엄과 미드 두 사람이 임무 수행의 적임자로 지목되었다.

윌리엄은 5년 전에 처음 법정에 선 이후로 세 번이나 감옥에 다녀왔다. 그런 자신이 도움을 요청하면 어떻게 받아들여질지 확신이 서지 않았다.

신중을 기하며 한 걸음씩 나아갔다. 윌리엄이 가장 먼저 접근한 미들섹스 백작은 국왕에게 직접 문제를 가져가지 말고 요크 공작에게 부탁하라고 조언해주었다. 더불어 공작과의 면담을 주선해주겠다고 단언했다. 미들섹스 백작의 주선 과정은 무척이나 치밀했다. 우선 플리트우드 셰퍼드라는 사람을 시켜 공작을 만나기 전에 먼저 공작부인의 비서와 일정을 조율하게 했다. 그러나 면담일로 지정된 날에 하필이면 공작이 거처하는 궁전에 사람들이 떼를 지어 모여든 바람에 공작부인의 비서조차도 공작을 만나지 못했다.

⟨The Commonwealth of Oceana(1656)⟩는 일종의 유토피아를 묘사하고 있는데 각종 통치 형태에 관한 과학적인 분석을 포함하고 있으며, 공화제를 이상적인 정치체제로 장려하였다.

113) 유태인 하프. 입에 물고 손가락으로 튕기는 구금(口琴).

어찌할 바를 몰라 응접실에서 머뭇거리고 있을 때, 펜 제독의 지인이자 시종으로 복무 중인 애스턴 대령이 윌리엄을 알아보았다. 그 뒤로 모든 일이 착착 순조롭게 이루어졌다. 수년 전에 찰스 왕이 그랬듯이, 공작도 갑자기 침실에서 튀어나와선 윌리엄을 반갑게 맞았다. 그러나 공작은 찰스 왕처럼 건성건성 하거나 무심하지도 않았다. 그는 소박하고, 진지하고, 성실했다.

두 퀘이커가 올린 탄원서를 읽고 난 공작은 잠시 후에 말했다.

"신사 양반들, 나는 종교의 이름으로 이루어지는 박해 행위는 무엇이든 반대하는 입장이오. 다른 사람에게 대우 받으려거든 내가 대우받고 싶은 대로 다른 사람을 대우해야 한다고 생각하고 있소. 모든 사람들이 그런 마음가짐으로 살 수 있다면 이 세상은 행복한 곳이 되리라 믿소." 연한 미소가 공작의 좁다랗고 창백한 얼굴 위로 환하게 번져갔다.

"왜냐하면 자기 양심 때문에 박해 당하기를 자청하는 사람은 한 명도 없다고 확신하기 때문이오. 퀘이커에 관해 한마디 하자면, 나는 당신들이 묵묵한 자세로 부지런히 사는 사람들이라고 생각하고 있소. 비록 당신네 종교를 섬기지 않지만, 퀘이커의 선한 삶은 높이 사고 싶소."

공작은 조지 폭스를 위해 국왕에게 말을 넣어보겠다고 약속했다. 공식 용무가 처리되자, 각별히 정중하게 윌리엄에게 말했다.

"해군에서 당신 아버지와 함께 복무한 시절이 아직도 기억에 생생하오. 어떤 일이든 당신의 안위를 위해 힘을 보태겠다고 내가 제독에게 한 약속도 잊지 않았소. 이곳으로 나를 만나러 온 적이 있었는지 잘 모르겠지만, 앞으로 문제가 있으면 나를 찾아오길 바라오. 나를 접견할 수 있도록 명령을 하달해 놓겠소."

그 말을 끝으로 공작은 품위 있게 자리를 떠났다. 윌리엄과 미드는 기대보다 더 큰 성과를 안겨준 공작의 관대한 처사에 대한 경외심의 표시로 아무 말도 하지 않고 공작의 저택에서 나왔다. 바깥 정원에 이르러서야 비로소 미느는 공작이 보여준 친절함과 겸허한 자세에 대한 자신의 놀라움과 기쁨을 말로 거듭 표현했다.

공작과의 만남은 두 사람의 진정한 우의를 다시 다지는 계기가 되었다. 종교의 자유에 대한 공작의 발언을 떠올리자 윌리엄의 마음은 온화한 기운과 미래에 대한 희망으로 충만했다 윌리엄은 공작을 아꼈다. 자신이 아끼는 사람이면 누구에게나 그랬듯이, 그는 공작을 전적으로 신뢰했다.

약속대로 공작은 왕이 조지 폭스의 석방 허가서에 서명하도록 설득했다. 그러나 석방 건은 옥새상서[114]가 한사코 처리를 지연하는 통에 진척이 없다가 일 년이 지나서야 비로소 석방이 이루어졌다.

당시 윌리엄과 줄리의 가정은 커다란 시련의 시간을 맞고 있었다. 둘 사이에 쌍둥이 남매가 태어나 윌리엄과 메리라고 이름을 붙였건만, 첫 아이와 마찬가지로 둘 다 오래 살지 못했다. 남자 아기는 생후 세 달 만에, 여자 아기는 생후 열세 달 만에 이 세상을 떠났다. 두 사람의 가슴이 만 갈래로 찢어졌다. 마음의 갈피를 잡지 못한 채, 그들에게 닥친 거듭된 불행의 근원이 무엇인지 곱씹어 보았다. 어쩌면 리크먼즈워스의 환경이 건강에 좋지 않을 수도 있다고 생각했다. 아니면 런던으로 오가는 길에 들리는 방문객들의 끊임없는 행렬이 아이들에게 나쁜 영향을 끼치지나 않았을까하는 의구심도 일었다. 두 사람의 결합이 가져온 행복의 빛이 반짝이던 베이싱 하우스가 이제는 슬픔의 상징으로 느껴졌다. 그리고 그토록 매력적이고 섬세한 18세의 딕은 예전에는 자주 집을 들렀지만 그 역시 자신들 곁을 떠난 아기들처럼, 물러가는 조수에 닻 없이 떠내려가는 배처럼, 그들에게서 멀어져갔다.

어느 순간 그 집에서 더 이상 머물 수가 없다고 생각했다. 윌리엄과 줄리는 짐을 싸서 월섬스토로 이주했다. 그러면 네 번째 아이(스프링겟)는 리크먼즈워스에서 멀찍이 떨어져 태어날 수 있을 거라고 생각했다. 그러나 월섬스토는 임시 거처일 뿐이었다. 윌리엄은 즉시 식구들이 이사하지 않고 오래 살 수 있는 집을 찾기 시작했다.

윌리엄이 찾아낸 워밍허스트 저택은 메리 페닝턴이 성장한 곳과 가까운 서식스에 위치했다. 산등성이에 세워진 워밍허스트는 사우스 다운즈 너머 바다로부터 불어오거나 혹은 그 반대편 서식스 윌드의 농가가 들어선 넓은 평지를 가로질러 불어오는 바람과 태양에 그대로 노출되었다. 길고, 튼튼하고, 넉넉해 보이는 벽돌집과 호셤 돌[115]로 된 지붕은 군집한 거대한 밤나무의 그늘이 드리워져 있었다. 테라스와 정원 아래로는 작은 연못이 있어 하늘과 떠다니는 구름의 모습을 그대로 담았다.

---

114) 옥새상서(Lord privy seal 또는 Lord keeper of the privy seal)는 잉글랜드 왕국 정부, 그리고 1707년 이후 영국 정부의 전통 관직이다. 국왕의 옥새를 관리하고, 이와 관련된 행정 사무를 관장한다. 현재 옥새상서는 영국 내각의 각료이다.
115) 잉글랜드 남동부 서식스를 흐르는 강에서 형성된 석회질 사암으로 입자가 미세하고 조밀하며, 건축자재로 활용도가 높다.

행복을 지켜줄 새 집으로 윌리엄은 자신의 단촐한 가족을 데려왔다. 온 마음을 다해 사랑하는 줄리, 그리고 아들 스프링겟과 함께 살아갈 집이었다.

19장

배와 마차로

"하느님을 두려워 하고 섬기는 마음으로 일요일에 사랑하는 아내와 가족을 서식스의 워밍허스트에 두고 떠나온 나는 그날 밤 런던에 무사히 도착했다." 윌리엄이 일기에 적었다.

두 사람의 결혼생활 초기에 줄리는 윌리엄의 선교 여정에 모두 따라 다녔다. 켄트, 서리, 에식스 등 런던 인근의 여러 주 뿐만 아니라 서부의 서머싯과 윌트셔를 포함하여 어디든 함께 갔다. 하지만 이제는 집안 살림과 한 살 반에 밖에 안 된 스프링겟 양육을 남의 손에 맡겨 두고 집을 비우는 일을 삼가는 게 현명한 처사인 것 같았다. 게다가 선교 여정 자체가 체력적 소모가 많고 힘겨운 일이기 때문에 강인하지 못한 줄리가 계속 강행하기는 무리였다.

윌리엄은 줄리와 작별의 입맞춤을 나누고 길을 떠났다. 서식스를 지날 즈음, 이별의 고통으로 무거워진 마음이 차츰 가벼워졌다. 노스 다운스에 도착해서는, 앞으로 흥미롭게 펼쳐질 모험에 대한 상상에 온 마음이 열정과 열의로 가득 찼다. 일단 일을 착수하면 무슨 일이 있어도 뒤돌아보지 않고 언제나 희망을 안고 앞날을 내다보는 게 그의 방식이었다. 이제 그의 앞에는 네덜란드와 독일이 산처럼 우뚝 서 있었다. 이 여정은 6년 전 상황과는 사뭇 달랐다. 그때는 주저했지만 지금은 자신감이 넘쳤다. 함께 가는 사람도 그때처럼 달랑 한 명에 그것도 자기보다 더 확신이 없는 사람이 아니라, 조지 폭스(그를 잘 아는 사람이면 누구나 다 "친애하는 조지 폭스"라고 부른다) 외 7명의 퀘이커 친우였다. 그들은 네덜란드에서 조직되기 시작한 몇몇 퀘이커 모임을 내방하고, 유럽 전체를 아우르는 연례모임을 조직하며, 독일에서도 모임 조직 가능성을 타진하기 위해 선교 활동을 조금이라도 시도해 볼 계획이었다.

여정의 첫날은 런던에서 지내고 둘째 날은 어머니가 계시는 원스테드에서 보냈으며 셋째 날은 콜체스터[116]에서 머물렀다. 그 다음날, 7월 25일에는 저녁식사 시간에 맞게 하리치에 당도했다.

선교 여정에 참가한 동료들 전원이 하리치에 이미 도착해 있었다. 조지 폭스는 자신의 수양딸 이자벨 이맨스를 데리고 왔는데 우스터 캐슬에서 보낸 14개월의 수감생활 때문에 건강이 악화된 자신을 여정 내내 돌봐주기 위해서였다. 스코틀랜드에서 온 애버딘 대학의 젊은 수학자 조지 키스와 부인 엘리자베스, 또 다른 스코틀랜드 출신의 젊은 인재로 성장 배경과 관점이 당대 퀘이커들 중 윌리엄과 가장 유사했던 유리[117]의 로버트 바클레이 모습도 보였다. 윌리엄보다 네 살 아래인 로버트 바클레이도 부와 지위를 가진 집안 출신이었으며, 어머니 쪽으로 국왕과는 팔촌지간이었다. 그 역시 한 번 이상 투옥된 경험이 있었고, 자신이 라틴어로 저술한 퀘이커 관련 명저인 『변호론』을 영어로 번역하는 작업을 하고 있었다. 가족으로 부인과 어린 아들이 있었지만 그도 윌리엄처럼 모두 집에 남겨두고 왔다. 퀘이커 신앙에 있어서 윌리엄과 다른 점은 부친 데이비드 바클레이 대령의 뒤를 이어 퀘이커교에 입문했다는 사실이다. 그 외 하리치에 먼저 도착한 동료들은 조지 와츠, 콜체스터의 존 펄리, 윌리엄 탈콧이며 모두 나이가 많은 든 사람들이었다.

기착지로 떠나가 위해 배를 탄 시기는 7월 말경이었다. 땅거미로 어둑해진 이른 저녁에 선교단은 우편선에 올랐다. 우편선의 선장은 팬 제독 휘하에서 복무했던 터라 윌리엄 일행이 선상에서 제공하는 최상의 숙식 서비스를 확실히 받을 수 있도록 조처했다. 목요일 새벽 3시에 출발한 배는 금요일 저녁 늦게 브리엘[118]에 도착했다. 선장은 해안에서 약 2.4킬로미터 떨어진 지점에 닻을 내린 후, 선상에서 하룻밤을 더 지내자고 제안했다.

이 제안을 받고 윌리엄과 로버트 바클레이는 마냥 가만히 있을 수 없었다. 네덜란드 땅에 발을 들여 놓고 어쩌면 선교 활동을 곧바로 착수할 수도 있는 시간에 묵해 바다에다 정박한 채 이리 저리 흔들리는 배에서 밤새 갇혀 있어야 한다니! 게다가 로테르담의

---

116) 잉글랜드 남동부 에식스주의 도시.
117) 스코틀랜드에 소재한 사유지로 원 소유주는 15세기 프레이저 가문이었으나, 17세기 데이비드 바클레이(로버트 바클레이의 아버지)에 의해 퀘이커 조직의 북동 스코틀랜드 본부로 만들어졌다.
118) 네덜란드 서부 도시.

퀘이커들이 윌리엄 일행을 만나러 브리엘로 오기로 예정되어 있기에, 그대로 배에 머물 수가 없었다. 즉시 선장을 찾아내서 하선에 필요한 사항을 준비했다.

수부 2명이 배 측면으로 소형 보트를 내려 퀘이커들을 태우고 해안가로 노를 저어갔다. 개선 장군의 기세로 도시에 다가갔건만, 야간이라 도시 출입문이 굳게 닫혀있었다. 아무리 소리치고 문을 두드려 봐도 곯아 떨어진 문지기를 깨울 수 없었다. 성벽 밖에는 집이라곤 한 채도 없었다. 게다가 일행을 데려다 주었던 작은 배는 우편선으로 이미 돌아가 버렸다. 다소 후회스러웠지만 부두에 묶여 있던 어선으로 올라가 추위에 몸을 웅크린 채 불편하게 밤을 지냈다.

아침 일찍 출입문이 열리자마자 부리나케 도시로 진입했다. 얼마 안가서 잉글랜드에서 온 퀘이커들을 로테르담으로 데리고 가려고 배를 몰고 온 몇몇의 네덜란드 친우들과 우연히 마주쳤다. 개 중에는 존 펄리(콜체스터 하우스)의 아들, 벤자민 펄리[119]도 함께 있었는데, 윌리엄과는 이미 로테르담에서 대면한 적이 있었다. 벤자민 펄리는 앨저넌 시드니와 존 로크와도 돈독한 사이였으며, 그가 소유한 서재는 명성이 자자했다.

그 이후의 일정은 모두 순조롭게 진행되었다. 로테르담에서 여러 모임을 조직한 후, 암스테르담으로 이동하여 일주일 정도 머물렀다.

8월 6일 월요일, 윌리엄은 조지 키스, 로버트 바클레이, 벤자민 펄리와 함께 독일 선교 여정 길에 올랐다. 함께 떠난 네 사람은 모두 비슷한 연배에 매사에 열정적이고 책과 글쓰기를 사랑하는 이들이라 서로 마음이 잘 맞았다. 여러 부의 퀘이커 관련 소논문을 지참하여 관심을 조금이라도 보이는 사람이면 누구든지 나누어 주었다. 가는 마을마다 설교 활동을 펼쳤고, 어떤 기상 조건에도 아랑곳 없이 배로 강을 건너고 우편 마차로 육지를 달려 목적지에 가 닿았다. 육체적으로 자주 고달프고 정신적으로 더 빈번히 지쳤지만, 추위와 통증에 시달리고 있는 육신에도 여정 길에 전개되는 자연의 아름다움에도 관심을 두지 않았다. 오로지 사람에 대한 생각만이 그들의 머릿속을 꽉 채웠다. "그 광활한 독일 곳곳에서 그들이 발견한 것은 무언가에 굶주림을 느끼면서 간절하게 찾고 있는, 살아 숨 쉬고 있는 사람들이었다." 생명 같은 진리를 이들과 함께 나누기 위하여 네 명의 퀘이커는 지칠 줄 모르는 노력으로 소임을 다했다.

---

[119] 벤자민 펄리(Benjamin Furley, 1636 - 1714)는 잉글랜드 퀘이커 출신 상인으로 존 로크의 친구였다.

북부 베스트팔렌[120] 지방에 도착하여 그들이 들린 곳은 7개의 교회 첨탑이 우뚝 서 있는 마을이었다. 그곳에는 엘리자베스 팔라틴 공녀가 거주하고 있었다. 잉글랜드 국왕 찰스 2세의 사촌인 그녀는 우아함과 위엄이 넘치는 60세의 여성이었다. 가톨릭으로 개종할 의사가 있었다면, 공녀는 폴란드의 여왕 자리에 오를 수도 있었다. 나이가 한창 일 때는 위대한 프랑스 철학자 데카르트의 애제자로 명성을 날렸다. 이제는 헤르포트 수도원의 수녀원장으로 재직 중이었으며, 퀘이커에 관심이 많아 더 깊이 알고 싶어 했다. 먼 친척뻘인 로버트 바클레이는 지난해에 그녀를 찾아 왔었다. 벤자민 펄리와도 구면이었고, 윌리엄과는 이미 서신을 주고받은 적이 있었다. 공녀는 방문객들을 모두 정중하게 환영하였다. 퀘이커 사인방이 그곳에서 보낸 나흘은 감동 깊은 나날이었다.

마을 여관에서 짐을 푼 후, 그들은 하루에 2번씩 공녀의 저택으로 가서 공녀는 물론 그녀와 함께 살고 있는 혼 남작부인과 대화를 나누고 모임을 가졌을 뿐만 아니라 이웃들과도 모임을 열었다. 마지막 날, 공녀는 윌리엄의 손을 잡고 윌리엄이 들려준 말이 자신에게 의미했던 바를 표현하려 했으나 그럴 수 없었다. 자기 얼굴을 보이지 않게 하려고 창문 쪽으로 몸을 돌리고 뚝뚝 끊어지는 말투로 말했다.

"마음이 너무 벅차 당신에게 한 마디도 할 수가 없습니다." 윌리엄이 떠나려는 순간에 그녀가 간절하게 부탁했다. "여기로 다시 오시지 않겠습니까? 부디 독일을 떠나기 전에 다시 한번 찾아주세요."

다음 날 아침 7시, 윌리엄의 4인조 그룹은 나누어져 출발했다. 로버트 바클레이는 최종 목적지인 스코틀랜드로 가기 위해 암스테르담으로 떠났고, 나머지 세 사람은 마을에서 330킬로미터 떨어진 프랑크푸르트로 출발했다. 그들은 프랑크푸르트에서 배를 타고 마인츠로 가서 라인강을 따라 크리샤임[121]에 도착했다. 크리샤임에는 이미 퀘이커 모임이 조직되어 있던 터라 모두 기뻐 어쩔 줄 몰랐다. 윌리엄은 그날의 감동을 일기에 적었다.

"모임으로부터 사랑과 따뜻함과 진실함을 그대로 느낄 수 있었다. 거기 모인 사람들과 우리는 서로에게 커다란 위안을 받았다. 사흘을 함께 지낸 크리샤임의 친우들과 작별을 나누고 우리는 아쉬운 마음으로 다시 길을 떠났다."

---

120) 베스트팔렌은 독일의 도르트문트, 겔젠키르헨, 뮌스터, 빌레펠트, 오스나브뤼크를 중심으로 한 지역으로 노르트라인베스트팔렌주와 니더작센주에 걸쳐 있다.
121) 독일 남서부 라인란트팔츠주에 소재한 작은 도시.

크리샤임의 행복했던 기억을 담고 떠난 지 일주일도 못가 전체 여정에서 유일한 낭패로 기록된 사건이 발생했다.

크리샤임에서 다시 라인강을 따라 내려가는 도중에 '구도자들[122]'이라는 집단이 활동하고 있다는 마을 몇 군데를 들린 후 윌리엄 일행은 목적지인 뒤스부르크[123]에 도착했다. 종교적인 성향과 관심이 퀘이커와 유사했고, 뛰어난 젊은 여성으로 평판이 나 있는 팔헨스타인 부르흐 남작부인과 면담하기 위해서였다. 마스트리트 박사라는 사람에게 소개장을 제시하고 남작부인과 접촉할 수 있게 도와달라고 부탁했다.

하지만 남작부인의 접견은 의외로 미묘하고 어려운 문제였다. 남작부인의 엄격한 아버지는 색다른 종교는 무엇이고 간에 용인하지 않았기에 딸이 그런 종교에 노출되지 않도록 단단히 주시하고 있었다.

"그렇더라도, 만나기엔 지금이 적기인 것 같습니다." 마스트리트 박사가 힘을 실어주었다. "남작부인의 아버지 집 반대 쪽 강 너머에 뮐하임[124]이란 곳이 있는데 거기에 있는 목사님 댁으로 지금 가면 그녀를 만날 수 있을 겁니다. 일요일이면 거기서 시간을 보내니까요."

오후가 한참 지났지만 그 친절한 박사는 윌리엄 일행에게 남작부인 앞으로 자신이 쓴 편지를 주고 뮐하임으로 가는 길을 일러주었다. 길은 숲 속으로 10킬로미터 정도 계속되다가 남작의 성과 과수원 후방에서 굽어졌다.

공교롭게도 성을 지나가던 바로 그 순간에 남작이 산책하러 나온 것이었다. 낯선 사람들을 보고 남작은 하인을 보내 그들이 누구인지 어디서 왔는지 그리고 어디로 가는 길인지를 파악해 오게 했다. 하인이 답을 가져오기도 전에 손짓하여 윌리엄 일행을 자기 쪽으로 오게 하고선 직접 심문했다.

"우리는 잉글랜드에서 왔습니다." 윌리엄이 대답했다. "네덜란드를 들렀다 오는 길이며, 이 지역에서는 그대가 살고 있는 뮐하임이 바로 우리 목적지입니다."

남작을 수행하던 한 신사가 넌지시 물었다. "여기 계신 분이 누군지 알기나 하오? 귀

---

122) 구도자들(Seekers)는 1620년대 잉글랜드에서 형성된 프로테스탄트 종파로 기존의 교회는 부패했다고 비판하고 하느님의 계시를 기다렸다. 대다수가 나중에 나타난 퀘이커교에 합류하였다.
123) 독일 서부, 북부 베스트팔렌의 공업도시.
124) 독일 서부, 노르트라인베스트팔렌의 공업 도시. 루르 강 연안에 위치하며, 강의 도시(Stadt am Fluss)라는 별칭이 있다.

족 앞에서는 평상시와 다르게 행동해야 하지 않겠소?"

이번에도 모자 예법이 문제였다. 윌리엄은 정중하게 응답했다. "우리가 무례하거나 부적절한 행동을 저지르고 있다고 생각하지 않습니다."

"그럼 왜 모자를 벗지 않는 거요?" 다른 신사가 날카롭게 쏘아붙였다. "한 나라의 통치자 앞에서 모자를 쓰고 있는 게 공손한 태도라고 생각한단 말이요?"

"우리의 통치자, 위대한 왕 면전에서도 마찬가지입니다. 우리는 하느님을 제외한 그 어느 누구 앞에서도 모자를 벗지 않습니다."

"퀘이커로군!" 남작은 마치 독사라도 발견한 듯 공포에 질려 소리쳤다. "퀘이커가 여기 왜 있어. 당장 내 땅에서 나가. 앞으로 절대로 이 마을에 발을 들이지 말아야 할 것이야."

그래도 윌리엄 일행은 자기네가 평화를 사랑하는 사람들이라고 힘주어 말하고, 존경해 마지 않는 남작에게 기꺼이 진정한 도움을 주고 싶다는 뜻을 진심을 다해 전했지만, 그는 냉담했다. 부리고 있는 병사들을 호출해서 퀘이커들을 자신의 영지에서 당장 쫓아내게 했다.

그들은 떠날 수밖에 없었다. 그래도 그런 식으로는 내쳐지기 싫어서 호송하는 병사들에게 퀘이커교의 원리를 설파하기 시작했다. 차라리 병사들이 주인보다 더 예의가 바르고 "정중하다"고 생각했다.

뒤스부르크로 돌아가는 10킬로미터의 길은 전보다 더 길게 느껴졌다. 뮐하임 여정에서 경험했던 그 숲의 유쾌함도 이제는 "지겹고 쓸쓸하기만" 했다. 처량한 순례자들과 이방인들처럼 이 세상을 떠돌아 다녔던 역사상의 신실한 인물들을 한 명씩 떠올려 서로에게 상기시키면서 자신들을 위무하려 해보았지만, 침통한 감정은 쉬 가시지 않았다. 치안판사로부터 무례한 처사를 경험했던 윌리엄조차도 자신의 입장을 해명하기도 전에 타인의 땅에서 강제로 쫓겨나는 일은 참을 수 없는 치욕이었다.

밤 아홉시나 열시쯤 그들이 뒤스부르크 성벽에 도착했을 때 출입문은 이미 굳게 닫혀 있었다. 주어진 상황에 어떻게든 적응하는 일 외에는 달리 방법이 없기에 한 데에서 그대로 드러누워 눈을 붙였다. 새벽 세 시가 되자 어둠을 밝히는 희미한 불빛이 나타나고 소음이 들리기 시작했다. 임시 노숙자들이 자리에서 일어나 이리 저리 걸어 다니면서 밤새 웅크렸던 몸을 쭉 폈다. 뒤스부르크 청사의 시계가 5시를 알리자, 고요하고 텅 빈

들판에 서 있는 그들에게 그지없이 반가운 소리가 들렸다. 성벽 출입문이 삐걱대며 열리고 있었다.

스스로 그토록 갈구했던 정신적인 양식을 남작부인이 제대로 얻지 못하고 있다고 줄곧 비통해 하던 윌리엄은 그날 오후 그녀에게 격려와 위안의 편지를 보냈다. 그러고도 마음에 남아 있는 생각이 있어서 펜을 다듬어 남작부인의 아버지에게도 편지를 썼다.

"잠시나마 그대에게 이의를 제기해 보겠습니다. 그대는 모든 것을 시도했던 베뢰아인들의 수준에 이르지 못했기에 기독교적인 의미의 고결함이 결여된 것 같습니다. 베뢰아인들은 살펴보기 전에는 판단을 내리지 않았습니다. 그래서 그들의 행위가 고결했다는 말을 듣습니다." 그러고는 아버지가 했던 말을 소환하여 그대로 덧붙였다. "우리 모두 고결한 베뢰아인이 됩시다!"

윌리엄 일행이 뒤스부르크를 떠나기 전에 남작부인은 준수한 용모의 친절한 젊은이를 전령으로 보내 남작에게 당한 처우에 자신이 상당히 곤혹스러워 하고 있다는 소식을 전했다. 전령으로 온 젊은이의 친절한 행동과 그가 전해준 소식에 기분이 좀 풀렸다. 그러나 떠나가는 중에도 그들은 그런 아버지와 함께 살아가야하는 남작부인의 안위를 염려하지 않을 수 없었다.

마차 편으로 혹은 걸어가며 그들은 여정을 계속했다. 가는 길 곳곳에서 여관 주인, 교사, 성직자, 변호사 그리고 지체 높은 부인 등 다양한 계층의 사람들과 두루 만나 이야기를 나눌 수 있었다. 엘리자베스 공녀가 추천해준 한 귀부인은 "대단한 기지와 고매한 이상"을 지녔지만 너무 말이 많아 그녀와 정신적으로 교감할 수 있는 진정한 침묵 상태에 진입할 수 없었다.

9월 7일에 윌리엄은 암스테르담으로 돌아왔다. 지난 한 달 동안 암스테르담 모임집은 이미 상당히 확장되었다. 그곳에서 3일만 체류하고 다시 북쪽으로 떠났다. 이 길에는 네덜란드인 퀘이커 얀 클라우스가 동행했다. 북쪽 행선지는 위와트르라는 작은 도시로, 안나 마리아 슈르만이라는 학식이 풍부한 노부인이 퀘이커와 다소 유사한 소규모 종교인 그룹과 함께 생활하고 있던 곳이었다. 그 다음 목적지는 엠덴[125]이었는데, 그곳에서 활동하고 있는 퀘이커들은 윌리엄이 6년 전에 남겨두고 온 친우들로 몇 명되지는

---

125) 독일 북부 니더작센주에 있는 도시.

않았지만 말할 수 없이 혹독한 박해에도 굴하지 않고 믿음을 굳건히 지켜왔다. 마침내 윌리엄은 헤르포르트로 다시 돌아와 5일 동안 머물렀다. 그러나 엘리자베스 공녀는 퀘이커교에 매혹되었지만 끝내 신도가 되지는 않았다.

헤르포르트에서 베젤[126] 까지 330킬로미터 거리를 해묵고 낡아빠진 천으로만 가려진 마차에 몸을 싣고 2박 3일을 달렸다. 마차는 윌리엄과 얀 클라우스 외에도 10명이나 되는 사람들이 더 탑승하여 무척 비좁았다. 밤새 윌리엄과 동행인이 이리 저리 흔들리고 서로 부딪히는 동안, 나머지 승객들은 허황된 이야기를 주고 받았고 간간이 루터파 찬송가를 부르기도 했다.

베젤을 끝으로 윌리엄의 긴 여정은 거의 마무리되었다. 10월 초에 그는 다시 암스테르담으로 돌아가 조지 폭스와 조지 키스를 만났다. 그 두 사람은 여정에 처음부터 참가하여 끝까지 남았고, 나머지는 모두 잉글랜드로 먼저 돌아갔다. 12일이 되자 잉글랜드 퀘이커들은 전송하러 나온 네덜란드 친우들에게 작별 인사를 고하고 브릴러[127]에서 우편선을 다시 탔다.

돌아가는 바닷길은 험난했다. 비와 진눈깨비가 뒤섞인 바람이 세차게 휘몰아치는 바람에 브릴러에서 하리치까지 배로 건너는 데 헤르포르트에서 베젤까지 마차로 달려온 시간만큼이나 걸렸다. 펌프는 밤낮 없이 작동했다. 수부들 중에는 파도에 휩쓸려 바다에 빠질 뻔한 사람들도 있었고, 승객들은 겁에 질렸으며 모두가 배 멀미에 시달렸다. 그러나 23일 저녁 무렵 승객들은 하위치에 안전하게 당도했다.

윌리엄과 조지 키스는 런던과 워밍허스트로 빨리 돌아가고픈 마음에 말을 빌려 먼저 출발했고, 조지 폭스는 마차로 그 뒤를 따랐다. 런던에서 몇 차례 모임에 참석한 후, 윌리엄은 워밍허스트의 자택으로 돌아갔다. 그 날 저녁 윌리엄 가족은 달콤한 재회를 맛보고 모두 함께 진심으로 기뻐했다.

집을 떠나 있던 지난 3개월 동안 윌리엄은 5천 킬로미터에 이르는 험난한 여행길을 경험했고, 셀 수 없이 많은 설교를 전했으며, 4편의 소논문과 12통의 묵직한 편지, 거기에다 일기까지 써냈다.

---

126) 독일 노르트라인 베스트팔렌주에 위치한 도시.
127) 네덜란드 서부에 위치한 역사적 항구.

20장

약탈과 파괴

잉글랜드로 돌아온 이후 4년 동안 윌리엄의 삶은 두 영역으로 분리되어 꾸려져 나갔다. 사랑과 평화가 깃든 워밍허스트가 양지의 삶이었다면, 잔혹함과 갈등이 난무한 공적인 활동 무대는 불길한 전조가 도사린 음울한 삶이었다.

워밍허스트의 일상은 부드러우면서도 진중한 리듬으로 흘러갔다. 윌리엄 가족의 기상 시간은 여름은 오전 5시, 겨울은 7시였다. 오전 9시로 정해진 아침식사 전에 예배모임을 가졌고, 11시에 다시 모여 성경을 읽었다. 점심은 12시였고, 7시 저녁식사 전에 모임이 한 번 더 준비되었다. 저녁식사가 끝나면 하인들이 하루 일과를 보고하고 다음 날 가사 업무에 대한 지시를 받았다. 10시면 모두 잠자리에 들었다.

위에 열거된 내용은 어쨌거나 윌리엄이 집안 사람들이 따르도록 세운 일정이었으나 실제로 이와 같이 실행에 옮겨졌는지는 별개의 문제였다. 윌리엄은 공무로 자주 집을 비웠고, 그가 아끼는 줄리엘마는 온순하고 매력적이고 부지런했지만 살림살이는 두서가 없었기 때문이다.

줄리엘마는 마차를 타고 가거나 비가 와서 좁은 길이 진창이 되면 소달구지로 이동했다. 가끔씩 집에 손님들이 방문하면, 각별히 자택에서 모임을 열었다. 경우에 따라 호셤[128]까지도 가서 모임에 참석했다.

1678년 3월, 윌리엄 부부에게 아이가 한 명 더 태어났다. 이번에는 여자 아이였다. 두 사람은 그 아이의 탄생이 너무나 기뻐 이름도 기쁨을 의미하는 '러티샤'로 지었다.

런던에 머물러야 했던 윌리엄은 아기의 탄생이 가져다 준 행복한 워밍워스트의 삶을 즐길 시간이 거의 없었다. 절망적인 국면으로 치달고 있는 국내 상황을 눈 앞에 두고,

---

[128] 잉글랜드 서식스주에 위치한 도시로 런던에서 남서쪽으로 50킬로미터 거리에 소재한다.

명민하고 의욕적이고 책임감이 강한 윌리엄이 화를 피하자고 집에서 가만히 손을 놓고 있을 리 만무했다. 현장으로 달려가 사태를 호전시켜야 했다. 동료 퀘이커 중에는 윌리엄의 이런 행동을 두고 정치에 관여한다고 비판하는 사람들도 더러 있었지만, 종교적 자유와 훌륭한 정부는 분리되어 존재할 수 없을 뿐만 아니라 두 가지 모두 위험에 처했을 때 이를 수호하는 게 만인의 의무라고 그는 확신했다.

당시 잉글랜드는 종교 간의 갈등 및 조정과 백성의 대립으로 분열되었다. 왕권신수설을 신봉한 찰스 2세는 의회의 간섭을 배제하고 자기 뜻대로 정치를 펴려는 의지가 강했다. 자신이 가톨릭 신자임을 숨겼던 왕과 마찬가지로 신교도들로 구성된 의회 역시 자기네 손에 국가 통치권이 있다고 확신했다. 의회가 왕을 통제할 수 있는 유일한 수단은 돈이었다. 왕은 왕실 운영에 필요한 돈을 의회에 요청해야 했고, 의회가 제시한 조건에 동의하고 나서야 요청에 대한 승인을 받을 수 있었다. 이러한 구속에서 벗어나기 위해 찰스 2세는 프랑스 국왕 루이 14세와 비밀동맹을 맺었다. 그와 마찬가지로 가톨릭 신자였던 루이 14세는 동맹의 대가로 그가 필요한 자금을 제공했다.

의회와 백성들 대부분이 이 비밀조약에 대하여 알지는 못했지만, 돌아가는 상황을 미심쩍게 여겼다. 프랑스에 대한 불신과 가톨릭에 대한 공포에 휩싸인 의회는 잉글랜드 국교회를 제외하고 모든 다른 종파를 금지하는 가혹한 법들을 통과시켰다. 주요 제재 대상은 가톨릭이었지만, 이 법들에 의해 프로테스탄트 비국교도들도 큰 타격을 입었다. 이들의 구제를 목적으로 하는 법안이 제안되었는데, 가톨릭교도가 아니라고 맹세하면 처벌을 면하게 해준다는 골자의 법안이었다. 그러나 퀘이커는 그 어떤 맹세도 다짐할 수 없기에 가톨릭교도가 받을 모든 처벌을 꼼짝없이 당하게 될 운명이었다.

1678년 3월 윌리엄은 잉글랜드 의회의 서민원(하원)에 속한 두 위원회에 출석하여 진리를 확언하거나 명예를 건 약속으로 선서 행위를 대신할 수 있도록 퀘이커들에게 허락해달라고 해달라고 촉구했다. 그리고 퀘이커들이 범하지도 않은 죄목으로 처벌당하는 일은 온당하지 않다고 주장했다. 그 누구도 감히 가톨릭교도에게 유화적인 자세를 취할 수 없던 시대에 공정성과 보편적인 종교적 관용에 대한 열정적인 신념의 토대 위에 서서 윌리엄은 용기를 잃지 않고 덧붙여 말했다.

"나의 생각이 잘못됐다고 할 수 없을 것입니다. 나는 퀘이커가 가톨릭으로 매도되어 벌을 받는 부당한 처사에 명백하게 반대합니다. 마찬가지로, 가톨릭 신자가 자신의 양심에 따라 행동한다고 해서 응당 매질을 당해야 한다고 결코 생각하지 않습니다. 왜냐하면 우리가 요구하는 자유를 다른 사람들도 동등하게 누려야 한다고 믿기 때문입니다"

서민원은 퀘이커에게 확언할 수 있는 자유를 허여하는 법안에 호의적인 자세를 취했다. 그러나 법안이 귀족원을 통과하기도 전에 왕은 의회를 재소집할 때까지 연기해버렸다. 왕의 이러한 결정은 자기가 비밀리에 프랑스와 맺은 동맹 사실을 감추기 위한 술책이었다. 의회가 다시 열린 10월에 가서 마침내 비밀조약의 존재가 만천하에 드러나게 되자, 찰스 2세는 황급히 전체 의회를 해산시켜버렸다. 그러나 의회가 새로 구성되면, 분별력 있고 합리적인 사람들의 약진으로 환경을 심기일전할 수 있는 기회가 될 수도 있었다.

윌리엄은 종교적 관용과 정의로운 정부를 옹호하였지만 충성 서약 문제 때문에 의회에 진출할 수 없었다. 대신 자신의 이상을 실행에 옮길 수 있는 적합한 후보를 찾아 내세웠다. 1662년 윌리엄이 만났던 위대한 자유주의자 앨저넌 시드니는 이탈리아에 망명 중이었는데, 1677년 부친의 서거로 고국 땅을 밟을 수 있도록 허락되었다. 귀국 후 그는 켄트에 소재한 시드니 가의 근거지인 펜스허스트 플레이스로 낙향하여 지내고 있었다. 시드니의 거처는 마침 워밍허스트에서 50킬로미터 가량 떨어진 곳이었다. 이제 시드니는 길퍼드[129]를 대변하기 위해 선거에 뛰어들었고, 윌리엄은 온 힘을 다해 그의 선거 운동을 도왔다.

선거는 3주 동안 지속되었다. 선거 기간 내내 횡횡한 뇌물 공세와 폭력적 행동에 맞서 힘겨운 투쟁을 벌어야 했지만, 윌리엄은 연설과 개인적인 호소를 통하여 지칠 줄 모르게 선거운동을 계속해나갔다. 드디어 선거가 치러졌고 시드니는 대다수 표를 획득하며 당당하게 당선되었다. 그러나 궁정당[130]은 강력한 정치권력을 이용하여 사소한 문제를 빌미삼아 시드니의 당선을 무효화 하고 그에게 패배한 사람에게 의석을 제공했다.

토리당[131] 혹은 왕당파가 구사한 이러한 술수에도 불구하고 새로이 들어선 의회는 휘

---

129) 잉글랜드 서리의 주도.
130) 1679년 잉글랜드 국왕 찰스 2세가 의회를 해산하고 새로 실시한 선거는 영국 민주정치사상 각 노선에 따라 치러진 최초의 선거였다. 왕에게 충성한 사람들은 궁정당 (The courty party)을, 가톨릭교도를 왕위 계승에서 제외시키는 정책을 지지한 사람들은 지방당(The country party)을 각각 형성했다.
131) 1679년 의회선거가 실시되었을 때, 토리(The tories)와 휘그(The whigs)라는 용어가 보편적으로 사용되었다. 아일랜드의 산적들을 일컫는 경멸조의 별명이던 토리는 가톨릭 지지자를 의미했고, 휘그란 원래 스코틀랜드의 가축 도적을 일컫는 말로 신교도를 지지하는 파에 사용되었다.

그파 혹은 리버럴들이 근간을 이루었다. 그러나 국왕은 이 의회마저도 4개월 후에 해산시켜 버렸다.

7월에 열린 두 번째 선거에 시드니는 다시 도전했다. 이번 선거에서는 서식스의 워밍허스트와 가까운 브램버 지역에 출마했다. 시드니와 윌리엄은 워밍허스트와 펜스허스트를 왕래하며 수차례 밤잠도 잊은 채 협의하며 선거 운동을 계획하였다. 이번 선거도 시드니가 승리했지만, 궁정당은 또 다시 그를 몰아내고 경쟁자를 의석에 앉혔다.

선거를 둘러싼 이 모든 일이 벌어지고 있는 와중에도 탄압은 걷잡을 수 없이 자행되었다. 퀘이커들은 이중고의 환란을 당했다. 신교도 휘그파는 퀘이커가 스스로 가톨릭이 아니라고 서서하기를 거부한다는 이유로, 궁중파는 그들이 비국교도 휘그파에 속한다는 이유로, 각각 친우들을 탄압했다. 수천 명에 이르는 퀘이커가 투옥되었다. 20년 전 찰스 2세가 즉위한 이후로 옥사한 퀘이커만 해도 350명이나 되었다. 수감되지 않은 퀘이커에게는 교회에 다니지 않는다는 이유로 한 달에 20파운드나 아니면 재산의 2/3를 벌금으로 물게 했다. 이로써 그들은 가진 것을 모두 잃게 되었다. 강제적 벌금 집행으로 인해 "집에서 기르던 동물들은 무리에서 분리되거나, 외양간에서 내몰리게 되었다. 고아에게 우유를 짜서 먹일 수 있는 소 한 마리도 남지 않았고, 남편 잃은 여자가 등대고 누울 침대 하나도 간직할 수 없었으며, 저장된 옥수수는 한 알도 남김없이 죄다 털리고 그 대가로 단 한 푼도 받지 못했다." 브리스틀의 프라이어스 모임집은 완전히 파괴되었고, 사람들은 구타 당한 후 감옥으로 끌려갔다. 어린 아이들 조차 나무로 만든 구조물에 감금 당하는 고초를 겪어야 했다.

지난 10년의 세월은 윌리엄이 종교적 관용의 대의를 실현하기 위해 온 힘을 다해 싸워온 시간이었다. 종교적 관용에 대한 자신의 신념을 연설과 글쓰기로 천명하였고, 의회, 법정, 교회, 군중 앞에 서서 그 실현을 당당하게 요구했으며, 바로 그러한 이유 때문에 수형생활의 고통을 감수해야 했다. 그러나 이 저잠한 현실 앞에서 실현의 가능성은 더 없이 요원하게 느껴졌다.

그는 절망했다. "이제 잉글랜드는 더 이상 아무런 희망이 없다." 그러나 절망 속에서도 그의 결기는 수그러들 줄 몰랐고, 새로운 비전이 형성되고 있었다. 저 멀리 바다 건너 새로운 땅으로 눈을 돌렸다.

21장

국가의 씨앗

1680년 6월, 워밍허스트 저택의 짙은 붉은 색 담장 너머로 크림색 장미꽃들이 흐드러지게 피어 있었고, 따스한 산들바람이 건초용 풀밭을 스치며 이리 저리로 구불거리는 문양을 만들고 있었다. 책상에 앉아 윌리엄은 국왕에게 제출할 청원서를 써내려 갔다.

찰스 2세는 윌리엄의 아버지에게 지불해야 할 돈이 있었는데, 제독이 왕에게 선금으로 제공했던 돈과 여태 미지급된 급여가 그 내역이었다. 원금에 그간 누적된 이자까지 합쳐, 총 금액이 자그마치 1만 6천 파운드에 달했다. 윌리엄은 돈 대신 아메리카의 메릴랜드 북부, 뉴욕 남부, 델라웨어 서부에 이르는 토지로 채무를 청산해 달라고 부탁했다.

그곳은 조사이어 콜이 윌리엄에게 말해준 땅이었고, 조지 폭스가 직접 본 땅이었다. 거기야말로 핍박받는 이들의 안식처와 인민의 자유를 보장하는 정부를 세울 수 있는 바로 '꿈의 땅'일 거라고 윌리엄은 생각했다. '잉글랜드에서는 가능하지 않겠지만, 거기라면 우리들의 거룩한 실험을 이행할 수도 있을 것이다.' 많은 언덕과 울창한 숲으로 풍광이 아름답다고들 하는 그곳을 하사받게 된다면 '뉴 웨일스'라고 부를 셈이었다.

여러 달 동안 수차례의 회담, 심의회와 위원회 회의가 속속 열렸지만 상황은 불확실했다. 윌리엄은 요크공작의 대리인과 볼티모어 경의 대리인을 만나 대지의 경계에 대하여 논의해야 했고, 검찰총장과 대법원장과도 면담을 해야 했다. 희망을 잃지 않고 기다려야 했다. 정치적으로 영향력이 있는 친구들에게 도움을 요청해야 했다. 지난 두 차례의 선거에서 궁정당에 맞서 앨저넌 시드니를 공개적으로 지지한 사실을 국왕이 문제 삼을 것인가? 그러나 다행히도 요크공작이 힘을 실어주었다. 그리고 그랜드 투어 시절 함께 프랑스와 이탈리아를 여행한 죽마고우로 이제는 선덜랜드백작이 된 로버트 스펜서도 우호적이었다. 국왕 또한 더할 나위 없이 정직하고 신실한 펜 제독의 퀘이커 아들을 좋아했다. 국왕에게 아버지의 체불 급여 1만 6천 파운드를 돈으로 지불해달라고 요구했더라면 결코 되받지 못했을 것이다. 그러나 대서양 너머 야생 지대의 일부를 돈 대신 수령할 의사를 분명하고 간절하게 전달했기에, 왕도 그런 식으로 빚을 청산하는데 찬성했다. 마침내 특허장의 초안이 마련되었다. 초안의 한 모퉁이에는 왕이 서명할 때 지정된 영토의 이름을 직접 기입할 수 있도록 공간이 남겨졌다. 특허장은 양피지에 고대 영어 글씨체로 작성되었고 붉은색 잉크로 밑줄이 그어졌다. 그 테두리는 문장(紋章)의 상징들로 꾸며졌고 상단에는 왕의 초상이 그려져 있었다.

1681년 3월 4일 국왕이 특허장에 서명했다. 영토의 이름도 기입했다. 그 다음날 윌리엄은 더블린에 있는 친구 로버트 터너에게 편지를 보내 그간의 추진 경과를 설명했다.

1681년 3월 5일

사랑하는 친구에게,

하느님께 나의 진정한 사랑을 올리며, 그대와 하느님의 귀중한 진리를 사랑하는 그곳의 모든 친우들에게 인사를 전하네. 여기서 내가 그동안 수행해온 일에 대해 한자 적겠네. 오랜 기다림 속에서 주시하고 간청하고 회의에서 언쟁을 벌인 끝에, 드디어 펜실베이니아라는 이름의 땅에 나의 나라를 세울 수 있도록 확인 받았네. 왕이 광범위한 권한과 특권과 함께 이 땅을 내려 주었다네. 펜실베이니아는 왕이 내 아버지의 공적을 기리기 위해 지을 법한 이름이지……웨일스 출신 장관이 뉴 웨일스라는 명칭에 한사코 반대하는 바람에 내가 실베이니아를 제안했지. 그러니까 '펜'을 '실베이니아' 앞에 붙여버리더군. 마음에 정말 들지 않아 왕에게 그 이름을 지우고 변경해달라고 간청했지만, 이미 지난 일이라 더 이상 손대지 않겠다고 했어. 20 기니를 내겠다고 했지만, 담당 차관의 마음을 바꾸게 할 수는 없었다네. 계속 내 주장을 내세우면 긴방져 보이고 왕 뿐만 아니라 왕이 기회만 있으면 칭송해 마지않는 아버지에게도 불경을 저지르는 일 같아서 그냥 받아들였어. 친우들에게 부디 내가 하사받은 땅에 대하여 알려주길 바라네. 곧 이와 관련하여 제안서를 만들어 보내겠네.

이 모든 것은 명확하고 정의로운 일이라고 생각하네. 수많은 시련을 넘어 하느님께서 허여하신 이 땅은 하느님의 축복으로 한 나라를 이룰 씨앗이 될 것이라고 믿고 있네. 애정 어린 보살핌으로 시작부터 제대로 된 정부를 세울 수 있도록 노력할 것이야.

다시 진리에 대한 깊은 사랑을 믿으며, 이만 총총.

그대의 진정한 친구, 윌리엄 펜

지명이 실망스러웠지만 윌리엄은 푸념하지 않았다. 잉글랜드와 거의 맞먹을 정도로 넓은 영토의 총독이자 단독 영주[132]로 임명되어, 잉글랜드 국왕의 승인 하에 여러 법을 정비할 수 있는 권한과 판사를 임명할 수 있는 권한 및 총사령관의 직함으로 군대를 조직하고-물론 수행할 의사는 없는-전쟁을 치를 수 있는 권한이 주어졌기에 더욱 그럴 처지가 아니었다.

헌장이 서명되자, 펜실베이니아의 건설은 세차게 추진되기 시작했다. 국왕은 선언문을 통하여 "그 지역의 정착민들은 모두 윌리엄에게 복종해야한다."고 천명했다. 3천명에 이르는 네덜란드, 스웨덴 출신 이주자들과 뉴저지에서 유입된 잉글랜드 출신 퀘이커들에게 윌리엄은 이들을 안심시키고 진솔한 우의를 약속하는 내용의 편지를 직접 써 보냈다.

안녕하십니까,

여러분 모두 언제 어디서나 강녕하길 바랍니다.

이 편지를 통하여, 여러분의 안위를 나의 명운과 보호에 맡기는 일은 하느님께서 기꺼이 정해주신 섭리임을 말씀드리고 싶습니다. 앞으로 내가 할 일은 지금껏 책임을 맡아 착수한 적이 없는 일이지만, 하느님께서 나의 임무에 대하여 일깨워 주셨고 그 임무를 올곧게 실천할 수 있는 정직한 마음을 주셨습니다. 여러분은 앞으로 겪게 될 변화와 국왕의 결정에 대하여 우려하지 않아도 됩니다. 여러분은 그 어떤 경우라도 자신의 영달을 목적으로 삼는 총독의 통치에 고착되는 일은 없을 것입니다. 자신들이 직접 만든 법으로 자유를 보장받을 수 있을 뿐만 아니라, 노력에 따라 건전하고 근면한 생활도 영위할 수 있을 것입니다. 나는 어떠한 권리도 강탈하지 않을 것이며, 그 누구도 탄압하지 않을 것

---

132) 아메리카 식민지는 왕령, 영주령, 자치령 세 가지 형태로 통치되었다. 독립전쟁 직전, 13개 식민지는 자치령 2곳, 영주령 3곳, 나머지는 모두 왕령으로 이루어졌다. 행정은 주로 본국에서 파견한 귀족이나 총독이 담당했으며 자치령에서는 의회에서 대표자를 선출했다. 펜실베이니아는 영주령 식민지였다.

입니다. 하느님께서는 보다 더 현명한 해결 방도를 제시해 주셨고 그 은총으로 계속 지켜나갈 수 있게 해 주셨습니다…

   윌리엄은 고모의 아들인 윌리엄 마컴을 즉시 아메리카로 보내 국왕의 선언문과 자신의 편지를 전달하게 했고, 자신이 도착할 때까지 당분간 역할을 대행하도록 했다.
   아메리카로 가기 전에 윌리엄이 잉글랜드에서 처리해야 할 일이 산적해 있었다. 우선 아메리카 식민지로 이주할 사람들을 모집해야 했다. 사람들에게 이주할 땅이 어떤 곳인지, 토지 가격은 얼마인지, 어떤 방법으로 도착할 수 있는지, 어떤 종류의 정부를 기대할 수 있는지 등의 문제에 대해 설명해야 했다. 이를 위해 작성한 『아메리카 펜실베이니아 식민지에 대한 설명서』에서 그 지역이 어떤 곳인지 최선을 다해 기술했고, 토지 가격(20평방 킬로미터 당 100파운드, 면역지대[133]는 일 년에 0.4평방 킬로미터 당 1실링)과 뱃삯(어른은 1인당 6파운드, 7세 미만의 아동은 1인당 50실링)을 제시했으며, 예비 식민촌 주민들에게 여름이 시작되기 전에 미리 월동 준비를 해야 하며 고국에서 누렸던 편리한 생활의 일부를 포기할 수 있는 마음가짐을 갖도록 경고했다. 정부에 대한 사항은 계획을 마련하고 있었다. 로버트 터너에게 쓴 편지에서 "이 특별한 제안에 의거하여, 나와 나의 뒤를 이어 이곳을 다스릴 사람들은 그 어느 누구도 남에게 해악을 행할 권한을 가질 수 없을 것이며, 한 사람의 의지가 나라 전체의 이익에 해가 되는 일이 발생하지 않도록 할 것입니다."라고 했다.
   1681년 여름 대부분을 런던에서 보낸 윌리엄은 모든 관심이 식민지에 쏠려 있었다. 워밍허스트에 남은 줄리는 왕이 펜실베이니아 특허장에 서명한 날로부터 열흘 후에 태어난 신생아 빌리를 돌보느라 여념이 없었다.
   윌리엄이 써야 할 편지는 셀 수 없이 많았고, 만나야 할 사람은 끝도 없이 이어졌다. 토지소유권 증서 서명 외에도 엄청난 규모의 프로젝트를 세밀하게 계획하고 감독하는 업무까지 수행해야 할 일이 너무나 많았다. 아버지가 40척의 군함으로 히스파니올라 원정을 위한 함대를 조직하던 어린 시절이 문득 떠올랐다. 그러나 지금 윌리엄이 감당

---

[133] 유럽 봉건제도의 유습으로 농민들이 부역인 노동 봉사 대신 수입의 일부를 현금으로 가늠하여 영주에게 바쳤던 세금이었다. 잉글랜드는 청교도 혁명 기간(1642-1649)에 폐지되었으나, 식민지는 국왕이나 영주의 봉토라는 논리를 앞세워 왕령에서는 국왕에게 영주령에서는 영주에게 면역지대를 바치게 했다.

해야 할 과제는 그 일 보다 훨씬 더 막중했다.

  윌리엄은 마컴에게 지시하여 폭포 인근의 델라웨어강 유역 토지 24.3평방 킬로미터를 원주민으로부터 구입하도록 했다. 그곳에 가족과 함께 살 집을 마련하여 '펜스베리 마너'라고 부를 참이었다. 조지 폭스에게는 5평방 킬로미터의 토지를 무상으로 증여하는 토지 소유권 증서를 발행하였고, "혹시 법적으로 대가를 치러야 한다면 일 년에 후추 한 알로 지불하게 했다." 그는 또한 행정관 세 명을 먼저 아메리카로 파견하여 마컴을 보조하고 자기 머릿속에서 끊임없이 솟아나는 몇몇 발상들을 구현할 수 있도록 조치했다.

  행정관들은 윌리엄이 원주민에게 보내는 서한을 들고 10월에 항해 길에 올랐다.

1681년 10월 18일 런던에서

친구들에게,

  위대하고 전능한 하느님께서 이 세상과 그 안에 존재하는 모든 것을 창조하셨고, 여러분과 나, 그리고 모든 사람들은 그분께 우리 자신들의 존재와 그 안위를 의탁하고 있습니다. 그러므로 언젠가 하느님께 우리가 이 세상에서 이룬 모든 일들에 대해 반드시 책임져야 할 것입니다.

  위대한 하느님께서는 우리들 마음에 당신의 법을 새겨 놓았으며, 그 법으로 우리는 서로 사랑하고 도우고 선을 행하라고 배우고 가르침을 받고 있습니다. 위대한 하느님의 축복으로 이제 나는 여러분이 살고 있는 세계에 관여하게 되었습니다. 내가 살고 있는 나라의 왕은 나에게 그가 통치하는 영토 중 광대한 지역을 하사했습니다. 그러나 나는 여러분의 사랑과 동의를 얻어 그곳에서 삶을 향유하고 싶을 뿐만 아니라, 우리들이 언제나 이웃과 벗으로 함께 살아갈 수 있게 되길 바랍니다…내가 살아온 세계의 사람들이 당신들에게 가혹한 행동과 불의를 너무나 빈번하게 저질러 왔다는 사실과 그들이 당신들에게 정의와 선행의 모범이 되기를 거부하고 당신들의 처지를 이용하여 이득을 취해온 사실을 내가 명백하게 인식하고 있음을 알려드리고 싶습니다…그러나 나는 그런 사람들과 다릅니다. 여기에서도 그렇게 평판이 나 있습니다. 여러분들에게 깊은 사랑과 존경을 느끼며, 자비롭고, 정의롭고, 평화가 깃든 삶을 통하여 여러분으로부터 사랑과 우정의 축복을 받고 싶습니다. 내가 보내는 이 사람들은 나와 한 마음이며, 매사에 나와 같은 방식으로 처신할 것입니다….

조만간 나는 여러분을 직접 만나려고 합니다. 그때 가서 우리는 이 모든 문제를 놓고 더 광범위 하고 자유롭게 협의하고 대화할 수 있을 겁니다. 당분간 내가 파견한 행정관들이 나를 대신하여 토지와 강고한 평화 동맹의 문제를 여러분과 함께 다루게 될 것입니다. 부디 행정관들은 물론 이들과 함께 도착할 사람들에게도 친절을 베풀기 바라며, 여러분을 위한 나의 선의와 여러분과 더불어 정의롭게, 평화롭게, 우애롭게 살고자 하는 나의 결심의 증표로 여러분께 보내는 선물과 기념품을 받아주시길 바랍니다.

사랑하는 친구, 윌리엄 펜

윌리엄은 자신이 계획한 거룩한 실험의 성공은 원주민과 우호적인 관계를 성공적으로 수립할 수 있느냐에 달렸다는 것을 깨달았다. 종교에 근간을 둔 훌륭한 정부를 세우기 위해 가장 먼저 실행해야 할 일은 그 땅의 원래 주인들과 공정하고 성실하게 교류하는 것이었다. 서한을 원주민들에게 전달토록 지시하면서, 그는 그들을 대할 때 염두에 두어야 할 특이한 사항들을 행정관들에게 세심하게 설명했다.

"원주민들의 심기를 상하게 하지 않도록 신경써야 합니다. 우리들에게 그들이 유화적인 태도를 취하게 하려면, 그들과 평화롭게 마주 앉아 대화하고자 하는 의지를 진심으로 내보여야 합니다." "그대"를 사용하는 어법과 고집스런 모자 예법에도 불구하고 퀘이커인 자신을 잉글랜드 왕국의 지체 높고 예의바른 사람들이 따뜻하게 받아들일 수 있게 한 바로 그 이해심과 진정한 정중함을 강조하면서, 윌리엄은 덧붙였다. "진지한 태도를 견지하길 바랍니다. 원주민들은 상대방이 웃음으로 응대하는 것을 좋아하지 않습니다."

윌리엄이 원주민들에게 보여준 우애와 관심은 진솔했다. 결과적으로는 그 어느 치밀한 정책보다도 더 훌륭한 것으로 드러났지만, 그의 진솔함은 정책 차원에서 계산된 자세가 아니었다. 진정한 우애와 관심을 지키기 위해서라면, 그는 언제든지 희생할 각오가 되어 있었다. 한 무역회사가 그에게 6천파운드를 제시하면서 원주민과의 교역 독점권을 확보하고자 하는 일이 있었다. 그러나 그 제안을 받아들일 경우 원주민들을 착취와 부당한 거래로부터 지켜낼 힘을 상실하게 된다는 것을 잘 알고 있었기에, "나에게 청결한 상태로 온 것을 더럽히지 않겠노라"며 단호하게 거절했다.

그 해 가을 펜실베이니아로 출항한 선박은 두 척이었다. 그 중 한 선박에 윌리엄의 행정관들이 타고 갔다. 윌리엄은 델라웨어강 유역에 "멋진 도시"를 건설하기 위한 제반 지시 사항들을 이들 행정관을 통하여 아메리카로 전달하게 했다. 40평방 킬로미터를 아우르는 땅에 세워질 이 계획도시는 곧바르고 널찍한 거리가 배치되고, 충분한 용지가 확보되어 각 가정이 "정원이나 과수원 혹은 들판에 둘러싸여 있고, 화재의 위험이 없이 언제나 온전함이 유지되는 목가적인 도시"였다. 흑사병과 화재에 대한 기억이 아직도 너무나 생생했다. 그것들이 휩쓸고 간 런던의 모습을 머릿속에서 지워내며, 윌리엄은 새로운 도시를 꿈꿨던 것이다.

이 모든 활동을 실행하면서도 윌리엄은 자신이 거대한 식민지의 총독이면서 퀘이커라는 사실을 한번도 잊은 적이 없었다. 종교적 공무로 브리스틀을 방문했고, 친우회에 속한 두 그룹의 차이를 완화하기 위해 소책자를 썼으며, 격렬하게 일어나고 있는 박해를 중단시키기 위해 부단히 힘을 썼다.

잉글랜드 서부 출장을 마치고 돌아온 윌리엄은 하마터면 감방으로 돌아갈 뻔한 사건을 겪었다. 만약 투옥되었더라면, 그가 세운 아메리카 계획에 엄청난 혼란이 초래되었을 것이다. 그레이스처치 거리에서 다시 열린 모임에 윌리엄은 병사들의 감시를 받으며 참석했다. 이번에도 감시병들이 파리 떼라도 되는 듯 아무런 관심도 보이지 않고 일어나 연설했다. 순경이 지팡이를 흔들어 대며 연설을 중지하고 포박을 받으라고 호통 쳤다. 윌리엄은 침착하게 자신의 연설을 끝냈다. 그 자리에 함께 있던 조지 폭스가 윌리엄을 이어 연설하려고 하자, 공권력으로부터 같은 명령을 받았다. 그러나 그는 아랑곳 하지 않고 동료 퀘이커처럼 침착하게 연설을 시작했다. 두 사람의 연설을 모두 듣게 된 순경은 연설 내용과 전체 모임에서 우러나오는 진지함과 평온함에 깊이 감동하여 윌리엄도 조지 폭스도 체포하지 않고 그곳을 떠났다.

1682년 봄 절기 내내, 윌리엄은 일종의 헌법인 『펜실베이니아 정부의 형태』를 작성했다. 여러 생각들을 모아 일생일대의 가장 막중한 과제를 완수하기 위해서는 워밍허스트의 아름답고 평화로운 환경으로 돌아가야 했다. 많은 사람들이 워밍허스트로 윌리엄을 찾아와 함께 논의하고 조언해 주었다. 개중에는 현역 정치인도 있었고, 명성은 미미하지만 윌리엄의 과업이 요하는 폭넓고 원대한 사고력과 관용적 정신을 지닌 지인들도 있었다. 앨저넌 시드니는 펜스허스트와 워밍허스트 양 쪽을 오가며 윌리엄에게 자문해 주었다. 그리고 윌리엄이 크라이스트처치대학의 학생이었을 때 교수였고 12년 전에 이미 사우스캐롤라이나의 섀프츠베리경에게 식민지 헌법을 작성해준 바 있는 존 로크는 윌리엄의 헌법 초안에 방주를 달아 주었다.

윌리엄의 헌법을 검토한 앨저넌 시드니는 지나치게 많은 권력이 윌리엄에게 집중되어 있다고 불평했다. 이와 대조적으로 존 로크는 인민들에게 권력이 너무 쏠려 있다고 부정적인 의견을 표명했다. 그러나 흥미롭게도 로크가 만든 엄격하고 귀족 중심적인 캐롤라이나 헌법은 정세가 경색되자마자 와해된 반면, 융통성 있고 민주적인 윌리엄의 펜실베이니아 헌법은 존속하여 대다수의 미국 주 헌법 뿐 만 아니라 연방 헌법의 모델이 되었다.

헌법 전문에서 윌리엄은 정부에 대한 그의 근본적인 신념을 다시 한번 명확하고 강력하게 개진했다.

"나에게 정부란 그 자체가 종교의 일부, 다시 말해서 제도와 목적이 신성한 존재로 보입니다…그리고 법치가 이루어지고 인민들이 그러한 법의 당사자가 되는 형태는 그 어떤 것이라도 인민들에게 열려 있습니다. 이보다 지나치게 되면 참주제, 과두제, 혹은 다른 형태의 혼란이 야기될 것입니다…정부는 사람이 만들고 변화시키지만, 사람 때문에 파괴되기도 합니다. 이는 사람이 정부에 의존한다기 보다는 정부가 사람에 의존하기 때문입니다. 사람이 선하면 정부는 악할 수가 없습니다. 정부가 잘못되면, 사람이 바로 잡을 수 있습니다. 그러나 사람이 악하면, 정부가 아무리 바로 서려고 해도 자기 구미에 맞게 왜곡하고 더럽히려고 온갖 애를 쓸 것입니다."

처음부터 펜실베이니아는 종교적 자유를 인정하였고, 법을 제정할 수 있도록 인민들이 평의회와 의회를 선출하게 했으며, 배심재판제 및 악행을 범한 사들 난순히 처벌하는 차원을 넘어 교화할 수 있도록 기획된 형벌제도를 도입했다. 그 당시 잉글랜드에는 사형이 언도되는 죄목이 200가지가 넘었던 반면, 펜실베이니아에서 사형이 언도되는 경우는 살인죄와 반역죄 단 두 가지로 제한되었다.

1682년 여름, 강렬하면서도 희망 가득한 미래의 모험을 마음 졸이며 기다리고 있던 중, 비극적인 사건이 발생했다. 6월 워밍허스트에서 윌리엄의 어머니가 세상을 떠났다.

어머니를 잃은 슬픔이 너무나 격렬하여 윌리엄은 실제로 병을 앓기까지 했다. 이 일이 있고 얼마 되지 않아서, 이제는 미망인이 된 메리 페닝턴이 윌리엄을 보러 왔다. 그 창백하고 허약한 모습을 목격한 사람이면 누구든지 아무런 설명이 없어도 그녀에게 앞으로 살날이 얼마 남지 않았다는 것을 직감할 수 있었다. 줄리엘마가 윌리엄과 함께 아메리카로 떠나는 일은 심각하게 고려한 계획이었지만, 친정어머니 일로 당장은 불가능했다. 윌리엄을 먼저 떠나보내고 나중에 합류해야 할 수밖에 없었다….

윌리엄이 떠날 시간이 임박했다. 잉글랜드에서 처리할 수 있는 일은 모두 다 해냈다. 이제 자신의 도움이 절실한 펜실베이니아로 가는 일만 남았다. 웰컴호는 8월 30일로 출항 날짜가 정해졌다.

자신이 통치할 식민지를 위해 온 지혜와 통찰력을 동원하여 계획을 마련한 윌리엄은 잉글랜드에 남겨두고 떠날 가족을 사랑의 생각으로 어루만졌다. 펜실베이니아는 워밍허스트와 대양을 사이에 두고 5천 킬로미터나 떨어진 곳에 있었다. 해상에는 해적들이 출몰하고 육지에는 미지의 야만인들이 도사리고 있었으며, 어디를 가든 이들보다 더 치명적이고 음흉한 적인 질병이 기다리고 있었다. 두려움을 떨쳐내기 위해 윌리엄은 단출한 자신의 가족을 머릿속에 떠올렸고, 만에 하나 이 세상에서 이들을 영영 다시 못 보게 될 경우 그들이 살아나가는 데 도움이 될 수 있는 지침과 조언을 애써 생각해냈다. 간략하지만 애정을 가득 담아 가족에게 편지를 썼다.

사랑하는 아내에게,

그대는 내 청춘의 사랑이었고 언제나 내 인생의 기쁨이라는 사실을 기억하길 바라오. 내가 가장 사랑하는 사람도, 내가 지상에서 제공할 수 있는 모든 안락을 누릴 자격이 있는 사람도 그대뿐이라오. 내가 그대를 사랑하는 이유는 그대의 아름다운 내면 때문이오. 물론 그대는 외적으로도 훌륭한 점이 너무도 많지만….

예배를 비롯한 여러 모임에 소홀하지 말길 바라오. 그대가 힘을 내면 다른 사람들도 힘이 날 것이오. 이러한 일들은 그대의 자리에서 그대가 실행해야 할 의무인 것 같소. 가족끼리 하루에 한 번씩 모임을 열어 우리에게 그토록 많은 시간을 베풀어 주신 하느님을 섬기도록 해주오…그리고, 내 사랑이여, 집안일을 쉽게 하려면 시간을 적절하게 나누어 규칙적으로 실행하는 것이 좋을 것 같소. 그러면 관리가 용이하고 부담이 없을 것이오. 수입으로 들어오는 것은 모두 합하여 하루의 총액을 파악해 두길 바라오. 그러면 그대의 감독과 재량으로 수입의 규모를 일정한 한도로 유지할 수 있을 것이오. 이제 사랑하는 아이들을 그대에게 부탁하겠소. 하느님의 축복이자 우리 부부의 소중한 애정의 결실로 내가 한없이 사랑하는 우리 아이들을 말이오.

비록 너무 어려서 이해할 수는 없었겠지만, 아이들에게도 현명하고 애정 어린 충고의 말로 아버지의 사랑을 전했다.

돈이나 세속적인 것에 애착을 가지지 말거라. 꼭 필요할 때만 사용하면 도움이 될 거다. 하지만 애착을 가지게 되면 그들의 종으로 전락하게 될 것이다…대화는 예의 바르고 겸손한 태도로 일관되어야 한다…친구를 사귈 때는 우선 신중해야 할 것이고, 친구가 된 사람에게는 언제나 진실한 태도로 대해야 한다…분노에 휩싸이지 않도록 조심하거라. 말하거나 행동할 때 화를 내서는 안 된다. 만취 상태와 마찬가지로 분노란 인간을 야수로 만들고 절망적인 시련의 구렁텅이로 내몰아 버리기 때문이란다…끝으로 서로 아껴주길 바란다….

내가 너무도 사랑하는 아내와 아이들이여, 이제 작별할 시간이 다 된 것 같소. 하느님의 가호로, 우리의 사랑은 아무리 많은 물로도 그 갈증을 해소할 수 없고, 아무리 많은 시간이 흘러도 잊어버릴 수 없고, 아무리 멀어도 사라지지 않을 것이오.

당신의 영원한 사랑, 윌리엄 펜

이제 윌리엄은 위대한 모험의 문턱에 섰다. 38세의 그는 훤칠한 키와 운동선수 같은 체격의 미남에, 성품도 강인하고 매력적이었다.
당당하게 앞으로 성큼 성큼 걸어 나갔다. 사람들은 그런 그를 믿고 뒤따랐다.

22장

위대한 지도자

　웰컴호는 중량이 300톤에 불과한 자그마한 선박이었으나, 100명에 이르는 식민지 이주민들과 그들이 가져온 모든 짐을 싣고 갔다. 가옥 건설을 위한 대지 착공용 삽과 보습 등의 필수품, 찬장, 침대, 성경책, 가정을 꾸리는 데 없어서는 안 되는 은촛대와 같은 귀중품, 그리고 소, 닭, 거위, 말린 향초와 대구, 초콜릿, 향료, 십비스킷[134] 등 대서양에서 지내야 하는 두 달 동안 필요한 모든 비축 식량이 배에 가득했다. 제분기를 분리하여 가져가는 사람도 있었다. 윌리엄은 서랍장 등의 가구 외에 펜스베리의 자택용 건축자재인 패널판지와 목조부, 그리고 자신이 사용할 종마들을 실어갔다. 엄청나게 무거운 하중을 견디며 선체의 흘수가 깊어진 채로 작은 배는 꾸준히 나아갔다. 날이면 날마다 순풍을 타고 서쪽을 향해 바다를 건너갔다.

　윌리엄의 아메리카 프로젝트는 타당하게 기획되고 시한에 맞게 준비되고 있었다. 그러나 그간의 노력과 사전 숙고가 무색하게도 딜[135]근처에서 예기치 않은 비극적 사건이 발생했다. 출항한 지 불과 이삼일 만에 한 승객이 천연두에 걸린 것이었다. 그 무시무시한 병은 이내 산불처럼 무서운 기세로 배 전체에 퍼졌다. 좁고 혼잡한 선실에 머무는 승객들은 한 명씩 잇달아 감염되어 비참한 상태로 내몰렸다. 세 살 때 이미 천연두를 앓았던 윌리엄은 곧장 그들에게 달려가 쉬지 않고 간호하고 슬픔을 달래주었다. 자기가 가져온 비상 약품과 여러 필수품을 넉넉하게 나누어 주었고, 체력과 정성을 아끼지 않고 봉사했다. 병자들의 고통을 지켜봐야 했던 그는 하루에도 수차례 가슴이 갈래갈래 찢어졌다. 이들 대다수가 서식스에서 이웃으로 살던 사람이었기에 가슴이 더욱 아팠다. 승

---

134) 밀가루, 물, 소금을 이용하여 만든 비스킷 종류의 과자로 저렴하고 장기간 보관할 수 있는 장점이 있다. 장기적인 항해나 군사작전 시 식사 대용으로 쓰인다.
135) 잉글랜드 켄트주에 소재한 마을. 북해와 영국해협의 경계에 위치함.

객 100명 중 31명이 목숨을 잃었다. 이들의 시신은 그들이 막 떠나온 땅과 커다란 희망을 안고 나아가던 땅 사이에 놓인 바다에 묻혔다. 생존자들 중에서 병이나 슬픔의 고통으로 몸과 마음이 온전한 사람은 거의 없었다.

10월 하순이었다. 배는 여전히 해안에서 66킬로미터나 떨어진 지점에 있었지만, 사람들은 벌써부터 "땅 냄새가 난다고 했다." 꽃이 새로 만발한 정원의 향기를 상상하자, 암울했던 마음이 감사와 안도의 온기로 채워지는 것 같았다. 눈물로 얼룩진 눈에 다시 희망의 불꽃이 피어올랐다. 드디어 바다의 여정은 끝났다. 그들이 내린 땅은 아름다웠다.

델라웨어강의 널찍한 수로를 따라 웰컴호가 위쪽으로 나아갔다. 좌우 강변에 형성된 나지막한 수풀이 노란색, 진홍색, 적갈색으로 빛났고, 야생 오리 떼가 빙글 빙글 돌다가 형언할 수 없이 푸르디푸른 하늘로 솟아올랐다. 햇살을 듬뿍 담은 청아하고 가슬가슬한 가을바람은 와인처럼 느껴졌다. 윌리엄은 불현듯 프랑스 남부 소뮈르의 공기가 코 끝에 와닿는 느낌을 받았다.

조지 폭스가 방문했던 네덜란드인의 소규모 정착촌 뉴캐슬에 도착한 날이 10월 27일이었다. 윌리엄 마컴은 식민지에 대한 여러 소식을 보고하고 궁금했던 본국 소식을 듣기 위해 뉴캐슬로 와서 윌리엄 일행을 기다렸다. 뉴캐슬에서 하룻밤을 지내고, 다음 날 아침 윌리엄(펜 총독)은 아담한 법원 청사로 가서 치안 판사들을 만났다. 요크공작이 넘겨준 토지 소유권 증서를 제시한 후, 땅에서 떼어낸 잔디 일부, 나뭇가지, 델라웨어강의 물과 흙을 이용한 전통적인 의식에 따라 뉴캐슬과 주변 지역의 점유권을 수령했다. 델라웨어강 유역, 메릴랜드 동쪽에 자리한 세 카운티는 오늘날 델라웨어 주에 해당하는 지역으로, 원래 요크공작의 영토였다. 윌리엄이 이를 구입하여 자신의 통치 하에 두었지만, 펜실베이니아 식민지의 일부는 아니었다. 윌리엄은 그곳에 사는 주민들에게 충성 서약을 받고, 이에 상응하는 공정한 처우를 약속했으며 해당 지안 판사들도 모두 새임명하였다. 이로써 그는 새 나라와 우의의 첫 발걸음을 떼었다.

같은 날 오후, 윌리엄은 웰컴호에 다시 올라 위쪽으로 20마일 이동하여 펜실베이니아 최초의 도시인 업랜드에 내렸다.

34년 전, 스웨덴 정착민들은 이곳을 보트니아만[136]의 한 지방 이름을 따서 업랜드라

---

136) 발트해 북부의 만으로, 스웨덴의 동해안과 핀란드의 서해안 사이에 놓여있다. 만 입구에는 핀란드의 자치령인 올란드 제도가 있다.

고 불렀다. 1681년 이곳에 존 앤 사라호와 브리스틀 팩터호가 기착했는데, 그 당시 강이 순식간에 얼어붙는 바람에 배에서 내린 퀘이커들은 겨우내 꼼짝없이 거기서 지내야 했다. 그 퀘이커들 중 일부는 여전히 그곳에 머물었고, 이제 자기네 총독과 새 이주민들을 맞이하기 위해 애타게 기다리고 있었다. 아담한 마을이 온통 시끌벅적 했고 흥분으로 들떴다. 하룻밤을 보낸 윌리엄은 다음 날 일요일 예배모임에 갔다. 펜실베이니아에서 참석한 최초의 퀘이커 예배모임이었다. 한 쪽에는 넓은 강이 도도히 흐르고 반대편에는 광활한 숲이 끝도 없이 뻗어있는 풍경이 보이는 아담한 프런티어식 가옥에서 열린 모임은 필경 귀중한 경험이었을 것이다.

윌리엄은 통치의 변화를 예고하는 표식으로 업랜드를 체스터로 개명했다. 그곳에 정착한 네덜란드 및 스웨덴 출신 이주민들 전원에게 시민권을 부여했다. 그러나 체스터는 윌리엄이 '제 1의 도시'로 마음에 둔 곳이 아니었다. 다시 한번 강을 헤쳐 나갔다. 이번에는 위가 툭 트인 돛대 달린 바지선에 수부장 1명, 키잡이 1명, 사공 6명으로 이루어진 8인조 선원팀을 대동하고 떠났다. 이는 앞으로 윌리엄이 펜실베이니아 답사 시 가장 선호하는 이동 방법으로 자리 잡게 되었다. 배에는 윌리엄 마컴과 웰컴호를 타고 함께 아메리카로 온 몇몇 친우들의 모습도 눈에 띠었다.

11월이 되자 노란색으로 물든 나뭇잎들이 이리 저리 날리며 땅에 내려 앉았다. 진홍색 나뭇잎은 선명함을 잃어가며 적갈색으로 변하고 있었고, 저 멀리 앙상한 나뭇가지들은 보라색이 감돌았다. 까마귀의 울음소리가 들려왔다. 델라웨어강 서안을 향하던 총독의 바지선이 스쿨킬[137]강 하구를 지나 코애커녹[138]에 도착했다. 두 강 사이에 형성된 고지대인 이곳에 윌리엄은 행정관들에게 이미 펜실베이니아 식민지 수도를 계획하라고 지시했으며, 이를 '형제애의 도시'를 뜻하는 '필라델피아'로 부르기로 결정했었다. 도시를 건설할 부지로 선정했지만 그 때까지 한 번도 본적이 없었던 터라, 그곳으로 다가갈수록 윌리엄의 심장은 더 빠르게 뛰었다.

바람에 물결이 일렁이는 강 여기저기에 흩어져 있던 배들의 모습이 갑자기 눈에 들어왔다. 강변의 수풀 밖으로 거무스름한 피부의 과묵한 원주민들을 가득 태운 민첩한 카

---

137) 동부 펜실베이니아주의 북서쪽에서 남동쪽으로 흐르는 강.
138) 아메리카 원주민들이 필라델피아가 세워진 땅을 지칭한 말.

누가 하나씩 나타났다. 그들은 윤이 반짝반짝 나는 까만 머리를 틀어 올린 상투에 밝은 색 깃털 두 개를 장식으로 꽂고 있었다. 강인하고 마른 얼굴에 의중을 알 수 없는 표정을 짓고 있었다. 담요가 둘린 어깨는 넓었고, 다리와 팔은 근육질로 단단했다. 이주민들이 살 곳은 그들의 숲이었고, 양식이 될 물고기를 어획할 곳은 그들의 개천이었다. 잽싸고 힘차게 노를 저어 조용히 카누를 몰고 와서는 윌리엄 일행을 지켜보다가 유유히 떠나버렸다. 환영의 인사는 좀 더 기다려야했다.

바지선은 독 크리크[139]가 높은 강둑을 통과하면서 자연스럽게 항구가 형성된 지역에 이르렀다. 한 쪽에는 하늘을 찌르듯 높이 솟은 소나무들의 솔잎이 햇빛으로 반짝거리고 바람에 너울거렸다. 반대쪽에는 육중한 기둥으로 지탱된 수수한 벽돌집이 땅 위로 올라가고 있었다. 책임 건축가는 조지 게스트였다. 다 완성되면 여기를 블루 앵커 타번으로 부를 참이었다.

윌리엄은 앞서 도착한 친우들의 환영 인사를 받았다.

그때부터 한 달 간 윌리엄은 내내 분주한 시간을 보냈다. 근처에 살고 있던 원주민들은 그를 위해 환영식을 열어주고 싶어 했다. 그 뜻을 정중하게 받아들인 윌리엄은 그들을 찾아갔다. 추장들과 함께 땅을 거닐었고, 젊은이들과는 바닥에 함께 앉기도 했다. 구운 도토리와 옥수수죽을 함께 나누어 먹었다. 이어 원주민들은 손님 앞에서 등등한 기세로 달리고 높이 뛰면서 위용을 과시했다. 치그웰 학창 시절 달리기와 허들 시합을 휩쓴 실력의 윌리엄도 질세라 벌떡 자리에서 일어나, 그 누구보다도 더 빨리 달리고 더 높이 뛰어 올랐다. 그들은 윌리엄의 그런 태도가 맘에 쏙 들었다. 그 광경을 목도했던 한 백인 여성은 100세가 되어서도 그날 일을 생생히 기억했다. 윌리엄은 그녀가 만나 본 "가장 멋지고, 잘 생기고, 활발한 신사"라고 썼다.

윌리엄이 지휘본부로 정한 곳은 필라델피아를 세울 부지에서 1.7킬로미터 정도 떨어진 샤카막슨에 있는 집으로, 주인인 토마스 페어먼이 친절하게도 자기 가족을 타코니라는 북쪽 정착촌으로 이주시키고 본부로 사용할 수 있도록 비워준 곳이었다. 윌리엄은 그곳에서 편지를 쓰고 모임에 참석하면서 자기 마음의 보석이자 자랑인 새 도시의 건설을 면밀히 보살폈다.

---

[139] 필라델피아를 흐르던 델라웨어강 지류. 1820년 전체 지류를 복개하여 하수구로 변경시켰다.

주요한 거리들은 이미 설계가 끝났지만, 윌리엄은 몇 군데 손을 보았다. 북쪽에서 남쪽으로 뻗은 큰 길을 가장 높은 지대에 올라가도록 서쪽으로 이동시키고 브로드 거리라고 불렀다. 동쪽에서 서쪽으로 트인 넓은 거리가 브로드 거리와 만나는 지점의 이름은 원명인 유니온 거리에서 하이 거리로 바꾸고, 그 중 0.04평방 킬로미터의 땅을 공공건물과 공원 용지로 지정해 두었다. 도시를 네 구역으로 나누고 각 구역의 중심에 런던의 무어필즈와 유사한, 공공 산책로가 나있는 광장을 세우기 위해 0.03평방 킬로미터씩 따로 남겨 두었다. 남북으로 나있는 거리는 이름 대신 번호를 매기고, 동서로 나있는 거리는 월넛, 체스넛, 파인, 사사프라스[140]등의 나무 이름으로 명명했다.

윌리엄은 토마스 페어먼과 함께 여러 원주민 마을들을 다니면서 자기가 서한에서 약속한 대규모 회의를 개최할 수 있도록 족장들에게 주민들을 소집해 달라고 부탁했다. 이어 바지선을 타고 훨씬 더 멀리 올라가 팔스 오브 델라웨어(팔스타운쉽)로 가서 마차로 뉴저지를 거쳐 뉴욕으로 갔다. 뉴욕 총독을 공식 방문한 후 롱아일랜드에서 열린 여러 퀘이커 모임에 참석했다. 가는 길에 정착촌이 있으면 반드시 여정을 멈추고 그곳의 주민들을 만나 친분을 쌓았다. 이는 자신이 동부 및 서부 뉴저지의 영주가 되었기에 더욱 필요한 일이었다. 그해 초, 조지 카터렛 경이 서거하자, 윌리엄은 퀘이커 11명과 힘을 합하여 경의 소유로 있던 동부 뉴저지 땅을 사들던 것이다. 동부 뉴저지는 그 지역을 여태 한 번도 본 적이 없는 유리의 로버트 바클레이가 총독의 자리에 있으면서 대리인을 통해 통치하던 곳이었다.

집으로 돌아가는 길에 델라웨어강 부근의 넓은 땅을 본 윌리엄은 강의 지류가 거의 빙 둘러가는 고지대에다 어떤 설계로 자기 집을 지을지 이리저리 궁리해 보았다.

11월 말이 되자 원주민 전령들이 조약 체결을 위한 회의에 레나페족, 이로쿼이족의 한 부류인 밍고족, 수수케한나[141]지역의 쇼니족, 이 세 부족이 참석한다는 소식을 전해 주었다. 회의 장소는 우두머리의 땅을 의미하는 샤카막슨으로 정해졌는데, 오래 전부터 원주민 부족장들이 부족회의를 열어왔던 곳이기도 했다.

---

140) 북 아메리카산의 녹나뭇과의 식물.
141) 펜실베이니아주 수수케한나 카운티의 작은 도시로 뉴욕주 빙햄턴에서 남동쪽으로 37킬로미터 떨어진 곳에 위치.

커다란 느릅나무 아래로 모여든 부족민들은 자기네가 어릴 때부터 원주민 언어[142]로 커다란 깃털이나 깃펜을 뜻하는 말인 오나스로 불러온 위대한 지도자에 해당하는 윌리엄을 영접하기 위해 기다렸다. 그들은 정식 예복인 사슴가죽 옷과 깃털로 된 머리 장식으로 제대로 차려 입고 한 가운데 피어 놓은 회의용 모닥불 앞에 반원으로 둘러섰다. 부족장들이 부족회의 위원들과 함께 전방에 위치하고 양 옆으로 연장자들이, 그 뒤로 젊은이들이 자리를 잡고 섰다. 중앙에는 권력의 상징으로 뿔을 단 머리 장식을 쓴 대족장 타미넌트가 서 있었다. 무기를 들고 온 사람은 한 명도 없었다.

이에 윌리엄은 마컴과 홈스 등으로 구성된 의원단과 함께 그들에게 다가갔다. 자신의 지위를 표시하는 하늘색 실크 스카프를 두르고, 윌리엄은 진지하게 의식에 임했다. 양쪽은 상대에게 줄 선물을 땅 바닥에 풀어 놓았다.

타미넌트가 먼저 잉글랜드인들에게 인사를 건넸다. 통역사를 통해, 손님들이 발언하도록 청하면서, 그들의 말을 부족민들이 경청할 것을 약속했다.

윌리엄이 앞으로 걸어 나왔다.

"나와 당신들을 창조하고, 하늘과 땅을 다스리고, 인간의 가장 내밀한 생각을 알고 있고, 나와 나의 친우들이 당신들과 함께 평화롭고 우애롭게 살며, 있는 힘을 다하여 당신들에게 봉사하기를 간절히 소망한다는 것을 아시는 위대한 정령이시여! 다 같은 인간들을 향해 적대적인 무기를 겨누는 것은 우리의 관습이 아닙니다. 그리고 바로 그 이유 때문에 우리는 아무런 무기도 지니지 않고 여기에 왔습니다. 피해를 초래하여 위대한 정령의 분노를 일으키려고 하지 않을 것입니다. 우리는 선을 행하고자 할 뿐입니다.

선한 믿음과 선한 뜻을 모아 이 광활한 길목에 함께 모이게 되었습니다. 어느 쪽도 상대방을 이용하여 이득을 취하려고 하지 않을 것이며, 우리 모두 열린 마음으로 형제적 결속과 사랑을 이루게 될 것입니다."

연설을 마친 윌리엄은 조약의 조항들을 열거하면서 하나씩 설명했다. 권내 모든 길은 백인과 원주민 모두에게 자유롭게 개방될 것이며, 상대방에 대한 거짓된 보고는 믿지

---

[142] 알곤퀸어를 지칭한다. 알곤퀸 부족의 언어. 알곤퀸족은 역사적으로 대서양해안과 세인트로렌스강 내륙 및 오대호 주변지역을 중심으로 거주했다.

말고 친형제에게 하듯 먼저 와서 서로 확인할 것이며, 백인과 원주민은 언제나 자기 집의 문을 서로에게 열어둘 것이며, 자식들과 후세에게 우정 어린 관계를 전수하여 대대손손 더욱 강고한 유대를 형성하게 될 것이라고 말했다.

윌리엄은 다음과 같이 덧붙이며 말을 마쳤다.

"나는 메릴랜드 사람들의 실수를 반복하지 않을 것입니다. 당신들을 아이들이나 형제들로만 취급하지 않겠다는 말입니다. 부모의 역할을 강조하다보면 아이들을 지나치게 엄하게 다루게 될 것이고, 형제로만 생각한다면 때때로 의견이 달라 부딪히게 될 것입니다. 그리고 나는 우리가 구축한 이 우정을 우리를 결박하는 쇠사슬에 비유하지 않겠습니다. 비가 오면 녹으로 부식되거나, 나무가 넘어져 부딪히면 갈라지게 되니까요. 당신들을 우리 크리스천들과 같은 피와 살을 나눈 존재로 여길 것이며, 우리 몸 전체를 두 부분으로 나누어 생각할 때 그 중 하나처럼 소중하게 여길 것입니다."

그의 말이 끝났다. 모닥불 연기가 청명한 대기 속으로 모락모락 올라갔다. 서리가 내린 굳은 땅 위로 어른거리는 그림자는 가볍고 윤곽이 또렷했다. 다람쥐 한 마리가 사람들 머리 위로 늘어진 느릅나무 가지 속에서 수선스럽게 입을 오물거리고 있었다. 원주민들은 따로 모여 회의를 열었다.

한 부족장이 앞으로 걸어 나와 윌리엄의 손을 잡고 "이 땅의 시냇물과 강물이 다 마르도록, 해와 달과 별들이 하늘에 존재하는 한," 선의와 우정으로 함께 살아갈 것을 맹세했다.

체결된 조약 내용은 조가비 구슬로 된 허리띠에 기록되었다. 허리띠에는 모자를 쓰지 않은 남자가 모자를 쓴 남자와 손을 맞잡고 있는 그림이 아로새겨졌다. 위대한 프랑스 철학자 볼테르는 이 조약을 '역사상 충성서약이 이루어지지 않았으면서도 결코 위반된 적이 없는 유일한 조약'이라고 추앙하였다. 실제로 식민지에서 윌리엄과 퀘이커의 영향력이 지속되었던 기간 동안 조약은 그대로 지켜졌다.

백인들은 아침식사를 하러 오거나 칠면조와 사슴고기를 선물로 들고 온 원주민들에게 언제나 대문을 열어주었다. 연례모임으로 먼 곳에서 필라델피아로 오는 퀘이커들은 원주민들에게 아이들을 마음 놓고 맡겼다.

위대한 친우, 퀘이커 오나스가 영면에 들고도 오랫동안, 레나페족, 이로쿼이족, 그리고 쇼니족은 윌리엄의 이름을 추념하고 기렸다. 그들의 아버지들이 그를 사랑했기에.

23장

펜실베이니아의 사계

겨울

"12월부터 3월 초까지, 여기는 추위가 매섭고 드세며 주변을 얼어붙게 한다. 잉글랜드의 북풍이 몰고 오는 비바람도 없고 짙은 구름으로 날씨가 우중충 하지도 않다. 여름 하늘은 청명하고, 공기는 건조하고, 서늘하고, 날카롭고, 굶주린 듯 습기를 앗아간다."

초대 펜실베이니아 의회는 12월 4일 체스터에서 소집되었다. 의장을 선출한 후, 오늘날의 의회도 당연히 모범으로 삼을 법한 규범인 "중언부언으로 지겹게 늘어지는 연설"을 금지하는 결정을 내렸고, 의원 수를 감축하기로 표결했으며, 펜실베이니아로 편입을 희망하는 델라웨어강 하류 카운티 세 곳[143]의 청원을 받아들이고, 윌리엄이 제시한 기본 40개 법까지 포함, 총 70개의 법으로 이루어진 대법령을 마련했다. 신속하고 효율적으로 진행된 의회는 나흘 만에 휴회에 들어갔다.

나흘 후, 펜실베이니아 총독은 고문관들과 함께 메릴랜드로 떠나 볼티모어경과 향후 90년간 끊임없이 두 식민지의 골칫거리가 될 지역경계 문제를 논의하러 갔다.

그들은 체서피크만의 지류인 웨스트강에서 만났다. 두 대표단의 회동은 의식과 예양이 강조된 행사였다. 독단적이고 과민한 성격에 귀속적 체모를 과시하는 볼티모어 경이 자신이 다스리는 식민지에서 내로라 하는 명사들을 모두 대동하고 모임에 나타나자, 벽지의 작은 마을이 레이스 장식이 달린 벨벳 복장, 깃털 모자, 미끈한 종마와 잘 손질된 마구, 하인들의 유니폼으로 환해졌다. 예법을 세심하게 고려한 정중한 문장들이 잉글랜

---

143) 하류의 카운티(The tree lower counties)라는 말은 뉴캐슬, 켄트, 그리고 서식스 카운티가 델라웨어강의 펜실베이니아 식민지를 구성하는 지역보다 하류에 있었다는 말이었다.

드인들의 목소리를 타고 겨울의 대기 속으로 낭랑하게 퍼져 나갔다. 수풀 속에 건축된 목조 저택은 손님 맞을 준비가 진즉에 끝났다. 널찍한 벽난로에는 오동나무와 사과나무 장작이 탁탁 소리를 내며 타고 있었고, 최고급 은제 식기류가 식탁에 나열되었고, 본국에서 날라 온 가구는 윤이 나게 손질되어 있었다. 부엌에서는 이 자원이 풍부한 신대륙이 선사한 훌륭한 식재료가 쇠꼬챙이에서 지글거리고, 커다란 무쇠 솥에서 부글대며 끓고 있거나, 깨끗이 닦인 소나무 탁자 위에서 혹은 작은 탁자에 놓인 술병에서 나란히 열을 맞춰 조리 차례를 기다리고 있었다. 칠면조, 꿩, 사슴고기, 크랜베리, 굴 피클, 호박 파이와 자두 파이, 여러 통의 대형 용기에 담아 들여온 마데이라산(産) 포도주, 아메리카 숲에서 자란 야생 청포도로 만든 포도주 등등.

윌리엄은 색상이 튀지 않는 퀘이커 복장으로 회의에 참석했다. 런던의 최고 재단사가 최고급 원단으로 만든 옷은 그의 큰 키와 준수한 용모와 예의바른 자태를 돋보이게 했다.

"내가 알기로 예의, 공손함, 친절함을 짓밟는 종교는 없습니다." 윌리엄이 일갈했다. 그를 동반한 사람들은 퀘이커가 아니기에 메릴랜드의 멋쟁이들을 상대로 패션을 뽐낼 수 있었던 마컴과 갈색과 회색으로 수수하게 차려입은 퀘이커 두세 명이었다.

인사치레와 잔치가 다 끝나고 그 다음 날, 총독 두 명과 각각의 고문관들이 대형 탁자에 둘러 앉아 경계 문제를 의논했다.

문제는 해당 영토들을 할당해 준 본국의 통상 및 농원 상무관들이 아메리카 지리에 대해 거의 무지했다는 데 있었다. 볼티모어경은 이들로부터 왓킨스 포인트[144]에서 북쪽으로 위도 2도까지 아우르는 땅을 영토로 받았고, 윌리엄은 뉴욕 경계선에서 남쪽으로 위도 3도까지 펼쳐진 땅을 영토로 받게 되었는데, 지도 상으로 왓킨스 포인트와 뉴욕 사이에는 위도 5도가 존재하지 않았다. 볼티모어경이 자기 몫으로 주장한 땅을 다 소유하게 되면 필라델피아는 메릴랜드 영내로 복속될 것이고, 반면 윌리엄이 자기 몫을 관철하게 되면 볼티모어는 펜실베이니아의 도시로 될 운명이었다.

더군다나 볼티모어 경은 하류의 세 카운티(현재 델라웨어주)가 자기 영토라고 주장하였고, 반면 윌리엄은 그곳을 요크공작으로부터 사들였다는 사실을 강조했다. 일이 꼬이게 된 원인은 요크공작이 국왕으로부터 두 개의 헌장을 따로 따로 인허 받아 볼티모어

---

144) 메릴랜드주 서머셋 카운티에 위치한 곳.

경과 윌리엄에게 넘겼다는 데 있었다.

　숙의를 거치고도 합의에 이르지 못하자, 봄까지 논의를 미루기로 원만하게 결정하고 헤어졌다. 윌리엄은 회의가 종료 되자마자 곧바로 열흘 동안 메릴랜드의 퀘이커 모임들을 내방했다. 월말 경에 체스터로 돌아온 윌리엄은 안도의 한숨을 내쉬며 이렇게 적었다. "간청과 다급함과 당혹스러움으로 불안해하거나 골머리를 앓아야하는 비통한 유럽의 현실에 견주어 이 곳의 평온한 삶은 얼마나 달콤한가!"

　필라델피아는 먹성 좋은 아기처럼 무럭무럭 성장해나갔다. 여름부터 총 23척의 배가 기착했고, 쭉쭉 뻗은 새 거리 위로 집들이 여기 저기 세워지고 있었다. 정착민들 중에서는 가옥의 골조를 그대로 싣고 온 사람들도 있었다. 형편이 좋지 못한 사람들은 나무를 잘라 집을 지을 수 있을 때까지 강둑의 고지대에 굴을 파서 임시 거처로 삼았다. 목수들은 능력보다 더 많은 일감을 감당해야 했기에, 펜실베이니아 식민지에는 목수가 충분치 않다는 불평이 끊이지 않았다. '키'라는 성을 가진 가족에게 아기가 태어나자, 윌리엄은 진정한 필라델피아 시민 1호의 탄생을 축하하는 뜻에서 도시 중앙의 땅 일부를 오롯이 아기 몫으로 하사했다. 아기의 이름은 존이었지만, 살아생전 오래도록 '퍼스트-본(First-born) 키'로 알려졌다.

　밤이고 낮이고, 총독은 이 위대하고 경이로운 과업을 이루기 위해 끊임없이 자기가 가진 시간과 재원과 역량을 투여했다. 자원이 풍족하고 때 묻지 않은 이 새로운 땅에 도시를 건설하고, 자신의 계획에 따라 주(州)라는 배를 건조하여 미래의 대양에 띄우기 위한 노력이었다. 그러나 혼자서 이 모든 것을 다 해낼 수 있는 사람은 없다는 것을 누구보다도 그는 더 잘 알고 있었다. 사람이 정부에 의존하는 것보다 정부가 사람에게 더 깊이 의존한다는 사실도 잊지 않았다. 펜실베이니아 과업의 성공은 누가 뭐래도 거기에 살아갈 사람들과 그 후손들의 손에 달려 있었다. 본 그대로의 진실을 설파할 것을 강조한 초기 퀘이커의 강고한 원칙에 입각하여 냉성에 안주하고 있다고 자신을 비판한 옛 친구에게 윌리엄은 이렇게 답했다.

　"나의 노력, 믿음, 그리고 인내를 거름으로 시작되었지만, 이제 모든 일은 친우들의 손에 달려있네. 여기 친우들이 부디 정의, 자비, 평등의 원칙을 고수하고 하느님을 경외한다면, 그 적들은 무릎을 꿇게 될 것이나, 그렇지 않으면, 우리들의 후손들이 모든 것을 잃게 되고 황폐한 세상으로 내몰리게 될 걸세."

윌리엄의 거룩한 실험이 성공할 수 있었던 것은 한편으로는 그가 올바르게 계획을 수립하여 적시에 결행했기 때문이고 또 한편으로는 그의 실험에 동참한 초기 식민지 정착민들이 우수하고 진솔했기 때문이다. 그러나 사람들 사이에 공포감, 탐욕, 기만의 기운이 만연해졌을 때, 펜실베이니아는 많은 고통에 시달리게 되었다.

윌리엄은 거룩한 실험을 추진해나가는 빠른 속도, 세부 활동, 기획 과정, 그리고 실험이 이루어지는 장소 그 자체 등 그 모든 국면을 사랑했다. 잉글랜드에서 막 돌아와 버지니아 식민지 총독으로 부임한 컬페퍼경에게 그 기쁨을 이렇게 토로했다.

"나는 여기서 하는 일이 너무 좋아서 본국에 있는 광대한 사유지나 두터운 인맥이 별로 아쉽지 않습니다. 가족이 여기로 와서 일단 정착하고, 별 다른 문제가 없다면, 나는 아메리카를 제 2의 조국으로 삼고 싶습니다." (줄리가 여기에 함께 있었으면 좋으련만!)

펜스베리 마너는 넉넉한 규모로 세워지고 있었다. 저택은 총 18미터 길이에 9미터 넓이의 3층 건물이었고, 현관에 가로대와 난간이 설치되었으며, 정문부터 인근 강까지 쭉 뻗은 넓은 보도의 양 옆으로 정원이 조성되었다. 윌리엄은 비버와 수달피를 잉글랜드로 보내 국왕을 위시하여 요크 공작과 하이드 경의 모자와 방한용 토시 제작에 사용하도록 했다.

"받는 것은 선물 그 자체보다 선물을 주는 사람의 마음입니다."

봄

"3월부터 6월까지 여기는 달콤한 봄을 만끽할 수 있다. 세찬 바람은 간 데 없이 사라졌고, 촉촉한 소나기와 청명한 하늘이 대신 우리를 찾아온다."

의회와 평의회가 3월 초 필라델피아에서 소집되었다. 윌리엄이 최초로 작성한 '정부형태'를 헌법으로 제정하여 '신헌장'으로 불렀다. 그러나 이름과는 달리 지난 12월에 결정한 의원 수 감소와 총독 평의회가 행사할 수 있는 투표를 3회에서 1회로 변경한 것 외에는 사실 새로울 게 없었다. 총독의 경비 충당으로 모든 수출입 품목에 대하여 세금을 부가하자는 의견이 제안되었지만, 윌리엄은 그 특유의 관대함으로 이를 거절했다.

총독 업무 수행에 여태껏 많은 비용이 소모되었고, 앞으로도 더 막대한 비용이 발생할 것이었지만, 자기 때문에 신생 식민지에 세금을 부과하는 일은 일어나지 않게 했다.

4월이 되자 펜스베리는 주인을 맞을 준비가 완료되었다. 그러나 새 건물이라 자른 지 얼마 되지 않는 판목의 냄새가 가시지 않았고, 밖에는 마당과 정원으로 다듬어질 땅이 여전히 진흙으로 뒤덮여 있었다. 그래도 윌리엄이 그토록 애호하는 바지선의 은빛 물길이 되어줄 강이 집 옆으로 흘렀고, 수풀은 런던 정원에서 즐겼던 꽃들 만큼이나 아름다운 꽃들로 가득 차 있었다.

5월에 윌리엄과 볼티모어 경은 이전에 계획한 대로 다시 만나 영토 경계선 문제를 의논했다. 시종일관 정중한 태도로 회의에 임했지만, 두 사람은 합의점을 찾지 못했다. 볼티모어 경은 자신의 건강 문제와 후덥지근한 기후를 언급하며 조약 체결은 시기상조라고 말했다.

그 길로 윌리엄은 집으로 돌아가, 자신이 원했던 네샤미니 크리크[145] 부근의 땅을 취득하기 위하여 원주민들과 협상에 들어갔다. 토지 구매 조건에 의거하여, "3일 동안 줄곧 걸어가 닿는 곳"을 윌리엄 소유의 땅으로 정하기로 했다. 윌리엄은 퀘이커들과 원주민 족장 몇몇과 함께 땅의 경계를 결정하기 위해 걸어 나갔다. 지나치게 빨리 걷지 않았고, 이따금 걸음을 중단하고 담배를 피우거나 (물론 원주민들만 피웠고, 치그웰 학교의 교장과 마찬가지로 담배를 입에도 대지 않는 윌리엄은 피지 않았다) 비스킷과 치즈를 먹고 와인을 마시기도 했다. 덥고 화창한 6월에 하루 하고도 반나절 동안 델라웨어 강 언저리의 숲을 통과하여 마침내 출발한 지점에서 30마일 떨어진 곳에 있는 베이커 크리크 하구의 큰 가문비나무에 도달하자, 윌리엄은 당분간 거기까지를 필요 한도로 하고 나머지는 다음에 걸어서 정하면 된다고 매듭지었다. (경계는 이 상태로 계속 유지되다가, 50년 후 원주민 친구들과 맺은 이 거래의 공정성을 이미 고인이 된 윌리엄이 주장할 수 없게 된 상태에서 양측의 합의는 깨지게 되었다. 윌리엄의 아들 토마스는 훗날 총독이 되어 발 빠른 사람 세 명을 고용하여 하루 반 만에 140킬로미터를 걸어 그만큼을 자기 소유의 땅이라고 주장하는 불행을 초래했다. 처음으로 원주민들은 백인들에게 기만당했다고 생각하며 분개했다.)

---

145) 펜실베이니아 벅스 카운티 전체를 흐르는 길이 65.5킬로미터의 강. 네샤미니는 원주민 레나페족이 '두 번 마시는 장소'라는 뜻으로 사용한 말이다.

윌리엄이 원주민들과 함께 나서서 더 먼 거리를 간 답사여행은 말로 170킬로미터를 달려 수스케하나 벨리까지 당도했을 때였다. 불과 이삼십 년 전만해도 지역 원주민들이 메릴랜드 주민들을 급습하여 방화, 살인, 고문을 자행했던 곳이었다. 그러나 윌리엄은 원주민과 만날 때 몸에 무기를 지니지 않았고 공포감도 느끼지 않았다.

언어감각이 뛰어난 윌리엄은 원주민 언어를 충분히 습득하여 통역사의 도움 없이도 원주민들과 격의 없이 잘 어울릴 수 있었다. 원주민 영토의 내밀한 곳으로 진입할 때면, 언제나 친구와 귀빈으로 대우 받았다. 밤이면 나무껍질을 이어서 장대에 세운 원주민의 원형 천막에서 잤고, 식사를 할 때는 그들과 함께 땅바닥에 무릎을 꿇고 먹었다. 잿불에 구운 옥수수 케이크, 콩, 강에서 잡은 숭어를 저녁으로 먹은 후, 함께 모닥불 주위에 둘러 앉아 뒤쪽의 울창한 수풀에서 나는 바스락거리는 소리가 어둠 속으로 전해지는 소리를 들었다. 청년들은 불빛을 받으며 춤을 추었다. 연장자들이 윌리엄이 가져온 선물들을 하나씩 하나씩 돌려보면, 여인들은 무언지 궁금해서 살금살금 가까이 다가왔다.

"그들을 정의롭게 대하면, 자기편으로 만들 수 있다." 윌리엄은 이렇게 썼지만, 사실 원주민들에게 선사한 것은 정의뿐만 아니라 그 이상의 신뢰와 우정이었다. 이렇게 그는 그들의 사랑을 받을 수 있었다.

봄철 내내, 신대륙은 삶의 뿌리를 내리러 온 이들에게 자연의 혜택을 풍성하게 제공하였다. 3월과 4월이면 빠르게 흐르는 차가운 강물을 잽싸게 오가는 청어들, 하늘을 가려 어둑하게 할 만큼 엄청난 수의 비둘기 떼, 햇살 좋은 산비탈에 자라나는 새콤하고 향긋한 딸기. 새로 만든 정원의 기름진 흑토에서 잉글랜드산 씨앗들이 나란히 줄지어 든실하고 푸른 새싹을 밀어내고 있었다.

여름

"6월부터 8월까지 파격적인 더위가 기승을 부리지만, 이따금 부는 선선한 미풍으로 더위를 달랜다."

잉글랜드에서는 아무리 더운 날씨라고 해도 이 정도는 아니었다! 그럼에도 옥수수는 쑥쑥 자라 견사처럼 부드러운 수염이 초록색에서 연하디연한 호박색으로 바뀌고 쨍쨍 내리쬐는 햇볕 속에서 꼬불꼬불 해졌다가 갈색으로 변했다. 복숭아, 자두, 사과가 나무에 주렁주렁 열렸다. 머스크멜론과 수박이 사방으로 뻗어가는 넝쿨 위에서 통통하게 살이 올랐고, 조용하고 덥고 건조한 숲속 으슥한 곳에서는 두툼한 잎사귀와 풀 냄새가 풍겨 나왔고 포도가 이 나무 저 나무로 널찍하게 줄기를 뻗어 칭칭 감아가며 천천히 익어갔다.

"형이상학적인 사유에 의존하지 않고도" 하느님의 존재를 믿었던 원주민들은 하느님을 기리기 위해 추수 축제를 열었다. 윌리엄도 이 축제에 참가했다. 나무 그늘과 이끼와 돌 위로 흐르는 차가운 물이 조화를 이루어 8월의 더위를 서늘하게 식혀 주는 커다란 샘물 옆에 함께 모여들어, 축제 참가자들은 사슴고기와 잎사귀에 싸서 잿불에 구운 따끈한 햇옥수수 케이크를 배불리 먹었다. 식음이 끝나면, 모두 춤을 추었다.

사람들이 동그랗게 둘러서자 그 가운데로 용사 두 명이 나와 나무판을 두드리며 노래하면서 칸티코 댄스를 시작했다. 나머지 사람들은 원형을 유지하며 주위를 돌며, 두 용사의 낮은 목소리의 노랫소리와 끊이지 않고 이어지는 나무판 소리의 깊고 야성적인 리듬에 보조를 맞추어 용사들과는 다른 발동작을 구사하며 춤을 추었다. 때때로 환희에 찬 고함소리가 열기 가득한 8월의 고요한 숲 위로 울려 퍼졌다.

구경하러 온 사람들은 물고기 뼈를 손질하여 만든 흑백 구슬을 선물로 가져왔다. 둘 중 흑 구슬이 더 가치가 있었다고 한다.

8월 12일에는 아메리카호가 윌리엄과 펜실베이니아의 앞날에 중요한 역할을 하게 될 두 사람을 싣고 런던에서 도착했다. 개중 한 사람인 토마스 로이드는 옥스퍼드에서 수학한 웨일스 출신 외과의사로 강인하고 재능 많은 퀘이커였다. 다른 한 사람은 프랜시스 다니엘 파스토리우스였는데, 큰 코와 아련한 시선을 가진 창백하고 말이 없는 독일 젊은이였다. 프랑크푸르트 출신의 파스토리우스는 독일 회사의 대리인으로 펜실베이니아에서 61평방 킬로미터에 이르는 땅을 구입하러 아메리카로 왔으며, 8주의 항해 기간 중에 퀘이커가 되었다.

윌리엄은 독일 청년을 기쁜 마음으로 환영했다. 그가 논의하고픈 익숙한 주제들을 두고 대화를 나눌 사람이 없어서 쓸쓸했던 터라 더욱 기뻤다.

"우리 머리가 아둔해지는 것 같습니다." 윌리엄은 전에 하이드 경에게 심정을 토로했었다.

"이번에 도착할 사람들이 얼마나 훌륭한지 알 수가 없습니다. 하지만 우리의 마음은 언제나 선의로 가득 차 있고, 우리의 손은 언제나 힘이 솟아납니다."

그러나 새로 도착한 젊은이는 이미 독일의 4개 대학에서 지성을 쌓았고 멋진 귀족 자제의 교사 자격으로 프랑스, 스위스, 이탈리아, 네덜란드, 잉글랜드를 거치는 그랜드 투어도 경험했다. 윌리엄의 저서들도 섭렵했으며, 바클레이의 『변명』을 순수한 진주, 그리고 루비와 다이아몬드에 비유하기도 했다. 두 사람은 만나자마자 친구가 되었다.

"그는 나를 저녁식사에 자주 초대해 주었다" 파스토리우스는 윌리엄과의 친교를 이렇게 썼다. "함께 걸을 때나 말을 탈 때나 언제나 그로부터 가르침을 받을 수 있었다." 파스토리우스는 새로 사귄 친구를 너무나 아끼고 존경하여, "원주민에게서 선물로 받은 독수리 깃털 펜으로도 이 기독교인에게서 우러나오는 드높은 덕성을 제대로 표현할 수가 없다."라고 덧붙였다.

펜스베리 마너를 떠나있을 때면 윌리엄은 프론트 거리와 세컨드 거리 사이에 있는 자신의 사유지의 목조 가옥에서 거주했고, 거기서 많은 방문객들을 맞았다. 그중에는 잉글랜드에서 온 퀘이커 친우와 한꺼번에 몰려온 원주민 족장 6명, 매주 2번씩 정기적으로 찾아오는 파스토리우스가 있었다. 파스토리우스는 독일에서 데려온 하인들과 함께 첫 두 해를 필라델피아에 정착하여 강둑의 동굴집에서 편안하게 살았다.

그러나 이 즐겁고 흥미로운 일들이 진행되던 와중에 예기치 못한 문제가 발생했다. 볼티모어경이 영토 경계선 분쟁을 자의적으로 설명한 서한을 잉글랜드로 보냈으며, 게다가 그 서한의 내용이 그다지 정확하지 않다는 소식이 들려왔다. 이에 윌리엄은 국왕, 요크 공작, 조정에 자주 출석하는 앨저넌의 동생 헨리 시드니, 선덜랜드경, 그리고 하이드경 등 모든 지인에게 편지를 써서 마컴을 런던으로 보내 전달하게 했다. 때때로 퀘이커적인 심성에서 우러나오는 아이러니컬한 유모 감각을 구사하여 윌리엄은 이 상황을 언급했다. "하느님의 가호 속에 우리는 진솔한 관심과 근면으로 문제를 해결할 수 있기를 간절히 바라지만, 도움을 줄 수 있는 친구가 조정에 있다는 것은 바람직한 일이다."

다른 소식도 들려왔다. 윌리엄이 사망했고 게다가 예수회 신자로 생을 마감했다는 말을 퍼뜨리고 다니는 사람들이 있다는 소식이었다. 17세기 잉글랜드에서 예수회만큼 의구심과 두려움의 대상이 된 가톨릭 종단도 없었기에 그런 소문이 돌았을 거라고 추측했다. 윌리엄이 자유상인협회 앞으로 보낸 펜실베이니아에 대한 장문의 편지는 이 소문에 대한 언급으로 시작했다. "이런 소문을 만들어내는 사람들의 수치스러운 행동이 참으로 개탄스럽지만, 나는 아직 생존해있고 예수회 신자도 아니라는 사실을 알아주시길 바랍니다. 이에 하느님께 감사드립니다."

이 소문은 그 이후에도 다시 고개를 들고 일어나 윌리엄을 괴롭혔다. 그러나 당장은 이를 웃어 넘기고 고개를 저어 머릿속에서 떨쳐내고, 펜실베이니아가 당면한 중요한 과제에 관심을 돌렸다.

가을

"이곳의 가을은 잉글랜드에서 경험하는 9월의 통상적인 날씨와 유사하다. 아니, 그곳의 온화한 봄날과 더 가깝다고 해야 정확할 것 같다."

10월 8일, 34명의 독일 퀘이커가 콩코드호를 타고 라인강 지역의 크레펠트를 떠나 펜실베이니아에 도착했다. 같은 달 12일에 윌리엄은 이들과 파스토리우스에게 24평방킬로미터의 토지에 대한 소유증서를 발부했다. 25일에는 34명 중 남자 성인 13명(나머지 21명은 여자 성인 10명, 아동 10명, 청소년 1명이었음)이 파스토리우스의 동굴집에 모여 장차 거주할 주택 부지를 정하기 위해 제비뽑기를 하였다. 파스토리우스는 당분간 필라델피아에서 머물기로 했지만, 크레펠트에서 온 사람들은 기다리려고 하지 않았다. 대신 그들은 스쿨킬강을 따라 올라가 위사이콘 크리크를 경유, 위사이콘강에 도착하여 마침내 자기네 땅으로 배정된 곳을 찾아갔다. 원주민들이 자주 사용하는 구불거리는 들길을 따라서 투박한 돌로 된 집들을 세웠고 리넨용 아마와 와인용 포도를 재배힐 수 있도록 농지를 조성했다. 그리고 이 정착촌을 서먼타운이라고 불렀다.

12월이 되자 윌리엄은 아동들이 배움 없이 성장하는 일이 없도록 하기 위해 20년간 잉글랜드에서 교사로 활동한 이넉 플라워를 채용하여 필라델피아 어린이들에게 읽기, 쓰기, 셈하기를 가르치게 했다. 플라워는 급료를 과하게 요구하지 않았다. "영어 읽기는 1/4분기에 4실링, 읽기와 쓰기는 6실링, 일기, 쓰기, 셈하기를 모두 배우는 데는 8실링이 들었다. 기숙할 경우, 숙식, 세탁, 수업은 통틀어 일 년에 10달러를 지불해야 했다."

이렇게 윌리엄은 아메리카에서 두 번째 겨울을 시작했다. 잉글랜드에서 스티븐 크리스프가 애정 어린 관심을 담아 그에게 편지를 썼다.

"날이면 날마다 그대는 많은 생각을 머릿속에 담고서 세심하게 신경써야 하고 여러 다양한 업무를 처리해야 한다는 것을 잘 알고 있습니다. 그로 인해 그대의 정신적 에너지가 소진되고 영혼은 또 얼마나 지쳐있겠습니까."

그러나 정작 그의 정신을 갉아 먹고 영혼을 지치게 한 것은 필라델피아에서 수행해야 하는 오만가지 일들이 아니었다.

잉글랜드의 하늘에 먹구름이 드리워지고 있었다.

24장

총독의 귀향

잉글랜드에서 온 편지들은 불길한 소식을 전했다. 병으로 몸져누운 줄리의 병세가 더욱 악화되자 토마스 엘우드를 워밍허스트로 데려오게 했다. 그는 원래 치안판사 앞에 출두하여 자신이 쓴 소책자에 대하여 해명하기로 되어 있었지만, 펜 부인이 미령하여 도움이 필요하다고 하자 판사가 문제없이 법정 출석을 면제해 주었다. 모든 사람들이 줄리엘마 펜을 그토록 아끼고 존경했기에 가능한 일이었다. 병마로부터 벗어난 줄리가 자신의 건강이 좋아졌다고 윌리엄에게 알렸지만, 그는 여전히 걱정스러워 했다. 그녀 말대로 정말 나아진 걸까? 아니면 걱정을 덜어주기 위해 그냥 하는 말일까? 그 해와 다음 해 절반이 경과하는 내내, 그는 부인이 자기한테 올 수 있기를 줄곧 바랬다. 그러나 이제는 자신이 직접 돌아가서 데려오지 않는 이상 아메리카로 올 수 없다는 것을 알게 되었다. 그는 초조해졌고, 마음이 끊임없이 잉글랜드 쪽으로 쏠렸다.

나쁜 소식은 그뿐만이 아니었다. 윌리엄의 오랜 친구인 앨저넌 시드니가 라이하우스 음모[146]에 가담하여 국왕 암살을 꾀했다는 죄목으로 처형 당했다는 소식이었다. 실제로 그가 모반에 함께 했는지 아는 사람이 있는 것 같지는 않았지만, 12월 7일 시드니는 사형대로 꼿꼿이 걸어가, 자신은 하느님과 영적 화해를 이루었으며 연설을 하러 온 게 아니라 숙음을 맞으러 왔다고 천명하고, 국왕을 반대하는 사람들의 편에 서서 자신의 목숨을 바쳤다. 반대편 사람들조차도 그의 용기와 신실함을 높이 샀다. 두 번씩이나 선거 운동을 도와주고 함께 장시간에 걸쳐 펜실베이니아 건설 계획을 논의하고 토론했던 친구였기에, 그의 사망 소식에 윌리엄의 심정은 너무나 비통했다. 시드니와 같은 인사들

---

146) 1683년 휘그파가 찰스 2세의 친 로마가톨릭 정책에 반발해 라이하우스에서 국왕을 암살하고 반란을 일으키려한 사건. 라이하우스는 뉴마킷에서 열렸던 경마대회에 참석했다가 돌아오는 찰스를 살해하려던 장소였다. 기록에 의하면 "왕이 예기치 않게 일찍 경마대회에서 돌아오는 바람에 이 음모는 실행되지 못했다."고 한다.

이 처형을 당하는 것을 보고 잉글랜드의 정세가 심상찮다고 생각했다. 곧 이어 비국교도에 대한 탄압이 다시 고개를 들고 일어나 더욱 더 혹독하게 자행되고 있다는 소식이 여기저기에서 들려왔다.

한편 펜실베이니아에서는 영토경계 문제가 돌연 우려스러운 방향으로 선회했다. 메릴랜드의 조지 탤벗 대령이 무장한 사람들 한 무리를 이끌고 영내로 진입하여, 뉴캐슬 부근의 땅을 강제로 빼앗아 통나무 요새를 축조하고 수비대를 배치한 후, 주변의 정착민들에게 볼티모어 경을 그들의 총독으로 인정하고 지세를 지불하라고 종용했다. 뉴캐슬의 시장이 수석 치안판사들과 함께 요새로 가서 전쟁을 방불케 하는 침입 행위의 저의를 따지자, 탤벗은 이들을 총으로 가로 막고는 볼티모어 경의 위촉으로 임무를 수행하는 것이라고 대답했다.

뉴캐슬에서 온 관리들은 나이도 지긋하고 경륜도 있었기에 평정심을 잘 지켜내어 부리나케 자기 진영으로 돌아와 무기를 가지고 맞서는 그런 행위는 하지 않았다. 대신 상대방이 취한 절차는 전적으로 불법이라는 점을 지적하고 법으로 해결할 수 있도록 조치를 취하였다.

윌리엄은 볼티모어 경과 직접 담판을 벌일 생각이었으나, 경은 국왕을 먼저 만나 자기 입장을 설명하기 위해 이미 잉글랜드로 떠나고 없었다. 이제 윌리엄은 무엇이 급선무인지 깨달았다. 본국으로 가야했다. 그것도 지금 당장.

그러나 떠나기 전에 먼저 처리해야 할 일이 수천 가지나 되었다. 부재 중 총독 대행으로 토마스 로이드를 평의회 의장으로 임명했고, 잉글랜드에 머물고 있는 마컴이 돌아오는 대로 평의회 총서기직을 맡을 수 있도록 주선했다. 펜스버리 마너를 비우는 동안 그곳을 관리하고 개발할 수 있도록 제임스 해리슨을 집사로 임명했다.

윌리엄은 떠나 있는 기간이 길어지지 않기를 바랐다. 영토경계 문제가 조만간 해결되면, 시간을 할애하여 고초를 겪고 있는 친우들을 위해 어떻게든 힘이 되어 줄 수 있고, 가족도 이주할 준비를 시켜 워밍허스트의 살림을 정리한 다음 줄리와 아이들을 펜스버리 마너로 데리고 와서 함께 지낼 수 있을 거라고 생각했다.

1684년 8월 12일, 잉글랜드를 떠난 지 2년도 못 되어서, 윌리엄은 인데버호에 올라 델라웨어강을 내려갔다. 나무 사이로 언뜻언뜻 보이는 지붕들이 점점 멀어져 갔지만 그의 마음은 자기 손으로 직접 세워 나날이 성장해가는 녹색의 도시, 필라델피아에 여전히 머물러 있었다. 그때까지 거의 300여 채에 이르는 주택 및 중앙 모임집이 세워졌으며, 신생 사업체들도 사방에서 생겨나고 있었다. 이듬해에는 인쇄소가 들어올 예정이었다. 이년 전만 해도 거리가 들어설 자리만 표시되어 있었을 뿐이었다. 조지 게스트의 새 건축물[147]도 독 크리크에서 세워지고 있었다.

윌리엄은 글로써 필라델피아에게 이별을 고했다.

"그리고 그대, 필라델피아여, 펜실베이니아를 위한 첫 정착지여. 그대가 태어나기도 전부터 이름을 지어두고 그대를 애타게 기다렸다네. 그대를 탄생시키기 위해, 그리고 그대를 해치거나 더럽히려는 세력으로부터 지켜내기 위해 온 힘을 다해 사랑하고 봉사하고 노고를 아끼지 않았네."

펜실베이니아에 남겨진 사람들은 그와의 이별을 애통해 했다. "이 세상의 총독들이 모두 그분 같기를 진심으로 바랍니다."라는 글을 남긴 사람도 있었다. 그러나 모두들 그가 곧 돌아올 수 있을 거라고 낙관했다. 그가 펜실베이니아로 다시 돌아올 때 까지는 그의 잉글랜드 체류가 얼마나 길어질 지, 그의 손길이 얼마나 절실하게 필요하게 될 지 그 어느 누구도 짐작할 수 없었다.

본국으로의 항해는 47일이 걸렸지만, 다행히 선상에서 아무런 질병도 퍼지지 않았다. 10월 6일 윌리엄은 집에서 불과 12킬로미터 떨어진 서식스의 원더에 기착했다.

가족들은 모두 잘 지내고 있었다. 잠시 동안, 펜실베이니아에 관한 모든 일들이 가족에게 돌아왔다는 그 엄청나고 환희에 찬 사실 앞에서 꿈처럼 희미해졌다. 몇 년 사이에 아내는 조금 더 지쳐 보였지만, 여전히 사랑이 넘치고 눈동자가 반짝이는 자기만의 줄리였다. 마치 층계를 차례로 올라가 듯 나이가 4살, 6살, 8살이 된 세 아이들은 모두 건강하고 거의 알아볼 수 없을 정도로 성장해 있었다. 원주민들이 재배하는 푸른 옥수수 밭 위로 아지랑이가 어른거리 듯, 그날 저녁 워밍허스트의 저택에는 행복이 솔솔 피어 올랐다.

그러나 지나간 2년의 세월은 그들 모두에게 영향을 미쳤다. 사랑의 감정을 제외하고 시간은 모든 것을 바꿔 놓았다. 5천킬로미터 이상이나 되는 대서양을 두고 아이들과 헤어져 있으면서, 윌리엄은 동년배의 남자들이 가족을 부양하듯 도시와 주를 구상하고 그 건설을 이끌어 왔다. 2년 동안 자신의 온 정신과 힘을 쏟아온 필라델피아와 펜실베이니

---

147) 독 크리크 하구에 위치한 블루 앵커 타번 (The Blue Anchor Tavern)을 지칭함. 1682년 조지 게스트가 만든 가옥으로 필라델피아 최초의 여관/술집.

아는 그에게 자식 이상의 존재였다. 8살의 스프링겟은 자기 아이들 중에서 그나마 제대로 알고 있는 자식이라고 생각했는데, 그런 인식에는 아이의 마른 체격과 섬세하고 예민한 성격이 줄리와 너무나 닮았다는 점이 부분적인 이유로 작용했다. 통통하고 예쁜 여자 아이인 러티샤는 자기 인형에 애착이 많아, 인형의 드레스와 리본을 꼼꼼히 챙겼고, 아버지라고 불리는 이 위대한 낯선 사람에게 조심스러워 하면서도 예의바르게 행동했다. 4살짜리 빌리는 성미를 고약하게 분출하여 자기 뜻을 관철하는 법을 이미 터득해 놓았다.

윌리엄은 아이들을 지켜보았다. 아이들은 주변을 맴돌며, 슬며시 그의 얼굴을 살폈고, 관찰 대상이 미소 지으면 미소로 답했다. 아버지의 옷소매를 잡아 당기며 아메리카 원주민에 대한 이야기를 더 해달라고 플루트처럼 가냘픈 목소리로 간청하기도 했다. 마거릿 폭스에게 그는 소식을 전했다. "사랑하는 아내와 어여쁜 아이들이 다 잘 지내고 있더군요."

25장

왕의 친구

윌리엄이 잉글랜드로 돌아오고 4개월이 될 즈음, 찰스 2세가 돌연 뇌졸중으로 쓰러졌다. 의사들이 모든 방법-피를 뽑고, 부황도 뜨고, 벌겋게 단 프라잉 팬을 머리에 갖다 대는 등 여러 가지 방법-을 동원하여 조치하였으나, 1685년 2월 6일 왕은 결국 세상을 떠났다. 같은 날 오후 3시에 요크 공작이 교회, 국가, 사유재산의 유지와 선정(善政)을 약속하고 제임스 2세로 왕좌에 올랐다.

펜 제독의 친구이자 윌리엄의 오랜 친구가 잉글랜드의 왕으로 즉위한 것이다! 24년 전, 자기 형의 대관식 행렬에서 말을 타고 가던 중 깃발 제조업자의 집 창문을 올려다보고 펜 제독에게 인사를 했었다. 그리고 20년 전에는 당시 북해에서 네덜란드와의 해전을 지휘하던 요크 공작의 서한을 윌리엄이 화이트홀 궁전으로 가 찰스 왕에게 전했다. 15년 전 펜 제독이 임종 전에 자신의 퀘이커 아들을 잘 돌봐달라고 공작에게 마지막으로 부탁했고, 공작은 약속을 지키겠다고 응답했다. 지난 15년의 세월이 흐르는 동안 공작은 제독과의 약속을 이행함으로써 거듭 윌리엄에게 힘이 되었다. 공작이 펜 제독과의 우의를 언급하며, "난 종교에 대한 그 어떤 박해도 용인하지 않습니다."라고 말했던 1674년의 접견은 아직도 그의 기억 속에 생생하게 남아 있었다. 그 요크 공작이 이제 잉글랜드의 국왕 제임스 2세로 즉위한 것이다.

이 일을 계기로 어쩌면 윌리엄이 힘을 보태 종교의 자유라는 원칙을 잉글랜드에 최종적으로 확립할 수 있는 기회가 되지는 않았을까? 때마침 바로 그때 아메리카에서 돌아오게 되어 펜실베이니아의 경계선을 확정하는 것 보다 훨씬 더 중요한 일을 추진하는 데 선도적인 역할을 담당하게 되지는 않았을까?

그 당시 잉글랜드의 감옥에 갇혀있던 퀘이커는 무려 1400명이 넘었다. 윌리엄의 발길은 자연스레 법정으로 향했다.

윌리엄은 화이트홀까지 쉽게 걸어갈 수 있는 채링 크로스에서 방을 잡고는 매일 궁전으로 가서 왕을 만났다. 조신이건 퀘이커건 외부 사람들이 잘 이해할 수 없던 진정한 우정이 두 사람 사이에 존재했다. 두 사람은 여러 면에서 달라도 너무 다른 인물이었다. 길고 좁은 얼굴의 왕은 레이스와 정교한 자수 장식이 달린 새틴 의상을 걸치고 있었고, 비밀 자금을 보유했으며, 자기 뜻을 관철하기 위하여 왕권은 하늘로부터 부여받은 신성한 권리라고 강고하게 믿었다. 수수한 퀘이커 복장에 챙이 넓은 모자를 쓴 윌리엄은 약간 몸이 불어났지만 큰 키에 용모가 준수했으며, 솔직담백한 언행과 온화하고 다정한 성품을 지녔고, 신성한 불꽃은 만인의 마음 속에 존재한다고 믿었다. 그러나 제임스는 자기 조정에 드나드는 야심만만하고 사리를 도모하는 수많은 사람들과는 달리, 윌리엄이 진실하고 사익을 앞세우지 않는 유일한 사람이며, 그런 면모 때문에 어떤 점에서는 그가 더욱 더 뛰어나고 흥미를 유발하는 재미있는 친구라고 생각했다. 왕은 윌리엄을 "독특하고 완전한 친구"로 아꼈고, 수년 동안 왕의 은덕을 입어온 윌리엄도 따뜻한 사랑으로 보답했다. 그가 누군가를 좋아하면 언제나 그랬 듯, 왕을 전적으로 신뢰했다. 그래서 그들은 "한 시간이 아니라 여러 시간을 함께" 둘이서만 보냈고, 그러는 동안 귀족들은 왕을 접견할 때까지 응접실에서 좌불안석하고 시기하면서 기다려야 했다.

제임스는 국왕이 되자마자 스스로 자신이 가톨릭교도임을 선포했고, 왕비와 함께 공개적으로 미사에 참석했다. 이런 왕실의 행보를 두고 윌리엄은 펜스베리 마너의 집사에게 편지를 썼다. "왕은 형에게 복종하고자 자신을 감추었지만 이제는 당당할 수 있다고 말했습니다. 왕의 바로 그러한 점 때문에 우리는 그를 더욱 더 사랑합니다. 그와 함께 있을 때 그렇게 말했답니다." 그러나 아무 것도 감추지 않았던 퀘이커들은 국왕이 자신의 종교적 정체성을 은폐하는 것 보다 공개적으로 가톨릭 신자임을 천명하는 게 더 훌륭한 결정이라고 판단했지만, 나머지 사람들은 가톨릭을 국교로 정립할지도 모른다는 극심한 공포감에 빠졌다. 사람들은 수군거리기 시작했고, 왕과 가까운 사람이면 모두 잉글랜드 국교회를 음해할 의도가 있다고 의심했다. 윌리엄이 기실 예수회 신자라는 해묵은 소문이 되살아났고, 거기다가 교황에게 결혼 허가까지 받은 신부라는 소문까지 다시 나돌았다.

윌리엄은 처음에는 그런 소문에 아무런 신경도 쓰지 않고, 잉글랜드에서 종교의 자유를 확립하는 것과 아메리카의 영토경계 분쟁 해결과 같은 당면 과제에 몰두하고자 했다. 그러나 새 의회 구성을 위한 선거, 대관식, 몬머스 공작의 반란[148] 등 여러 가지 사건이 차례로 일어나면서 그의 발목이 잡혔다. 반란은 곧바로 제압되었다. 그러나 큰 혼란을 초래하지 않았다고 해서 권력을 가진 사람들의 마음을 과도한 흥분 상태로 몰거나 산란하게 만들지 않았다고는 할 수 없었다.

몬머스 공작의 반란이 끝장나자, 가담자들은 주동자들뿐만 아니라 자세한 정황도 모르고 연루된 평민 반란자들 전원이 잔혹하게 처벌되었다. 재판장인 조지 제프리스 판사(1670년 윌리엄의 재판에 배석했던 토마스 블러드워쓰 경의 사위)는 소름이 끼칠 정도로 혹독하고 부당하게 재판을 주재하여 그 소송절차는 훗날 "피의 재판"으로 사람들의 입에 오르내렸다. 윌리엄이 왕을 알현하여 죄인들에게 자비를 베풀어주길 간청했지만, 왕은 그 문제는 제프리스 판사의 관할이라 자기는 개입할 수가 없다고 말했다. 나중에는 반란 수습에 대한 제프리스의 공을 치하하기 위하여 그를 대법관으로 임명하기까지 했다. 이러한 결정은 왕족 친구의 성격에 대하여 윌리엄에게 경고하는 바가 있었지만, 그 당시에 그는 심각하게 받아들이지 않았다.

10월이 되자 윌리엄과 볼티모어 경은 마침내 경계문제를 논의하기 위한 공청회를 열어 부분적으로나마 타결을 보았다. 이로써 델라웨어 영토는 직선으로 한가운데를 따라 분할하여 델라웨어 강 쪽 절반은 윌리엄에게, 체서피크 강쪽 절반 (현재 메릴랜드 주 동안)은 볼티모어 경에게 귀속되었다. 그러나 펜실베이니아와 메릴랜드의 경계선은 수년 후 두 사람 모두 세상을 뜨고, 두 명의 "기발한 수학자" 찰스 메이슨과 제러마이아 딕슨이 1762년 잉글랜드에서 건너와 그 유명한 "메이슨 딕슨 라인[149]"을 설정하고 나서야 비로소 확정되었다.

자신이 몰두해 온 문제의 일부가 다소 미흡하나마 해결되었다고 판단한 윌리엄은 종교 박해를 저지하기 위해 혼신의 힘을 다해 투쟁했다. 왕에게 퀘이커들의 수난을 연설

---

148) 요크 공작이 제임스 2세로 즉위한 1685년 여름, 찰스 2세의 서자인 몬머스 공작(James Scott, Duke of Monmouth, 1649-1685)은 프로테스탄트 국가를 가톨릭에게 넘길 수 없다며 스스로 왕이 되어 국가를 보호하겠다고 선언했다. 몬머스가 일으킨 반란군은 이내 붕괴되어, 자신은 곧바로 체포되어 처형 당했으며, 수많은 그의 추종자들은 사형 판결을 받거나 유배형을 받았다.

149) 1763년에서 1767년 사이에 영국의 천문학자이자 측량사인 찰스 메이슨과 제러마이아 딕슨이 메릴랜드와 펜실베이니아의 영토 분쟁을 해결하기 위해 설정한 경계선이다. 이 선은 19세기에 이르러 노예제도가 폐지되기 전까지 노예가 있는 주와 없는 주를 나누는 기준이 되었다. 오늘날 미국의 남부와 북부를 나누는 경계선으로 간주되고 있다.

로 토로했고, 『관용을 위한 설득』이라는 제목의 논문을 써서 자신의 주장을 역사적 사실을 바탕으로 예증하면서, 박해 당하는 이들의 선처를 호소했다. 그의 노력으로 석방된 사람들은 비단 퀘이커뿐 아니라, 모든 다른 종파와 계급에 속한 종교 사범들도 포함됐다. 시드니가 처형 당한 후 줄곧 네덜란드에서 망명 생활을 하고 있던 옛 친구 존 로크의 사면도 왕으로부터 받아냈다. 로크는 개인적으로 윌리엄의 노고에 고마워했지만, 자신은 지은 죄가 없기 때문에 사면 받을 필요가 없다는 이유를 들어 사면을 받아들이려 하지 않았다. 한편 윌리엄의 친구의 친구였던 존 트렌차드는 윌리엄이 얻어낸 사면을 받아들였고, 그 후 런던으로 돌아와 체스터 카운티의 수석재판관으로 임명되었으며, 나중에 가서는 윌리엄에게도 도움을 주게 되었다.

이렇듯 윌리엄이 왕을 움직일 수가 있고 그 영향력을 활용하여 사람들을 돕고 있다는 사실이 알려지게 되자, 그는 도움을 청하러 온 사람들로 에워싸였다. 어떤 경우에는 하루 아침에 200명이나 되는 사람들이 그의 숙소로 찾아와 자신들이나 가족을 위해 왕에게 좋은 말을 해달라고 간청하기도 했다. 한 번이고 두 번이고 계속해서 성공적으로 사면을 받아내 주거나 몰수된 토지를 돌려받게 해주었다. 이런 일을 수행하는데 윌리엄은 거의 모든 시간을 쏟았고, 큰 돈을 들였다. 사안을 문건으로 작성하거나 복사해야 하고, 수수료를 지불해야 할 경우 자기 주머니를 털어 모든 비용을 충당했다.

그러나 그가 도울 수 있었던 사람들이 더 많아질수록 사람들은 그를 더 의심하고 시기했다. 제임스 2세를 불신하는 사람들이 늘어날수록 왕의 친구인 윌리엄도 그만큼 두려워하거나 그에게 곱지 않은 시선을 보냈다.

1686년 3월, 윌리엄의 설득력이 크게 작용한 제임스 2세의 일반 사면이 발표되자, 종교적 이유로 투옥된 모든 죄수들이 석방되었다. 1300명도 넘는 퀘이커가 바깥세상으로 다시 걸어 나오게 되었다. 석방자들 중에는 15년 넘게 갇혀 있었던 이들도 있었는데, 그 죄라고는 자기네 식으로 하느님을 경배한 죄밖에 없었다.

같은 해 여름, 윌리엄은 네덜란드와 독일로 가서 그곳의 퀘이커들을 만나 펜실베이니아에 만들어진 저먼타운과 네덜란드와 독일 이주민 정착촌을 소개했다. 엘리자베스 공녀는 이제 저 세상에 가고 없고, 그르샤임의 퀘이커들도 이미 저만타운으로 떠나버렸지만, 남아 있는 옛 친구들 몇 명은 만나볼 수 있었다. 암스테르담에서 활동하고 있는 윌리엄 슈얼에게 자신이 쓴 『고난 없이 영광 없다』와 『펜실베이니아 보고』의 네덜란드어 번역을 맡겼다. 존 로크가 거주하고 있던 헤이그에서는 제임스 왕의 부탁으로 오렌지 공 윌리엄[150]의 조정을 방문했다. 오렌지 공은 제임스의 장녀 메리와 결혼했다. 제임스가 아들이 없었기에 왕위 계승자는 메리였다. 제임스는 메리와 오렌지 공이 심사법의 철폐에 대하여 어떻게 생각하는지 알고 싶었다. 심사법을 철폐할 계획을 세우고 있었던 제임스는 잉글랜드의 국교회파가 격렬하게 그 조치에 반대할 거라고 예상하고 있었기에 신교도인 차기 왕위 계승자들이 자기한테 힘을 실어주길 바랐다. 그러나 이 문제와 관련하여 오렌지 공은 관용적인 종교정책을 지지하지만 심사법의 철폐는 도가 지나친 결정이라고 지적하고, 대신 비국교도와 가톨릭교도 양쪽 다 의회에 참석하게 하자고 조심스럽게 의사를 표명했다. 윌리엄은 오렌지 공의 이 답변을 제임스 2세에게 그대로 전해야 했다.

윌리엄은 본국에서 해야 할 일을 다 완수한 듯한 느낌이 들어 이제는 기필코 펜실베이니아로 돌아갈 수 있다고 생각했다. 줄리엘마도 떠날 채비가 다 되었고, 아이들도 신대륙과 원주민들이 보고 싶어 성화를 부렸다. 무엇보다도 펜실베이니아는 총독의 관리가 절실했다. 총독 없이 독자적으로 꾸려 나가기엔 아직 모든 게 너무 어설펐다. 다툼과 갈등으로 갈라져 싸우던 평의회를 향해 윌리엄이 간청했다. "제발 하느님과 저와 가엾은 펜실베이니아를 위해서라도 지나친 정쟁에 휩싸이지 말길 바랍니다."

잉글랜드로 펜실베이니아의 동향에 관한 소식이 조금씩 흘러 들어오자, 사람들은 이를 이야깃거리로 입에 올렸고 비판하기도 했다. 이민을 고려하던 사람들 중에는 아예 계획을 접어버리는 이들도 있었다. 이러한 상황은 신생 식민지에 하등 득이 될 게 없었다.

윌리엄이 펜실베이니아로 돌아갔더라면, 그의 존재감만으로도 사태를 해결할 수 있었을 것이고 그가 가진 선의의 감정과 자애심, 만인에게 공정하려는 진정한 의지에 힘입어 모든 상황을 바로 잡을 수 있었을 것이다. 그러나 그는 잉글랜드에 머물렀다. 이것은 부지불식 간에 슬며시 다가온 인생의 전환점 중의 하나였지만, 수년이 흐른 후 일련의 사건을 겪고 나서야 전환점이었다는 것을 깨닫게 해주는 그런 일이었다. 윌리엄은 펜실베이니아로 돌아가지 않기로 결정한 것이 아니었다. 그저 귀환을 미루다가 너무 늦어진 것이었다.

---

150) 오랴네의 빌렘 3세를 말한다. 오랴네 가문(van Oranje)은 네덜란드 공화국의 정부수반을 배출한 가문. 윌리엄 3세는 에스파냐로부터 네덜란드의 독립을 성취한 '침묵의 윌리엄(William the Silent)'의 증손자였다.

"이번 가을에는 떠날 수 없어."

출발을 미룬 데는 부분적으로 금전적인 이유가 작용했다. 토지 매각금으로 수령한 액수보다 3000파운드가 더 많은 돈이 이미 원주민을 위한 선물과 필라델피아 개선작업에 소비되었다. 이주민들은 분배받은 토지 가격의 일부로 납부하기로 한 면역지세를 등한시 했다. 게다가 총독 급여도 받지 않은 채 많은 항목의 지출을 윌리엄 스스로 감당해야 했다. 그는 자신의 재정상태가 궁색해졌다고 느꼈고, 이로 인해 식솔들을 이주시키는데 들어갈 만만찮은 액수의 비용을 의식하지 않을 수 없었다.

그러나 이러한 이유보다 자신에게는 잉글랜드의 상황이 더 시급하다고 생각했다. 봄에 발표된 국왕의 일반사면 조치에도 불구하고 비국교도에 대한 처벌법은 여전히 시행되고 있었으며, 윌리엄 자신도 모임에 참가했다가 세 번이나 구류되고 방면되었다. 윌리엄은 처벌법의 철폐를 원했다. 잉글랜드에서 그만큼 종교적 관용의 대의가 실현되기를 간절히 바라고 동시에 왕을 움직일 수 있는 영향력이 있는 사람도 없었다. 모든 종교가 자유를 얻게 되면, 그때 펜실베이니아로 떠날 수 있을 거라 생각했다. "잉글랜드에 좋은 일이면, 펜실베이니아에도 나쁘지 않을 것이야." 윌리엄은 이런 생각을 스스로 되뇌고 다른 사람들에게도 전했다.

이것은 성격적 결함이 아니라 판단의 오류로 가닿은 생각이었다. 윌리엄은 한 마디로 제임스가 어떤 사람인지 제대로 보지 못했던 것이다. 왕이 종교적인 관용을 베풀고자 하는 본심은 종교의 보편적 자유를 옹호해서가 아니라 자신의 종교인 가톨릭을 다른 종교보다 우위에 누는 데 있었다. 게다가 그는 왕권신수설을 신봉하면서 의회의 기반을 손상시키기 위해 은밀한 책략을 끊임없이 꾸몄다. 언제나 진정성 있고 환한 대낮처럼 아무것도 숨기지 않는 성정의 윌리엄은 자기 친구가 겉과 속이 다를 거라고는 상상조차 하지 않았다. 사람들의 가장 훌륭한 면모부터 먼저 보고자하는 윌리엄의 태도는 그가 얼마나 위대한 인물인지 웅변해주는 것이었다. 그런 마음가짐만으로도 그는 상대방을 종종 선하고 정직하게 행동하도록 이끌 수 있었다. 그러나 실망해야 하는 때도 있었다.

윌리엄은 켄징턴의 넓고 고상한 저택인 홀란드 하우스에 거처를 마련하고 가족을 거기로 옮겼다. 이제 그 어느 때보다 더 빈번히 왕을 알현할 수 있게 되었다. 그를 받들고 그의 과오도 너그럽게 수용하면서 종교적 자유의 대의가 실현될 수 있도록 노력했다.

제임스는 과오를 저질렀다. 1687년 봄에 이르러, 신앙 자유령을 공포하여 비국교도를 규제하던 법률들의 효력을 정지시키고 심사법을 철폐했다. 그러나 국왕은 의회가 제정한 법을 파기할 수 있는 권한이 없었기에 이러한 결정은 잘못된 것이었다. 신앙 자유령으로 혜택을 입을 사람들조차도 왕의 조치에 분개했는데, 이는 의회의 고유한 권한을 왕이 찬탈하는 것으로 간주했기 때문이다. 퀘이커 대표단을 이끌고 왕을 알현한 윌리엄은 왕에게 감사의 인사를 전하면서도, 의회가 승인해서 앞으로 신앙 자유령이 확실한 효력을 가지게 되길 바란다고 덧붙였다.

또 다른 문제는 모들린 대학교수회와의 대립이었다. 옥스퍼드의 모들린대학이 학장을 채용하려 하자, 왕은 여러모로 직책에 적합하지 않는 가톨릭계 인물을 추천했다. 이에 학장 선택권한을 가진 교수회는 자기네가 원하는 사람을 곧바로 선출했다. 이 소식에 왕은 진노하여 선거 무효를 선언했고 가톨릭 성향의 인사를 또 다시 추천했다. 사태가 이러한 국면에 이르자 왕은 윌리엄과 함께 옥스퍼드를 방문했다.

윌리엄은 당시 중부지방을 다니며 설교활동을 벌이고 있었고, 왕은 지방 행차 중이었다. 순회 중 몇 군데서 둘은 더러 만나기도 했다. 이를테면, 체스터에서 제임스는 궁전 미사가 끝난 후 윌리엄을 따라 테니스 코트에서 열리는 퀘이커모임에 갔다. 그 모임에는 1000명의 사람들이 참석했다. 런던으로 돌아오는 길에 함께 옥스퍼드에 들렀다.

그때는 9월 초 토요일이었다. 교회 종들이 울려 퍼졌고, 길을 따라 들어선 집들의 창문은 초록색 나뭇가지로 꾸며졌고, 발코니는 태피스트리가 걸려 있었다. 주홍색 복장을 한 박사들과 황금 목걸이를 두른 대학 속관[151]들이 말을 타고 나와 왕을 영접했다. 동네 사람들, 장갑 제조공, 신발 제조공, 재단사, 포목상 무리들이 시장과 집달관들의 뒤를 이어 행진했다. 학교 제복을 착용하고 행진하고 있는 학부생들의 모습도 보였다.

국왕은 밝은 파란색 밴드가 가슴에 둘린 진홍색 외투를 입고, 조지와 별 기사단의 표장을 달고 있었다. 종들이 요란스럽게 울리는 소리와 함께 왕이 등장했다. 하얀 옷을 입은 빈곤층 여성들이 풀잎들을 윙 잎에 딘졌고, 창문 밖을 내다보던 사람들이 일세히 "국왕폐하 만세!"를 외쳤다. 왕과 함께 말을 타고 간 사람은 25년 전 옥스퍼드에서 쫓겨나 그 일로 아버지에게 매를 맞았던 윌리엄이었다.

무릎을 꿇는 의식과 라틴어 연설이 끝나자, 관악기 연주와 대학 합창단의 공연도 있

---

[151] (행렬 때) 대학 총장의 권표(nace)를 받드는 대학교 관리.

었다. 평민들에게는 파이프로 보르도산 적포도주를 공급했고, 지체 높은 사람들에게는 크라이스트처치대학의 대연회장과 보들리 도서관[152]에서 연회가 준비되었다.

옥스퍼드에 머무는 중에, 국왕은 모들린 대학교수회를 불러들여 자신이 밀고 있는 사람을 학장으로 선출하라고 명령했다. 교수회는 이미 선출해 놓은 사람이 있으며 서약을 번복할 수 없다는 이유를 들면서 그 명령을 거부했다. 왕은 자신의 진노를 사게 되면 그 엄중한 대가를 감당해야 할 것이라고 그들에게 위협을 가했다.

다음 날 아침, 교수회는 윌리엄을 초빙하여 그들이 처한 곤경을 헤쳐 나갈 방도를 의논하였다. 윌리엄은 문제 제기가 정당하다고 보고 왕에게 편지를 써 주기로 약속했다. 그러나 왕은 윌리엄의 편지에 아무런 신경도 쓰지 않았다. 대신 자신이 비밀리에 추진하고 있는 목적의 달성을 진척시킬 수 있는 조처들만 선별하여 자비와 관용의 이름으로 실행에 옮겼다. 윌리엄은 결코 국왕의 의도를 간파하지 못했다.

이 사건은 국내에서 커다란 공분과 공포심을 불러 일으켰다. 사람들은 가톨릭교가 대학을 지배하려는 시도로 간주했다. 이로써 제임스 2세는 자신의 통치에 또 하나의 오점을 남기게 되었다.

국왕의 최종적인 실수는 1688년 봄에 신앙 자유령을 재공포하고 성직자들에게 모든 교회에서 이 선언을 낭독하도록 명령했다. 주교 7명이 거부하자, 이들을 즉각 런던탑에 가두어 버렸다. 잉글랜드 전역이 분노로 들끓었다. 그리고 그 분노는 누가 봐도 정당했다.

윌리엄은 진정으로 비통해 하면서 자신의 능력껏 난관을 뚫어 보려고 했다. 그는 제임스가 행복에 겨워 흔쾌히 양보할 수 있는 순간들 중에서 그의 유일한 아들이 태어난 날이 왕을 설득하기 가장 좋은 날로 생각하고 그날을 택하여 왕을 알현했다. 왕세자 탄신 기념으로 주교들을 석방해 달라고 간곡히 부탁했지만, 제임스는 단칼에 잘랐다.

주교들은 재판을 받고 나서야 석방되었다. 잉글랜드 전역에서 환성이 터졌다. 그러면서도 제임스 2세는 나라가 원하는 왕이 아니라는 판단에 확신을 굳혀갔다.

결과적으로 훗날 '보니 프린스 찰리'[153]의 아버지가 되는 가엾은 어린 왕세자의 출생

---

152) 1602년에 세워진 옥스퍼드 대학의 학술도서관으로 유럽에서 가장 오래된 도서관 중 하나이다. 1200만 건 이상의 자료를 소장하고 있으며, 대영도서관에 이어 영국에서 두 번째로 규모가 크다.
153) 정식이름은 찰스 에드워드 스튜어트(Charles Edward Stuart, 1720-1788). 잉글랜드와 스코틀랜드의 왕위 요구자로 제임스 2세의 손자이자 제임스의 장남이었다. 젊은 왕위 요구자로 불리며, 스코틀랜드 사람들은 보니 프린스 찰리(Bonnie Prince Charlie)라고 불렀다. 1746년 자코바이트 난이 진압됨으로써 찰스 에드워드 스튜어트를 잉글랜드와 스코틀랜드의 왕으로 옹립하기 위한 노력은 완전히 좌절되었다.

자체가 어쩌면 제임스가 저지른 가장 큰 실수였다고 할 수 있다. 신교도인 오렌지 공작 부인 메리가 왕위를 계승하는 한, 잉글랜드는 안전할 거라는 생각이 지배적인 국민정서였다. 그러나 태어난 왕자는 분명 가톨릭으로 키울 것이라는 우려가 생기자, 상황이 완전히 달라졌다. 가장 영향력이 있고 권세가 높은 귀족들과 젠트리[154]가 결집하여 숙의했다. 그들은 메리의 남편인 오렌지 공 윌리엄에게 서한을 보내 군대를 이끌고 잉글랜드로 들어와 달라고 요청했다.

오렌지공 윌리엄은 1688년 11월 5일 군사 14000명을 이끌고 데번[155]의 토어 만에 상륙했다. 그를 초청한 귀족들은 단번에 그와 힘을 합쳤고, 왕의 군대 일부도 왕을 저버리고 오렌지공 쪽으로 넘어왔다. 제임스가 애지중지하던 딸 앤도 역시 언니 부부의 편에 합류하여 아버지에게 맞섰다. 놀라움과 비통함에 짓눌린 제임스가 절규했다. "신이시여 도와주소서. 제 피붙이들이 저를 버렸나이다!" 왕비와 어린 아들을 프랑스로 피신시킨 후, 한 두 가지 미미한 시도로 상황의 역전을 꽤하려다 실패하자 12월에 자신도 프랑스로 탈출하여 식구들과 만났다.

귀족의원회는 왕좌가 비어 있음을 선포하고 윌리엄과 메리가 왕과 왕비의 자리에 오르도록 했다. 이로써 1688년의 무혈혁명이 완수되었다.

제임스 2세의 친구인 윌리엄은 이제 잉글랜드에서 외톨이 신세가 되었다. 폐위된 왕의 조정을 넘나들던 사람들 대부분이 도주해버렸다. 제임스의 고해 신부였던 피터도 왕과 함께 떠났다. 윌리엄이 프랑스 그랜드 투어에서 만났던 선덜랜드 백작인 로버트 스펜서는 자기 아내의 모자와 페티코트를 착용한 채 줄행랑을 쳤다. 제프리스 경은 일반 수부의 복장으로 변장하고 탈출을 시도하다가 결국 체포되었다. 윌리엄만 제자리에 남아있었다.

펜실베이니아는 그의 도움이 절실했다. 그러나 거기로 지금 떠나버리면, 지은 죄가 있어서 다른 사람들처럼 겁에 질려 도주해 버리는 거나 마찬가지라고 생각했다. 그래서 떠날 수 없었다. 잉글랜드에 남아 있어야 했다.

---

154) 중세 기사들이 더 이상 전사 집단으로 기능하지 않게 되자 영지를 관리하는 지주층으로 정착하면서 만들어진 사회계층을 지칭한다. 튜더와 스튜어트 시대에 급부상했으며, 세습귀족과 함께 귀족사회를 구성하여 의회 의원직과 치안판사직 등을 독점하면서 지방의 통치자로 자리 잡았다.
155) 잉글랜드 남서부에 소재한 주.

26장

도망자

오렌지공 윌리엄이 잉글랜드에 상륙하고 한 달 후, 화이트홀 궁내를 당당하게 걸어 다니던 윌리엄은 단박에 체포되어 추밀원 위원들 앞에 붙들려 와 심문을 받았다. 그는 정직하고 대담하게 답변했다. 조국과 개신교 신앙을 생명보다 더 아끼고 그 어느 쪽에도 결코 해가 되는 일을 하지 않았으며, 제임스 왕은 오래 전부터 자신과 아버지의 친구였고, 고마운 친구였기에 그에게 도움이 되는 방향으로 그의 마음을 움직이기 위해 최선을 다했노라고 말했다. 제임스의 다른 친구들은 그를 저버렸거나 그와 함께 도주해 버렸다. 윌리엄만이 새로 입각한 정부 앞에 과감하게 서서 추방된 왕에 대한 애정을 공개적으로 표명했다.

추밀원은 윌리엄의 신실함과 충성심에 탄복하지 않을 수 없었지만, 다음 재판정 회기가 개시하는 날에 다시 출두할 수 있도록 보석금을 지불하고 나서야 그를 아무 조건 없이 풀어주었다. 워밍허스트로 돌아온 윌리엄은 거기서 당분간 머무르다, 부활절 개정기[156]에 열린 재판을 받고 무혐의 처리되었다.

윌리엄 공과 메리의 집권 원년인 1689년에 드디어 윌리엄이 지난 20년간 자신의 에너지를 쏟아온 염원이 실현되었다. 종교적 자유가 합법적인 원칙으로 정립된 것이다. 의회를 통과한 관용법[157]이 국왕의 승인을 받았다. 그러나 아직 완벽하지는 않았다. 심사법이 여전히 효력을 발하고 있는 상태라 비국교도들은 의회에 진출할 수도, 정부의 공직을 맡을 수도, 대학에서 교육을 받을 수도 없었다. 그럼에도 불구하고, 새 법은 올

---

156) 부활절이 끝나고 맞는 두 번째 화요일에 시작되어 성령강림주일의 금요일에 끝난다.
157) 명예혁명 후 종교적 관용을 바라는 국민의 여망과 가톨릭교도의 진출을 두려워한 비국교도들의 주장으로 제정되었다. 이 관용법에 의해 가톨릭교도, 유대 교도를 제외한 모든 비국교도에게 신앙의 자유를 부여하게 되었다.

바른 방향으로 가기 위한 첫 걸음이고 커다란 한 걸음이었다. 게다가 현 정부에 충성서약을 한 사람들은 혹독한 비국교도 처벌법의 저촉을 받지 않도록 규정했고, 친우회도 엄숙하게 약속하는 행위로 서약을 대신할 수 있게 되었다. 그러나 글쓰기, 연설, 수차례의 투옥, 모범적인 펜실베이니아 정부 건설 등을 통하여 그 어느 누구보다도 관용법의 입법화를 위해 힘써온 윌리엄이 그 법을 통과시킨 사람들로부터 완전히 신망을 잃고 의심을 받았다는 사실은 아이러니가 아닐 수 없었다. 윌리엄은 제임스의 친구였고, 예수회 교도라고들 하지 않았던가!

관용법의 탄생에 누구의 공이 인정되어야 할 것인가는 윌리엄에게 조금도 중요하지 않았다. 종교적 관용이 잉글랜드에 뿌리 내린다는 사실이 더 중요했다. 이제 그는 펜실베이니아로 관심을 돌리기로 했다. 우선, 총독 대리의 자격으로 파견한 블랙웰 대위에게 부실한 업무수행을 이유로 사임을 권고했다. 펜실베이니아 평의회에 서한을 보내 총독으로 고려할 수 있는 사람을 3-5명 선으로 추천해 달라고 요구했다. 또한 가난한 사람들은 무료로 수업을 받고, 여유가 있는 사람들은 수업료를 내고, 퀘이커든 아니든 관계없이 누구나가 다닐 수 있는 공립학교를 설립하여 그 운영을 퀘이커에게 맡기도록 지시하였다. 초대 교장으로 1677년 그와 함께 네덜란드와 독일에서 선교 활동을 했던 옛 친구이자 애버딘 대학의 수학자 조지 키스를 임명했다. 이 학교는 〈윌리엄 펜 차터 스쿨〉이라는 이름으로 지금까지 남아 있다.

1690년 윌리엄은 전 국왕과 내통했다는 죄목으로 추밀원으로 다시 붙들려 왔다. 그는 자신을 윌리엄 왕 앞에 세워달라고 부탁했다.

제임스가 윌리엄에게 쓴 편지가 증거로 제시되었다. "미스터 펜, 전 국왕 제임스가 왜 당신에게 편지를 썼습니까?"

"나는 모릅니다." 윌리엄이 대답했다. "하지만 왕이 편지를 쓰기로 했다믄, 나로선 막을 수 없는 일입니다. 그리고 내가 제임스 왕을 아꼈다는 사실을 거리낌 없이 고백하고 싶습니다. 좋은 시절에 그를 사랑했다면, 어려운 시절이라고 미워할 수는 없는 일입니다. 그렇지만, 나는 쫓겨난 왕좌에 그를 다시 앉히고자 하는 생각은 한 번도 품어본 적이 없습니다. 그러므로 편지의 그 어떤 내용을 빌미 삼아 그 어떤 식으로든 나에게 죄를 물을 수는 없습니다."

인격에 대해 조금이라도 이해가 있는 사람이라면, 이런 말을 하는 그가 의심할 바 없이 충성스럽고 진실하다는 것을 알게 될 것이다. 윌리엄 왕은 그 사실을 꿰뚫어 보고, 곧바로 윌리엄을 석방하려고 했다. 그러나 추밀원의 일부 위원들이 그의 충직하고 관용적인 발언을 제임스 왕의 뜻을 노골적으로 옹호하기 위한 행위로 간주하려고 하자, 왕은 그들의 뜻을 마지못해 수용하고 그에게 보석금을 내고 트리니티 개정기[158]에 출두하라고 명령했다. 그러나 그때도 법정은 또 다시 그를 무혐의로 석방했다.

긴 안도의 숨을 내쉬고 윌리엄은 이제 펜실베이니아로 돌아가기 위한 준비 작업을 개시했다. 그러나 이내 새로운 파란이 일어났다. 프랑스 군대의 지원을 받은 제임스가 아일랜드에 당도하자, 아일랜드 사람들이 그의 반란에 가담했다. 잉글랜드 해상으로 잠입한 프랑스 함대가 잉글랜드 해군을 공격했다. 윌리엄이 이 보다 앞서 일 년 전에 "유럽은 고통의 바다와 같다."라고 쓴 대로 고통스런 일이 실제로 벌어지고 있었다. 윌리엄 왕은 군대를 이끌고 아일랜드로 올라갔고, 메리 여왕은 국내에 남아 국정을 돌보면서 제임스를 옹립하기 위한 반란을 일으킬 소지가 있을 수도 있다고 의심되는 18명의 인사를 초조한 마음으로 잡아들였다. 윌리엄도 그 18명 중의 한 사람이었다. 다시 법정에 섰고, 다시 무혐의 처분을 받았다.

석방과 동시에 윌리엄은 펜실베이니아 관련 계획들을 이행해 나갔다. 펜실베이니아의 제 2차 정착촌 건설을 위한 제안서를 발표했다. 예전에 직접 탐사했던 서스퀘하나 강 유역 영토를 정착촌 건설 부지로 선정했다. 펜실베이니아로 돌아가기 위한 모든 채비를 마쳤다. 소규모 상선을 타고 아무런 보호 없이 프랑스 전함이 득실거리는 바다에 무작정 뛰어들 수가 없기에 내무장관으로부터 호송선을 이용할 수 있는 허가까지도 받아 놓았다. 이제 모든 준비가 다 끝났다.

1691년 1월 31일, 예배모임이 열렸던 그레이스처치 거리 근처 집에서 조지 폭스가 눈을 감았다. 임종을 지킨 윌리엄에게 남긴 폭스의 마지막 말은 "윌리엄, 아메리카에 사는 가엾은 친우들을 잘 돌봐주시길 바랍니다."라는 부탁이었다.

"이스라엘의 한 위대한 지도자가 스러졌다."

윌리엄은 랭커셔의 마거릿 폭스에게 남편의 임종을 알렸다. 퀘이커들은 전에도 수난을 겪었지만, 폭스를 알고 사랑한 모든 사람들은 그의 죽음을 돌이킬 수 없는 상실로 받

---

158) 성령강림주일이 끝나고 두 번째로 시작되는 화요일부터 7월 31일까지 지속된다.

아들였으며, 저마다 뼈아픈 슬픔의 고통을 느꼈다.

수백 명의 사람들이 번힐 필즈에서 열린 폭스의 장례식에 참석하여 그의 명예와 헌신을 기렸다. 윌리엄은 결집한 군중 앞에서 추도 연설을 했다. 그를 저지하러 파송된 군인들이 너무 늦게 도착하는 바람에 그는 간신히 체포를 면했다.

이윽고 그는 체포가 임박했다는 소식을 들었다. 영장이 다시 발부되었다. 윌리엄 풀러라는 사람(나중에 의회가 거짓말장이에 악질적인 사기꾼으로 규정함)이 윌리엄이 다른 사람들과 함께 반정부 음모를 꾸몄다고 증언했기 때문이다. 반역죄란 그에게 추하디 추한 죄목이었다.

펜실베이니아로 떠날 준비를 마친 배는 윌리엄과 그의 가족을 남겨두고 떠나갔다.

윌리엄이 만일 잉글랜드에서 체포영장이 발부된 상태에서 펜실베이니아로 탈출했다면, 정적들은 그러한 행위를 자신의 죄를 인정하는 것으로 쌍수를 들고 환영했을 것이다. 그러나 자수한다면, 법정에서 거짓을 진실이라고 우길 이 풀러라는 사람을 대면해야 할 것이고, 진실을 말하는 자신은 오히려 진실이라고 맹세하며 증언할 수 없는 노릇이었다. 설령 석방이 된다 하더라도 다시 체포될 것은 불 보듯 뻔했다. 지난 2년 만에도 이미 3번 체포되고 석방되었다.

사방에서 추격을 당하는 느낌에 휩싸인 채, 그는 런던 스트랜드 지역 부근의 조그만 거리에서 숙소를 잡아, 험난한 상황이 잦아들 때까지 숨어 있었다.

줄리엘마와 아이들은 워밍허스트에 그대로 남아 있었다. 줄리엘마는 이따금 런던 근교의 홋스돈으로 친구를 만나러 오는 길에 런던으로 살며시 들어가 은신 중인 윌리엄을 만나곤 했다. 그녀는 이제 47살로 접어들었다. 지난 이삼 년간 그녀를 옥죄었던 근심과 수난으로 실제보다 나이가 더 들어 보였다. 아메리카 식민지의 총독이자, 왕의 친구이며, 자유의 수호자이면서 가장 훌륭하고 매력적인 남자인 그 윌리엄 펜이, 안을 들여다 볼 수 있도록 조그만 구멍이 뚫린 문이 달려 있고 깅으로 통하는 비밀 탈주로가 연결된 방에 몸을 숨기고 있어야 한다는 사실 때문에 자부심과 사랑으로 가득 찼던 그녀의 가슴은 찢어지게 아팠다. 자기 때문이 아니라, 남편에 대한 걱정으로 그녀의 용기는 점차 사그라들었으며, 한 번도 탄탄한 적이 없었던 그녀의 건강마저도 점점 쇠락해 갔다.

줄리엘마 외에 다른 사람들도 현장에서 물러나 있는 윌리엄을 들여다 보러 왔다. 앨저넌의 동생인 헨리 시드니, 헤이그에서 윌리엄과 메리와 함께 잉글랜드로 입성한 존 로크 등이 방문했다. 신임 국왕 부부의 신임을 받고 있던 로크가 왕의 사면을 받아주겠노라고 자청했지만, 몇 년 전 서로 정치적 명운이 뒤바뀐 상황에서 로크가 그랬듯이 윌리엄도 결백한 자신을 사면할 수 없다는 이유를 들어 거절했다.

불길한 소식이 펜실베이니아에서 날아왔다. 펜실베이니아 식민지와 델라웨어강 지역 정착민들이 부총독의 선출을 놓고 서로 다투고 있었고, 친우회 자체도 조지 키스가 촉발한 종교적 믿음에 대한 논쟁으로 분열되고 있었다. 종교적 자유만 보장되면 평화와 단결은 자연스럽게 성취될 거라고 지나치게 확신하고 있었던 윌리엄은 식민지의 상황 전개에 고통스러워하고 낙담했다. 잉글랜드에 손발이 묶인 그가 할 수 있는 일이라고 해봐야 고작 편지를 쓰는 게 전부였다.

두 사태 모두 다루기 힘든 문제였지만, 1692년에 마침내 터져 버린 충격적인 사건은 훨씬 더 심각했다. 국왕이 윌리엄으로부터 펜실베이니아를 거두어들여 뉴욕의 플레처 총독의 관할로 넘겨버렸다.

문제가 이만 저만 심각한게 아니었다. 윌리엄의 정적들은 의기양양 해졌고, 친구들은 그에게서 멀어졌고, 어려울 때 그의 도움을 받았던 사람들조차도 정작 그가 어려울 때는 눈을 돌려버렸다. 윌리엄이 아일랜드에서 반역자로 선포되자, 샨어게리 사유지도 왕실의 재산으로 몰수되었다. 그러나 윌리엄에게 최악의 사건은, 그토록 커다란 희망을 품고 그토록 자상하게 심사숙고 하여 건설하고 그 과정에서 자신의 재정을 바닥나게 한 그 귀중한 펜실베이니아를 자기한테서 앗아간 일이었다. 윌리엄은 삶의 나락으로 떨어졌다.

그러나 그는 마냥 주저앉아 절망만 하고 있을 사람이 아니었다. 이윽고 펜을 종이에 갖다 대고 잉크를 묻혀 글을 쭉 써 내려갔다. 친우회, 정치적 영향력이 있는 귀족 지인들, 그리고 펜실베이니아 일반 사람들에게 편지를 보냈다. 펜실베이니아에 대한 통치 권한은 상실했더라도 왕이 허여한다면 여전히 아메리카로 가고 싶었다.

발등에 불이 떨어진 다급한 상황에서도 윌리엄은 시야를 자신이 당면한 문제를 넘어 세상의 문제로 확대하여 사유했다. 1693년에 출판된 『유럽의 현재와 장래의 평화를 위한 에세이』에서 그는 유럽 국제동맹과 같은 기관의 건립을 제안했다. 이러한 구상이 실제로 시험되기 200년 전의 일이었다. 이 시기에 그가 쓴 또 다른 걸작은 익명으로 출간한 『고독의 과실』들이었다. 인간 행위와 관련된 성찰과 격언을 담은 이 소책자는 담백하고도 아름답게 표현된 "진솔하고 따뜻한 지혜"로 (로버트 루이스 스티븐슨의 표현대로) 가득 찼다. 오늘날에도 인생에 대한 깊은 성찰을 추구하는 사람들에게 추천할 만한 좋은 책이다.

『고독의 과실』에서 윌리엄은 다음과 같이 썼다.

"자유가 없는 곳에서는 진정한 우정이 싹틀 수 없습니다. 우정은 자유로운 공기를 마시고 성장하기에 경직되고 편협한 환경에 가두어서는 안 됩니다. 진정한 친구는 자유롭게 말하고 또 자유롭게 행동합니다. 그리고 상대방의 의도를 곡해하지 않습니다…진정한 친구는 자유롭게 마음을 털어놓고, 바르게 조언하고, 기꺼이 도와주고, 대담하게 모험의 길로 나가며, 모든 것을 참을성 있게 받아들이고, 용감하게 수호하고, 변함 없는 벗으로 계속 남아 있습니다…배우자를 고르는 것처럼 신중하게 친구를 골라, 죽음으로 헤어질 때까지 우정을 나누기 바랍니다."

윌리엄은 은거의 시기를 이런 일에 전념하며 보냈다. 모든 일은 시작이 있으면 끝이 있게 마련이었다. 잉글랜드가 덴마크의 침입으로 수난을 겪던 시절에 나이 든 음유시인이 "이것도 지나갈 거야."라고 노래하지 않았던가.

1693년 말 경, 롬니 경이 된 헨리 시드니, 로체스터 경이 된 하이드 경, 래널라그경 등 윌리엄의 예전 조신 친구들이 왕에게 그의 석방을 간청하였다. 그들은 자신들이 모두 윌리엄을 잘 알고 있고, 더러는 안지 30년 되는 사람들도 있으며(헨리 시드니를 지칭), 그가 악행을 저지른 것을 한 번도 목도한 적이 없고 반대로 많은 선행을 실천해 왔다고 힘주어 말했다. 이에 왕은 윌리엄도 자신의 오랜 지인이라고 말하면서 그가 어느 때 보다 더 자유롭게 자신의 일을 수행할 수 있도록 허락하며, 내각 대신인 존 트렌차드에게도 그렇게 알도록 지시하기로 약속했다. 제임스 왕에게 사면을 받으러 윌리엄이 자기 마차로 윈저 성으로 직접 데리고 갔던 바로 그 존 트렌차드를 윌리엄 왕이 언급하였던 것이다. 명예혁명 이후, 트렌차드는 윈저 싱으로 윌리임의 마차를 몰던 말 네 마리를 그에게서 샀다. 11월 30일, 이제는 윌리엄이 존 트렌처드 경에게-사면이 아니라- 공식적으로 무죄임을 확증 받으러 갔다.

윌리엄을 동반한 사람은 그의 장남, 스프링겟이었다. 외모가 유달리 자기 어머니와 비슷한 훤칠한 키의 17세 소년은 부드러운 진중함과 섬세한 지성을 겸비하여 아버지에게는 좋은 친구이자 기쁨을 주는 존재였다. 존 트렌차드경을 만난 후, 윌리엄 부자는 불

앤드 마우쓰에서 열린 예배 모임에 참가했으며, 스트랜드 거리에 소재한 윌리엄의 숙소에 들러 마지막으로 볼 일을 끝내고 줄리엘마, 러티샤와 빌리가 기다리고 있는 홋스돈으로 직행했다.

줄리를 본 윌리엄은 그녀의 병세가 심각하다는 걸 단번에 알아챘다. 그러나 남편에 대한 근심으로 생긴 병이라, 자신의 안전한 귀환과 가족의 행복한 재결합으로 완치되길 바랐다. 그러나 행복을 함께 누리기엔 이미 때가 늦었다. 줄리는 가족과 두 달을 함께 지내고 1694년 2월 23일 깊은 사랑과 평온 속에서 이 세상을 떠났다.

27장

해나

열여덟 살의 스피링겟은 섬세하고 진중한 소년으로 게임과 여흥을 "적절치 못한 활동"이라고 여기는 편이었다. 얼마간 암스테르담에서 머무는 동안 윌리엄 스웰에게 사사받았으며, 그 학식이 깊은 신사와는 귀국해서도 라틴어로 서한을 주고 받았다. 성품과 관심사의 측면에서 볼 때, 스피링겟은 다른 형제들 그 누구보다 아버지와 잘 맞아 친구와 동반자가 될 수 있었다. 러티샤와 빌리는 각각 16살과 14살로, 생기 있고 활동적이었으며 장남의 훈계를 그다지 달갑게 생각하지 않았다. 둘은 드러내고 말하지는 않았지만, 개인적으로 자기네 가족이 퀘이커 신앙으로 인해 필요 이상의 고통을 감내해야 했다고 생각했다.

줄리가 떠나버린 워밍허스트의 삶은 우울하고 두서가 없었다. 윌리엄은 줄리가 없는 집에서 한번에 장기간 머물기가 힘들었고, 일 때문에라도 자주 집을 떠나야 했다. 그러면서도 아직 너무 어리고 안정감도 없어서 엄마의 손길이 여전히 절실한 아이들이 걱정스러웠다.

윌리엄은 펜실베이니아 정무와 글쓰기로 바쁘게 하루 일과를 채웠다. 토마스 엘우드가 편집한 『조지 폭스의 일기』에 포함될 서문 작성을 부탁 받자, 그는 그 일을 정말 기쁜 마음으로 좋아하면서 이행했다. 일사천리로 종이를 메우지도, 보통 때처럼 잉크를 급하게 밀리지도 않으면서, 찬찬히 조심스럽게 군더더기를 쳐내고 수정하면서 써내려 갔다. 완성된 서문을 통하여 애정과 통찰력으로 조지 폭스라는 인물을 소개할 뿐만 아니라, 퀘이커교와 그 기원에 대한 역사도 서술했다. 런던 월례모임은 이 서문을 승인했지만, 안타깝게도 마거릿 폭스는 제임스 2세 치하에서 벌인 윌리엄의 궁정 활동을 신랄하게 비난한 두 사위 토마스 로어와 윌리엄 미드의 영향을 받아 서문이 『조지 폭스의 일기』와 함께 출판되는 것을 허락하지 않았다. 윌리엄의 서문은 『퀘이커라 불리는 사람들의 등장과 진보』라는 이름으로 따로 출판되었고, 여러 판으로 거듭 인쇄되었다.

모든 이들이 윌리엄이 양지로 나와 활동하는 모습을 기쁘게 환영하는 것 같았다. 그가 가는 곳이면 어디든 그의 연설을 듣기 위해 사람들이 모여 들었다. 어떤 경우에는 회관이나 시장이 수용하기에도 많은 수의 사람들이 집결하여, 가장 가까운 들판으로 모임을 옮겨야 할 때도 있었다.

1694년 8월, 윌리엄은 펜실베이니아를 되돌려 받았다. 플레처 뉴욕 총독은 펜실베이니아를 군대식으로 통치해보려고 했지만 실패하고 말았던 것이다. 식민지 주민들은 윌리엄이 다시 통치권자로 돌아올 수 있게 되어 기뻤고, 주민들 간에는 예전보다 통제가 덜한 정부를 선호하는 분위기가 만연했다. 윌리엄의 사촌인 마컴이 다시 식민지와 델라웨어강 영토의 부총독직을 담당했고, 필라델피아에서 과도하게 분란을 일으킨 조지 키스는 이제 영국으로 돌아가 버렸다. 성공회 목사가 되어 퀘이커교와 윌리엄을 싸잡아 비판하는 논문들을 썼지만, 조지 키스의 영국 활동은 펜실베이니아에 있을 때와 비교하면 별 문제 거리가 되지 않았다. 식민지는 차츰 자리를 잡아가며 평화와 번영의 시기를 맞았으며, 필라델피아는 급격한 성장기를 거치며 이웃 뉴욕의 기를 눌렀다.

윌리엄이 1694년의 마지막 네 달의 시간을 보낸 곳은 바로 브리스틀과 그 주변 지역이었다. 워밍허스트로 돌아왔을 때, 그는 해나 캘로힐이라는 사람에 대하여 해 줄 이야기가 한보따리였다. 해나는 브리스틀의 저명한 퀘이커 인사의 딸이고 손녀인지라, 윌리엄의 아이들도 어느 정도 그녀에 대해 인지하고 있었고, 좋게 생각하고 있었다. 그녀는 민첩하고 현실적이었지만 성격이 온화한 사람이었다. 그녀의 더할 나위 없이 친절한 행동을 경험한 사람들은 그녀와 함께 있는 걸 편안하게 여겼다. 일종의 느긋하고 까다롭지 않은 성격이 가진 매력 때문에 그녀가 나이 서른의 평범한 미혼녀라는 사실을 잊곤 했다. 자기 아버지가 가끔 해나 캘로힐을 딸이 거울로 삼을 수 있는 인물로 거명하고 즐거워하면서 그녀의 이름을 입에 올리는 모습을 보고, 러티샤는 아버지의 마음이 어느 쪽으로 기울고 있는지 알아 차렸다. 그녀는 자기 생각을 누구에게도 말하지 않았지만, 해나가 맘에 들었다.

윌리엄은 무슨 일이든 어설프게 하는 법이 없었다. 그간 살아온 51년의 세월은 명암이 뚜렷이 교차된 인생살이였다. 세상을 다 가질 수도 있었지만, 퀘이커의 삶이 조롱과 멸시와 박해의 대상이었던 시대에 세속적 영화를 마다하고 퀘이커의 길을 선택했다. 가장 비루한 사람들과 함께 감옥생활도 해봤고, 국왕과 함께 친구로서 함께 걸어도 봤다. 위대한 식민지를 얻었다가 빼앗기고, 또 다시 찾았다. 승리와 패배, 실패와 성공, 가없는 행복과 절절한 슬픔을 모두 맛보았다. 앞에 닥친 경험의 세계에 언제나 온 힘을 다했고, 그 어느 것도 피한 적이 없었거니와, 자신의 행적을 변명하거나 부인한 적도 없었다. 뒤 돌아 보고 후회하는 일도 거의 없었다. 언제나 힘차게 앞으로 걸어 나가 남다른 열정과 정신적 활기로 미래와 대면했다. 해나 캘로힐과의 관계에서도, 그녀를 사랑하고 열렬히 구애했다. 6월에는 레스터 백작의 말린 사과를 이용한 레시피를 그녀에게 보냈고, 9월에 이르러서는 다음과 같은 편지를 쓰게 되었다.

친애하는 해나 캘로힐에게,

그대도 나와 같은 마음일 거라고 확신하고 싶습니다만, 그대가 그렇다고 긍정해주는 게 쉬운 일은 아닌 것 같습니다. 그러나 때가 되면 그럴 수 있으리라 바라고 또 믿습니다. 내가 그대의 사랑을 받지 못하면서 그대를 그토록 사랑하고 아낄 수는 없는 일이니까요.

그대의 변함 없는 친구, 윌리엄 펜

해나는 구애자에 대한 결심이 설 때까지 윌리엄에게 두 달 동안 자기를 찾아오지 못하게 했다. 11월이 되어 윌리엄은 다시 브리스틀로 돌아올 수 있었고, 두 사람은 그 달 11일에 월례 모임에 참석하여 결혼의사를 천명했다.

이윽고 윌리엄은 브리스틀을 떠나 웰스[159]로 설교하러 갔다. 그는 시장에서 연설할 수 있도록 주교의 허가를 받았으나, 모임에 참석하러 온 퀘이커들은 시장의 관리인에게 입장을 저지 당했다. 하는 수 없이 그들은 길 건너에 있는 크라운 인으로 옮겨갔다. 그 건물은 낡았지만 떡갈나무로 만든 회랑이 있어서 시장을 내려다 볼 수 있었다. 시장에서 윌리엄은 저 길 아래까지 빼곡히 들어선 이삼천 명의 사람들을 바라보며 설교했

---

159) 잉글랜드 남서부 서머싯 주의 도시.

다. 그를 올려다보고 있는 수많은 사람들의 얼굴 너머로 거대한 성채가 하늘 높이 우뚝 솟아 있었고, 비숍스 아이로 알려진 유서 깊은 성곽 문이 햇빛에 반짝거렸다.

윌리엄이 "선언"을 하는 중에 순경 한 명이 시장이 발부한 영장을 들고 부리나케 다가와 그를 체포하고 끌고 갔다. 그러나 이번에는 모임이 주교가 인정한 행사임을 즉시 증명할 수 있었다. 자기가 합법적인 집회를 방해했다는 것을 깨달은 시장은 오해를 부끄럽게 여기고 사과했다.

웰스에서 공무를 마친 윌리엄은 워밍허스트로 돌아가 심한 감기와 기침을 앓고 있던 스프링겟을 돌봤다. 그리고 매일 혹은 격일로 해나에게 편지를 썼다.

내 아들은 애처롭지만 그래도 건강이 차츰 좋아지고 있는 편입니다. 내가 바라던 대로 회복 중이며, 종종 당차게 행동하기도 한답니다. 게다가 런던과 브리스틀의 여행도 계획하고 있습니다…이 세상 어디에 있더라도 내가 가장 진실하고 깊은 사랑으로 그대와 함께 한다는 사실을 기억하길 바랍니다.

그대의 사랑, 윌리엄 펜

윌리엄과는 대조적으로 해나는 편지를 즐겨 썼던 사람은 아닌 듯 했다.

"그대를 처음 만나고 난 그대에게 8통의 편지를 썼건만, 그대가 보낸 편지는 4통이군요." 책망하는 어조로 윌리엄은 편지를 썼다. 나중에는 이렇게도 썼다.

"그대가 보낸 4통의 편지와 내가 보낸 10통의 편지는 빈도에 있어서 서로 불균형하다는 생각이 들어 그대에게 싫은 소리를 시작해야 될 지도 모르겠습니다. 그렇지만 아주 부드럽게, 그리고 많은 애정을 담아 행할 터이니 그대가 내 마음을 이해하여 답장하는 속도를 변경해 주면 좋겠습니다."

그리고 또 한 번은 "그대에 대한 내 사랑을 억제할 수 없기에 그대에게 편지를 쓰지 않을 수 없습니다."라고 쓰기도 했다.

1696년 2월에 쓴 편지는 이렇게 끝맺었다. "이 세상의 그 모든 진정한 위안을 넘어설 만큼 그대를 가장 온전히 사랑하고 아끼는 사람이 바로 나라는 걸 믿어주십시오, 크나큰 기쁨으로 그대의 사랑을 지킬 것입니다. ㅇ.ㅍ."

며칠 후, 윌리엄은 자기가 "가장 아끼고 친한 친구"에게 브리스틀 방문과 결혼 계획에 대해 편지를 썼다. 2월 14일 브리스틀 퀘이커 모임의 허가를 받은 윌리엄은 기침을 완전히 떨치지 못한 스프링겟, 러티샤 그리고 빌리를 데리고 워밍허스트를 떠나 브리스틀로 향했다.

윌리엄과 해나는 1696년 3월 5일 프라이어스 모임집에서 결혼식을 올렸다. 브리스틀에서 견실한 상인으로 평판이 나 있는 해나의 아버지 토마스 캘로힐와 외할아버지 데니스 홀리스터를 위시하여 윌리엄의 세 자녀, 그리고 많은 퀘이커 친우들과 친지들이 하객으로 참석했다. 결혼식은 의미가 묵직한 모임이기도 했다. 퀘이커 신앙 운동의 선구자 역할을 했던 사람들 대다수가 이미 이 세상 사람이 아니었다. 조지 폭스, 아이작 페닝턴과 메리 페닝턴, 로버트 바클레이, 그리고 1650년대에 두 사람씩 짝을 이루어 선교 활동을 펼쳤던 열성적인 '최초의 진리 전파자들'은 모두 가고 없었다. 홀로 남은 용사는 이제 윌리엄뿐이었지만, 51세의 그는 여전히 청춘이었다.

28장

펜실베이니아로 돌아오다

윌리엄이 자신의 동반자이자 친구로 그토록 아꼈던 스프링겟이 사망한 후, 펜 가족은 워밍허스트를 떠나 브리스틀로 이주했다. 윌리엄과 해나 두 사람 모두 제 2의 런던이자 환경이 더 개선된 런던으로 발전하고자 분투 중인 그 자그마한 도시를 사랑했다. 그곳은 해나의 고향이었고 윌리엄이 평생 익히 알아왔던 도시이기도 했다. 시내에 들어선 주택들 사이로 선박들이 보이는 선창가도 낯설지 않았다. 레드클리프교회에는 펜 제독의 갑옷과 그가 지휘한 함대들의 깃발이 전시되어 있었다. 예전에 조사이어 콜과 함께 로퍼드 게이트를 지나 런던 거리[160]로 말을 타고 다녔고, 줄리와 함께 세인트 제임스교회의 뜰에서 열린 시장에서 조지 폭스와 마거릿 폭스를 만났다. 이토록 익숙한 브리스틀의 프롬강둑을 프라이어 모임집에서 결혼식을 올린 두 사람이 산책했다.

러티샤와 빌리도 브리스틀 거주에 만족했다. 빌리는 메리 존스라는 자그마한 퀘이커 아가씨에게 반했는데, 윌리엄은 네 살 연상의 메리가 아들의 마음을 잡아줄 수 있길 바랐다. 성격이 사나우면서도 의지가 약하고, 너무나 쉽사리 정에 이끌리고, 단박에 스스로를 소외시키고, 세속적인 것을 애타게 갈구하는 아들이 걱정스러웠기 때문이다. 1698년에 아일랜드에 가야할 일이 생기자, 윌리엄은 당시 17살이었던 빌리를 데리고 토마스 스토리와 함께 갔다.

토마스 스토리는 교육을 잘 받은 젊은이로 7년 전에 퀘이커가 되었다. 일 년 전 런던에서 처음 만난 그는 윌리엄의 맘에 쏙 들었다. 토마스와 또 다른 젊은 퀘이커는 훗날 피터 대제로 만인에게 이름을 알린 제정 러시아의 젊은 황제가 뎁트퍼드의 이블린 씨 집에 지내면서 그 지역의 조선소에서 선박건조기술을 배우고 있다는 소식을 듣고 그를

---

[160] 브리스틀 시내의 거리 이름(The London Road).

찾아가 퀘이커교로 개종시키려고 했었다. 두 젊은이는 독일어를 몰랐고, 황제는 영어를 몰랐을 뿐만 아니라 그들이 제시한 바클레이의 『변호론』의 라틴어 텍스트도 읽을 수가 없었기에 두 사람의 노력은 별 성과가 없었다. 이삼일 후에는 윌리엄과 화이트헤드가 찾아와 황제와 독일어로 대화하고 독일어로 번역된 퀘이커 관련 책자를 주었다. 전쟁을 금지하는 종교는 자신의 정치적 지향과 근본적으로 맞지 않는다고 느꼈던 피터 대제는 결코 퀘이커가 되지 않았다. 그럼에도 불구하고 황제는 텝트퍼드의 모임에 참석해보기도 했고, 15년 후에는 그 당시 퀘이커 종교가 준 강한 인상을 다음과 같이 표현했다. "그 교리에 따라 살 수 있는 사람이면 누구든지 행복할 것이다." 이 일화를 기억한 윌리엄은 브리스틀에서 토마스 스토리에게 편지를 보내 웨일스의 홀리헤드에서 만나 아일랜드에 함께 가자고 부탁했다.

윌리엄이 마지막으로 아일랜드를 방문한지 벌써 30년이나 되었다. 그러나 대부분이 그가 기억하고 있던 모습 그대로 남아 있었다. 칠 년 치 지대를 제하고 남은 샨어게리 사유지는 다시 윌리엄의 소유로 돌아왔다. 예전과 마찬가지로 아일랜드는 여전히 전쟁과 외침의 후유증을 앓고 있었다. 오렌지 공 윌리엄이 제임스 왕을 몰아내고 그 지지자들을 척결한 보인 전투[161]로 풍성했던 녹색의 자연은 초토화 되고 오두막에 사는 가난한 이들의 얼굴에는 고통과 비애가 깊이 새겨져 있었다. 군인들은 돌아다니며 가톨릭뿐만 아니라 자신들이 가톨릭이 아니라고 맹세할 수 없는 퀘이커들로부터 말을 빼앗아 갔다. 퀘이커 모임은 여전히 치안판사와 순경의 기습 진압의 위험을 감수해야 했다. 윌리엄이 예전부터 알던 지역 명사들 중에서 섀넌 경만이 건재했다. 옛 친구를 만나 여전히 반가웠지만 이제 윌리엄은 더 이상 그의 보호를 받을 필요가 없었다. 코크와 더블린의 시장은 그를 정중하게 대해주었고, 주교들은 우호적이었으며 아일랜드의 대법관들은 이 손님에게 감히 다른 태도를 보이려는 사람에게는 언제라도 인상을 찌푸려 못마땅함을 표시할 대세었다.

윌리엄 일행은 1698년 봄 3개월 대부분을 더블린과 코크에서 보냈다. 윌리엄이 가는 곳이면 어디든 그의 설교를 들으러 사람들이 모여들었다. 윌리엄이 설교하는 모임에 여

---

[161] 잉글랜드에서 탈출한 제임스 2세는 1689년 3월 프랑스군의 지원을 받아 아직 자신을 군주로 인정하고 있는 아일랜드로 건너갔다. 그러나 그의 2만 1천 명의 아일랜드-프랑스 연합군이 1690년 7월 보인 전투에서 3만 5천 명의 윌리엄군에게 패하자 제임스는 다시 프랑스로 도주할 수 밖에 없었고, 아일랜드도 윌리엄 3세의 통치에 놓이게 되었다.

러 차례 다녀온 데리[162] 지역의 주임 사제는 주교에게 "귀로 전해오는 그의 말에 자신의 마음이 전적으로 동감했노라"고 보고했다. 캐셜[163]의 주교가 성당에 설교하러 가보니 시장, 교구위원들, 순경 몇몇을 제외하고 나머지 신도들이 모두 윌리엄의 모임에 가버렸다고 불평했다. 워터퍼드[164] 근처의 나루터에서 총을 가진 기마병들에게 윌리엄의 말을 몰수하라고 거만하게 명령한 젊은 장교들은 그 일로 오히려 자신들이 곤혹을 치르게 되자 크게 당황하고선 당국에 선처를 부탁해 달라고 윌리엄에게 청원했다. 그 누구에게도 적의를 품지 않는 윌리엄이 그 젊은 애송이들에게 원한을 품을 리가 만무했다. 윌리엄의 도움으로 그들은 즉시 석방되고 용서받았다.

8월 중순에 윌리엄 일행은 다시 브리스틀로 돌아왔다. 토마스 스토리는 아메리카로 출발하기 전에 펜 가족과 서너 주 동안 함께 지냈다. 토마스의 아메리카행을 반긴 윌리엄은 런던까지 가서 그를 전송했다. 토마스 스토리와 같은 사람들이 펜실베이니아 건설에 동참할 수 있어서 윌리엄은 무척 기뻤다.

펜실베이니아를 위한 일꾼으로 윌리엄이 선택한 또 다른 젊은이는 제임스 로건이라는 사람이었다. 그는 모태 퀘이커 신자이며, 스코틀랜드 출신 부모가 고향의 사유지를 몰수당한 뒤로 가족이 아일랜드로 이주하여 정착하였다. 몇 년 전부터 제임스의 아버지는 브리스틀의 프라이어 모임집 이층 교실에서 열리는 퀘이커 학교의 교장 직을 맡아왔다. 교장의 보조는 13살에 이미 라틴어, 그리스어, 히브리어를 습득했고 16살에 수학을 가르쳤으며 짬이 날 때 마다 프랑스어, 이탈리아어, 스페인어를 배운 그가 담당해왔다. 윌리엄이 처음 그를 만났을 때 그는 장신에다 미끈한 용모에 용기와 결단과 충성심 그리고 고산지대 특유의 성마른 성격을 가진 25세의 젊은이로 브리스틀과 더블린간의 무역업에 몸을 담고 있었다. 과거에 인물 판단에 있어서 실수가 잦았던 윌리엄이었지만, 제임스 로건을 신뢰한 그의 판단은 적중했다. 1699년 여름이 되어 마침내 펜실베이니아로 떠날 준비를 끝내고는 로건에게 자기 비서가 되어 함께 가자고 부탁했다. 로건은 흔쾌히 수락했고, 그 결정은 펜실베이니아의 앞날에 엄청난 행운이었다.

---

162) 북아일랜드의 도시로 공식적으로 런던데리라 불린다. 교외 지역까지 합쳐 인구 약 9만 명으로 벨파스트에 이어 북아일랜드에서 두 번째로 큰 도시이며, 아일랜드 전체에서는 네 번째로 큰 도시이다.
163) 아일랜드 남부 티퍼레리주의 마을.
164) 아일랜드 남부 워터퍼드주의 주도.

떠날 채비를 하는 데는 어느 정도의 술수가 필요했다. 여행 자금이 턱없이 부족했다. 열여덟 살도 채 되지 않았던 빌리가 그 해 1월 12일 메리 존스와 결혼하겠다고 우기는 터에 워밍허스트를 그에게 넘겨주어야 했다. 게다가 펜실베이니아의 내부 사정으로 윌리엄 자신의 개인 자금이 고갈된 상태였다. 이주민들은 면역지대를 지불하지 않으려고 했다. 1683년에 윌리엄은 자기에게 돌아올 수 있는 세금을 주민들에게 징수하기를 한사코 거부하였는데, 이는 관대했지만 성급한 조치였다. 그리고 평의회도 어느 누구에게도 부총독의 급여, 의회운영비, 영토경계선 조정비용 등을 포함하는 정부운영비용을 지불하라고 강요하지 않았기 때문에, 이 모든 비용을 윌리엄이 떠맡아야 했다. 그 외에도 원주민들의 선물 구입, 토지조사, 펜스베리 마너 유지에 드는 비용 또한 모두 윌리엄의 개인 자금으로 처리되었다. 결국 윌리엄은 자신의 브리스틀 주재 대리인인 필립 포드에게 돈을 빌려야 했다. 수년간 포드는 윌리엄의 대리인으로 업무를 수행해 왔기에, 윌리엄의 재정 상태를 윌리엄 자신보다 더 잘 파악하고 있었다. 윌리엄은 포드가 준비한 법적 서류를 검토조차 하지 않고 서명했다. 이는 상당히 위험한 처사였다.

1699년 9월 7일, 윌리엄, 해나, 러티샤 그리고 제임스 로건은 와이트 섬[165]의 카우스[166]에서 항해를 시작했다. 빌리는 이들과 동행하지 않았다. 그와 메리는 아메리카행을 정중히 거절했고, 잉글랜드에 남고 싶다고 했다. 워밍허스트 저택을 두 사람에게 넘겨주고, 윌리엄은 아들이 지긋하게 귀담아 듣지도 않을 충고와 가르침을 이리저리 모아 『부성애의 결실』이라는 제목의 소책자로 정리하여 언제든지 읽을 수 있도록 아들에게 남겼다. 별 대단한 내용이 아니라서 걱정이 됐지만, 그 시점에서 윌리엄이 빌리에게 해 줄 수 있는 최선의 배려였다. 줄리를 닮았던 스프링겟은 메리 페닝턴의 사랑을 독차지했지만, 빌리는 언제나 다루기가 까다로운 아이였다. 그를 두고 가는 게 마음이 편하지 않았지만, 또 다른 자식이라고 할 수 있는 펜실베이니아도 윌리엄을 절실히 필요했고, 빌리와는 대조적으로 도움을 요청하고 현장에 와 있어 달라고 애원했기에 떠나야 했다.

이번 아메리카 항해는 세 달이 걸렸다. 윌리엄 일행이 도착했을 때는 12월이었다. 그 해 12월은 유달리 춥고 음울했다. 여기 저기 선체가 손상되고 얼음으로 뒤 덮인 작은

---

165) 와이트섬은 관습적으로 '아일런드(섬)' 혹은 'IoW'로 불린다. 잉글랜드에서 규모가 가장 큰 섬이고 두 번째로 인구가 많은 섬이다. 온화한 기후와 아름다운 해안 경치로 이름이 나있다.
166) 와이트섬에 소재한 포구.

규모의 캔터베리호는 날씨가 잔뜩 찌푸린 오후에 체스터 부근의 델라웨어강 유역에서 닻을 내렸다. 서른세 살 때와 마찬가지로 쉰다섯 살의 나이가 되어도 여전히 추진력이 강한 윌리엄에게 육지에 내릴 수 있는 가능성을 배제하고 배에서 하룻밤을 더 보낸다는 것은 그 생각조차 견디기 힘든 일이었다. 작은 보트를 내려 선원에게 강 상류 쪽으로 노 저어 가게 했다. 야간에 굳게 닫혀 있는 도시 출입문 같은 구조물은 찾아 볼 수 없었다. 토마스 스토리가 리디아 웨이드의 집에서 그를 영접하려고 애타게 기다리고 있었다.

그동안 스토리는 노스캐롤라이나에서 매사추세츠에 이르는 아메리카 식민지 전역을 둘러보고 필라델피아로 돌아와 있었다. 윌리엄은 많은 이야기를 전해 들었다. 이야기를 듣고 보니 항해가 오래 걸린 게 차라리 다행이었다는 생각이 들었다. 필라델피아에서 황열병이 번지는 바람에 한 동안은 일주일에 5, 6명의 사람이 죽어 나갔다가(윌리엄은 일주일 만에 7천 명의 인명 피해가 발생했던 런던의 대역병이 생각났을까?) 이제 전염병은 소멸되고 사람들은 슬픔을 딛고 자신을 추스르고 있는 중이었다. 윌리엄과 스토리는 커다란 석조 벽난로 앞에 놓인 등받이가 높은 호두나무 의자에 앉아 늦게까지 대화했다. 나이가 어린 대화자는 자신의 영웅이자 친구인 윌리엄이 펜실베이니아에 무사히 도착하여 온통 기쁨으로 들떠 있었고, 마음만은 언제나 청춘인 윌리엄도 토마스가 곁을 지켜주어서 고마울 뿐이었다. 빌리도 이렇게 옆에 있었다면…

그 다음날 아침, 총독은 공식적인 펜실베이니아 입성 의식을 시작했다. 체스터 시 전체가 그를 환영했다. 그러나 환영 열기 속에 비극적인 사고가 발생했다. 체스터는 네덜란드의 지배를 받던 시절의 유물인 녹슨 해상용 대포 2문을 보존하고 있었는데, 미욱한 청년들 몇 명이 시장의 명백한 금지도 무시하고 그 대포로 총독을 위한답시고 예포를 발포했다. 작은 포신이 뒤구르자 쿵하는 소리를 쩌렁쩌렁 울리며 포탄이 튀어나가 첫 발포는 아주 말끔하게 이루어졌다. 그러나 두 번째는 베번이라는 청년이 포신을 닦기도 전에 탄약통을 던져 발사하는 바람에 포탄과 함께 팔이 날아가 버렸다. 기쁨이 팽배했던 분위기는 혼란의 도가니로 급전환했다. 윌리엄은 몹시 괴로워했다. 정무에 파묻혀 시간을 보내면서도 그는 그 사고를 마음에서 지울 수가 없었다. 그는 베번의 생활비와 수술비를 지불했고, 다음 해 4월 그가 세상을 떠날 때까지 도움을 계속 제공했다.

체스터의 환영식을 마친 윌리엄은 배로 돌아와 필라델피아로 올라갔다. 모피로 무장한 러티샤와 해나가 뺨을 에이고 입김마저 얼게 하는 "칼칼하고 사납고 날카롭고 집어 삼킬 듯한 공기"를 맞으며 갑판에 나와 있었다. 원주민들은 장식 깃털을 바람에 날리며 카누에 몸을 싣고서, 그리고 마을 사람들은 강가에 집결하여 그를 환영했다.

필라델피아는 그동안 부쩍 성장했다. 곧바로 뻗은 널따란 거리를 따라 목재, 돌, 벽돌로 만들어진 집 400여 채가 세워졌다. 굴뚝의 연기는 수직으로 상승했고 코끝에 닿는 연기는 톡 쏘는 냄새가 났다. 성공회교회의 첨탑이 푸른 겨울하늘을 배경으로 하얗게 빛났다. 그런데 나무들이! 나무들이 어디로 가버렸을까?

환영하러 나온 군중들을 만나고, 옛 친구들과 애틋하게 인사를 나누며 필라델피아에서 중요한 인사로 부상한 새 인물들과 안면을 트는 와중에도 윌리엄은 도시에 나무가 사라진 모습을 눈여겨 보았다. 가차없이, 무분별하게 나무를 벌목하여 집을 짓고 땔감으로 난방을 해온 것이었다. 초록색의 전원적 마을을 가득 채웠던 나무들…

윌리엄이 필라델피아에 내려서 맨 먼저 공식적으로 방문한 사람은 부총독 직을 맡고 있던 사촌 윌리엄 마컴이었다. 그날은 일요일이라 부총독을 방문하고 곧바로 4번 거리와 멀베리 거리 사이에 있는 대규모 모임집으로 갔다. 침묵 속에서 평화와 희망과 유대감을 경험했고, 뭐라고 형언할 수는 없었지만 정신이 고양되는 것을 느꼈다. 펜실베이니아 일로 마음의 상처를 거듭 받았지만, 모임에 오기만 하면 언제나 그 상처를 치유할 수 있었다.

필라델피아에 도착하고 첫 한 달은 에드워드 쉬펜과 함께 지냈고 그 뒤로는 사무엘 카펜터가 비워준 집으로 옮겨가 살았다. 체스넛과 월넛 거리를 관통하는 2번 거리, 노리스 앨리의 모퉁이에 위치한 카펜터의 집은 슬레이트지붕 집으로 알려진 평범하면서도 안락한 석조 가옥이었다.

총독과 그 가족을 맞이한 펜실베이니아는 그 기쁨을 너무나 명백하게 드러냈다. 제임스 로건은 빌리에게 환영의 열기를 이렇게 전했다. "친우들이 총독에게 보내는 사랑은 깊고도 정성스럽네. 이들은 그가 여기에 오랫동안 떠나 있어서 그토록 애통해 했던 만큼, 그가 돌아오길 갈구했어. 이제 그가 다시 돌아왔으니 모든 난제를 해결하고 잘못된 것을 바로 잡을 것으로 굳게 믿고 있다네."

슬레이트지붕 집은 따스하고 편안했으며, 퀘이커들과 교회 사람들, 그리고 사랑하는 지도자를 위해 사슴고기와 야생 터키를 선물로 들고 온 원주민들을 위시하여 주변의 모든 사람들은 언제라도 수천 가지의 선행을 베풀 준비가 되어 있었다. 집 안에는 화롯불과 촛불, 잘 손질된 가구, 맛있는 음식과 와인이 갖추어져 있었고, 그 속에서 좋은 대화가 계속 이어져 나갔다. 윌리엄을 찾아온 사람들은 그와 함께 정부와 예배모임 문제를 논의하고 머나먼 지역과 책에 대하여 이야기를 나누었다. 모퉁이에 있는 퀘이커 학교에서 가르치고 있는 프랜시스 다니엘 파스토리우스가 빈번하게 찾아왔고, 토마스 스토리, 사무엘 카펜터, 에드워드 쉬펜, 아이작 노리스 등도 주요 방문객이었다. 제임스 로건은 언제나 그곳에서 볼 수 있었던 인물이었다. 해나에게는 친절한 여성들이 찾아와 조언을 제공하여 격려와 힘을 보태주었고, 런던에서 만든 라벤더 색 실크 옷을 입은 20세의 아름다운 러티샤 주변에는 퀘이커를 상징하는 회색 의상을 입은 소녀들(그녀가 잉글랜드에서 가져온 인형을 선물로 받고 놀라고도 기뻐서 눈이 휘둥그레진 꼬마 아가씨를 보고 웃었다)과 부끄럼을 많이 타면서도 대단히 정중한 젊은 남자들이 모여들었다. 윌리엄 마스터스라는 젊은이는 이내 러티샤를 흠모하기 시작했다. 다른 젊은이들과는 대조적으로 제임스 로건은 총독과 담소하는 일을 더 좋아했다. 어쩌면 지난 3개월 동안 캔터베리호 선상에서 러티샤를 물리게 보았기 때문일 것이다.

슬레이트지붕 집의 내부는 모든 것이 온기 있고 다정다감했다. 밖은 브리스틀에서는 경험하지 못한 세찬 바람이 윙윙 소리를 내며 삼킬 듯이 불어댔고, 그 소리를 듣고 있노라면 "얼음 덩어리 같은" 광활한 겨울 들판과 "하얀 설탕이 덮인 듯한" 수풀이 성큼 성큼 다가오는 것처럼 느껴졌고, 그들이 있는 곳에서 본국까지는 세 달 동안 험한 물결이 일렁이는 대양을 건너야 당도할 수 있다는 사실을 다시 실감했다. 윌리엄은 모든 것을 기쁘게 받아들였다. 그러나 해나와 러티샤는 작고 차가운 물고기 같은 두려움을 다른 감정으로 겹겹이 싸서 마음 속 깊은 곳에 간직한 채 살아갔다.

1월 말에 새로 아기가 태어났다. 펜 가족의 유일한 아메리카인인 그 아기를 존이라고 불렀다. 태어날 때부터 아기는 벌써 곰살스럽고 생기가 넘쳤으며, 아버지의 우아함과 풍모를 그대로 빼닮았다.

퀘이커 학교의 학생들은 아기의 탄생을 시로 축하했다.

이 땅의 아버지이자, 이제 희망 가득한 미래가 기다리고 있는 순진무구한 아기 존 펜의 아버지가 된 윌리엄 펜에게 이 시를 바칩니다.

아이들은 하느님의 선물이기에
아이들을 얻는 사람은 기쁨이 넘쳐요
그럼요, 이웃들도 이 일에
즐거운 환성을 지를 수 있어요.

그러니 친애하는 주지사님, 우리는 이렇게
그대의 대문 가까이 와있어요
아이들의 축하하는 목소리를
그대가 귀를 기울여 들을 수 있게요.

하느님, 아기에게 축복을 내려주소서 (우리 어린이들이 외쳐요)
그리고 때때로 보태주세요
윌리엄 펜의 후대를 위하여
같은 축복을! 우리의 운문은 여기서 끝나요.

그러나 우리들의 뜨거운 기도는 끝나지 않아요.
당신을 위한
또 우리 모두가 동의하는
행복한 정부를 위한 기도 말이에요.

존은 그의 질녀[167] 줄리엘마 마리아보다 불과 두 달 남짓 늦게 태어났다. 줄리엘마는 캔터베리호가 대양의 한 가운데서 이리 저리 흔들리며 항해하고 있던 11월에 워밍허스트에서 출생했다.

---

[167] 형 빌리의 딸.

29장

펜스베리 마너

봄이 되자 펜 가족은 펜스베리 마너로 입주했다. 주인이 입주하도록 집이 준비되는데 15년이라는 세월이 걸렸다. 저택 최전방의 현관문이 너무 낮고 투박해서 더 잘 맞는 문을 잉글랜드에서 가져와 대체해야 했다. 정원사로 일하는 휴 샤프가 자신이 부리는 흑인 일꾼 세 명과 함께 워밍허스트에서 실어온 호두나무, 산사나무, 개암나무, 벚나무와 메릴랜드에서 가져온 관목과 초목, 그리고 숲에서 뽑아온 야생화를 심었다. 집 주위로 화단과 넓은 잔디밭이 조성되었다. 테라스 상단 계단은 포플러 나무들이 줄지어 서있는 길거리로 이어지고, 포플러 나무들은 델라웨어 강변까지 계속 펼쳐졌다. 나무 사이로 좌우로 나타나는 풍경 속에는 주위를 포근하게 감싸는 강의 모습도 포함되었다.

바지선으로 델라웨어강을 타고 올라오다보면, 포플러 가로수길이 끝나는 곳에 펜 가족의 커다란 벽돌집이 만개한 벚꽃나무들로 구름처럼 둘러싸여 있었다. 잉글랜드에서 운반해온 현관의 떡갈나무 기둥에는 포도송이와 넝쿨 조각이 아로새겨져 있었다. 넉넉한 규모에 무게감이 느껴지는 집은 소박히면서도 우아하여 위대한 신생 시민지의 총독이 거주할 곳으로 적합했다.

내부에는 커다란 중앙 홀이 저택의 전체 세로 길이 그대로 따라 만들어졌고, 기다란 떡갈나무 탁자와 등 없는 긴 의자들, 백랍 주조 식기들이 구비되어 평의회 회합이나 원주민 및 외부 인사 접대 용도로 사용한다고 총독이 소개했다. 소규모 모임을 위한 소형 홀에는 가죽 의자가 놓여 있었고 벽면에 지도 5점이 걸려 있었다(윌리엄이 피프스와 함께 세인트 폴교회의 뜰에 들어선 서점에 들려 판화와 지도를 구입한 지가 얼마나 오래 되었던가!). 홀의 맞은편에는 호두나무 정두리판이 부착된 응접실 3개가 마련되어 있었다. 응접실은 새틴 덮개가 쓰인 의자, 가느다란 다리가 접혀지는 탁자, 윌리엄 전용의 근사한 가죽 안락의자, 시계, 벽난로용 놋쇠 보조도구로 채워져 있었다. 2층에 있는 침실 중 가장 훌륭한 방은 새틴으로 된 커튼, 방석, 침대보로 장식되었고, 나머지 세 방은 줄무늬의 리넨과 낙타털 모직으로 꾸며졌다. 침대가 모자랄 경우를 대비해 다락에는 여분으로 침대 4개를 준비해 두었다.

집 뒤에는 본채와 유사하게 지어진 부엌과 식품 저장실, 세탁장, 제빵실과 양조실, 말 12마리를 수용하는 마구간 등의 별채들이 한 줄로 늘어서 있었다. 또한 대형 4륜 마차 한 대, 2륜 포장마차로 불리는 소형 마차 한 대, 곁 안장 3구, 뒤 안장 2구도 보관되었다. 필라델피아에서 가져온 가마도 있었지만 시골에서는 별 쓸모가 없었다. 마차도 바퀴 자국이 깊게 파이는 험한 길에서는 곁 안장에 앉아 말을 타는 것보다 훨씬 불편했다.

이러한 운송수단 외에 윌리엄에게는 자기가 '그 모든 무생물 중에서' 가장 아끼는 바지선이 있었다. 자신의 전용 보트를 꼼꼼하게 관리하노라면 몸속에 흐르고 있는 바다 사나이의 피가 표면으로 끓어오르는 것을 느꼈다. 윌리엄의 바지선은 델라웨어 강에서 명성이 자자했다. 한번은 벌링턴의 사무엘 제닝스가 몇몇 친구들과 함께 뉴저지의 강을 지나가며 담배를 피우는데 윌리엄의 바지선이 갑자기 시야에 들어왔다. 윌리엄이 담배를 좋아하지 않는 것을 알고 있었기에 급하게 파이프를 감추었다. 그러나 담배 연기나 냄새가 사라지기도 전에 불쑥 그들 쪽으로 다가온 윌리엄이 농담조로 말을 건넸다.

"신사 여러분, 적어도 이 습관을 부끄럽게 여길 정도로 양식 있게 행동해줘서 제가 고맙군요!"

그러자 사무엘 제닝스가 담담하게 대답했다. "아, 아닙니다. 창피해서 그런 게 아니고요. 건강이 시원찮은 친구에게 누가 될까봐 그만 둔겁니다." 이 말에 모두가 너털웃음을 터뜨렸다.

펜 가족은 연 중 대부분의 시간을 펜스베리 마너에서 보내다가 혹한이 몰아칠 때만 슬레이트지붕 집으로 돌아갔다. 잦은 공무로 집을 떠나 길을 나설 땐 자신의 명마 태멀레인[168]을 타고 가거나 바지선을 타고 이동했다. 한 번은 볼티모어 경을 만나러 갔는데 경과 부인이 퀘이커 모임에 가고 싶어 해서 모임 장소로 데려가게 되었다. 도착이 늦어져 모임은 거의 끝나가고 있었다. 레이디 볼티모어는 영감을 받아 발언하기로 나선 농부나 구두 제조공과 같은 소박한 사람들의 말을 놓치게 되어 실망이 컸다. 그녀는 윌리

---

168) 징기스칸의 이름. 투르크·몽골어계 인명인 테무르를 유럽권에서는 태멀레인 또는 타메를란이라고 부르기도 한다.

엄에게 불만을 토로했다. "내가 듣고 싶은 사람은 당신이 아닙니다. 당신은 학식과 지혜가 깊으니, 훌륭한 설교를 하리라 믿어 의심치 않습니다. 그렇지만 이 사람들이 논지에 벗어나지 않고 요령 있게 설교할 거라고는 기대하지 않았기에 확인하고 싶었던 거죠."

"이들 중에 우리가 최고의 설교자로 내세울 수 있는 사람들이 있답니다." 윌리엄이 부드럽게 대답했다.

윌리엄은 코네스토가[169]로 가서 원주민 족장을 방문하고 족장의 "궁전"에서 함께 지내다 스쿨킬강을 건너 집으로 돌아왔다. 웰쉬 트랙트[170] 전역도 누비면서 여러 퀘이커 모임에 참석했다. 어느 일요일 아침 해버퍼드[171]로 가는 도중 다비[172] 방향에서 시작되는 길을 따라 홀로 터벅터벅 걸어가는 어린 소녀를 막 지나치게 되었다. 말을 멈춰 세우고 윌리엄이 소녀에게 말을 걸었다. "아가, 어디로 가는 길이니?"

"저는 총독님이 참가한다는 해버퍼드 모임에 가는 중입니다."

"그렇다면 내 뒤에 타고 같이 가자. 이렇게 말을 타고 갈 수 있는데 뭐 하러 걷겠니."

주변에서 발견한 그루터기를 딛고 선 소녀는 말 등 위로 뛰어 올라 윌리엄 뒤에 앉았다. 자그마한 팔로 총독의 허리를 감고 맨 다리를 총독의 말 옆구리에 대롱대롱 늘어뜨린 채, 레베카 우드는 모임에 참석하러 갔다.

그러나 총독이 더 멀리 떠나 있는 기간 동안 부인과 딸은 펜스베리에서 머물렀다. 이따금 그들은 원주민들의 칸티코 행사에 들리기도 했고, 필라델피아에서 가끔씩 찾아오는 손님들을 접대하기도 했다. 자주 들리는 사람으로 이웃에서 농사를 짓고 사는 여성이 있었는데, 올 때마다 수확한 농산물을 들고 와 팔았다. 그녀는 아기의 요람 옆에 앉아 있는 총독의 부인을 두고 "섬세하고 아름다운 여성"이라고 생각했다. 펜스베리 주변은 아직 여성들에게 평상적인 위안을 주는 쇼핑조차도 경험할 수 있는 여건이 마련되지 않았다. 옆구리살 베이컨, 초콜릿과 커피 원두, 우유 짜기와 굽기용 토기 냄비, 원주민 곡물, 타월용 린넨, 하인 제복용 거친 모직물, 양초 심지, 사이더 용기 등 필요한 모든 물건을 편지로 필라델피아에서 주문해야 했다.

하인들 중에는 정원 일을 하는 노예 3명이 있었지만, 윌리엄은 이들을 1701년에 해

---

[169] 펜실베이니아 랭커스터 카운티의 마을.
[170] 필라델피아 서부에 조성된 웨일스 출신 퀘이커 정착촌.
[171] 펜실베이니아 델라웨어 카운티의 마을.
[172] 펜실베이니아 델라웨어 카운티의 마을.

방시켜 주었다. 파스토리우스와 저먼타운 퀘이커들이 1688년에 반노예제 투쟁을 벌였지만, 노예소유 관행은 어느새 슬며시 펜실베이니아로 유입되었다. 노예들에 대한 관심이 각별했던 윌리엄은 평의회에게 노예간의 결혼을 합법화하는 법안을 통과시켜 달라고 간곡하게 부탁했다. 그러나 이 법안은 의회에 의해 파기되어 버렸다. 다수의 퀘이커들이 윌리엄처럼 자기네 소유의 노예들을 해방하고 그들이 자유인으로 삶을 꾸려나갈 수 있도록 도움을 주었으나, 친우회가 한 목소리로 노예소유에 대한 반대 의사를 천명하는 데는 80년이라는 세월이 흘러야 했다.

펜실베이니아는 총독이 "그간의 고충을 해결하고 잘못된 모든 것을 바로 잡아주길" 열성적으로 갈구했지만, 모든 일이 순조롭게 흘러가지는 않았다. 주민들과 상대하는 일은 생각했던 것처럼 녹록치 않았다. 그들이 헌장을 변경하려고 하자, 윌리엄은 다음과 같이 말했다.

"여러분, 헌장의 내용 중 거슬리는 부분이 있으면 어느 것이라도 수정 하십시오. 이런 저런 사안을 두고 법을 제정하고 싶으면 준비해 주십시오." 이어 그는 평의회 의원 전원을 위원회로 조직하여 『헌장』과 『정부의 형태』를 숙독하여, 두 문건에서 어느 쪽이든 좋은 부분이 있으면 그대로 두고 불편하거나 부담스러운 부분은 옆으로 빼두고, 공동선의 성취에 가장 적합하다고 판단되는 생각은 두 문건에 첨가하게 했다. 그러나 변경할 부분에 대한 결정은 합의가 이루어지지 않았다. 식민지와 델라웨어 영토 사이에는 갈등이 끊이지 않았고, 사방에서 항의와 불평이 수없이 제기되었다.

이 모든 상황을 겪으며 윌리엄은 마음의 상처가 컸다. 그때까지 그는 펜실베이니아 건설에 이미 2만 파운드가 넘는 자금을 투여했고, 매사에 자신이 너그러운 자세로 사람을 대하려고 노력해왔다고 생각했다. 그럼에도 불구하고 사람들은 어떤 식으로는 펜스베리 마너의 대지의 "일부를 떼어가듯" 계속 윌리엄에게 사비를 쓰게 했고, 정부운용 비용을 충당하기 위해 부과된 세금에 대하여 불만을 품었다. 또한 윌리엄에게 땅을 살 때는 원래 가격으로 팔라고 고집하면서도 자기네가 그 땅을 팔 때는 토지 가치의 증가분을 반영하여 산 가격보다 더 높은 가격으로 팔았다. 도량이 큰 사람들이 그러하듯 그도 즐겨 베풀있지만, 베품을 강요당하는 일은 달갑게 여기지 않았다. 사람들이 은혜도 모르고 불합리하게 행동한다는 느낌을 간간이 받았다.

한편 식민지 이주민들의 입장은 다음과 같이 설명되었다. 당시 펜실베이니아에는 퀘이커 중심의 정당과 크라이스트교회[173]를 중심으로 결성된 교회당으로 대별되는 두 정당이 활동하고 있었다. 구성원의 숫자나 정치적 권한에 있어서 두 정당은 동등했지만, 정치적 견해가 달랐기에 서로 간의 불화는 불가피했다. 그리고 그들은 스스로 자유롭게 법을 만들 수 있었지만 식민지의 영주 윌리엄이 법을 작성하여 그들의 손에 안겨주었다.

이러한 상황은 윌리엄이 펜실베이니아에 머물 때는 아무 문제가 없었다. 사람들은 윌리엄의 정의감과 관대함에 신뢰를 보냈고, 자기네를 능숙하게 대하는 그의 자세에 마음이 편해지곤 했다. 그러나 부재기간 동안 윌리엄이 자신의 대리로 파견한 일련의 부총독들에 대해서는 사람들이 언제나 맘에 들어 하지는 않았다. 또한 그의 자녀들이 아버지가 가진 펜실베이니아에서의 권력을 물려받게 될 미래를 두고 불안해 했다. 그래서 그들은 자신들의 안위를 보장해줄 수 있는 헌법을 원했으며, 어떤 헌법이 그런 목적을 최대한 반영할 수 있는가에 대해서 여러 가지 다른 생각을 가지고 있었다.

1701년 여름 잉글랜드에서 소식이 들어왔다. 내용인즉슨, 의회의 일부 세력이 모든 영주령 식민지 정부의 통치권한을 해당 식민지 영주로부터 잉글랜드 국왕에게 양도하게 하는 법안을 통과시키려 한다는 것이었다. 아메리카에서 영주령 식민지 정부가 세워진 곳은 뉴저지, 펜실베이니아, 메릴랜드, 사우스캐롤라이나였으나, 펜실베이니아만큼 이 법안 통과로 큰 타격을 입을 식민지는 없었다. 뉴저지를 제외하고 펜실베이니아만큼 많은 자유를 잃게 될 식민지 또한 없었다. 뉴저지는 24명의 영주 중에서 적어도 20명은 불필요하다고 판단하고 국왕이 통치 관할로 귀속되기를 적극적으로 바랐다. 그리고 펜실베이니아는 식민지 중 유일하게도 민병대도 요새도 대포도 갖추고 있지 않았다. 원주민에 대한 평화정책이 성공적으로 실행되어 펜실베이니아에서는 원주민에 의해 죽음을 당한 백인은 단 한 명도 없었다. 끔찍하고 무시무시한 학살이 자행된 다른 모든 식민지와는 대조적이었다. 펜실베이니아가 왕실에 합병될 경우, 원하지도 않았던 민병대를 유지하기 위해 세금을 부과해야 할 것이고 그러한 민병대의 존재는 그간 지켜온 원주민과의 우호적인 관계를 일거에 붕괴시킬 수도 있었다. 잉글랜드에 있는 윌리엄의 친구들은 그가 고국으로 돌아와 의회에 출석하여 자신의 권리를 수호하라고 촉구했다.

---

[173] 필라델피아 구 시가지에 소재한 성공회 교회로 1695년에 설립되었다. 미국 성공회 교회 건립에 중심적인 역할을 담당했다.

윌리엄은 떠나야 했다. 자신이 할 일을 마칠 때까지만 본국에 머물다가 아메리카로 돌아올 참이었다. 자기가 돌아올 때까지 가족이 펜실베이니아에 남아 기다려주길 바랐으나 그들은 그럴 생각이 전혀 없었다. 가족의 태도에 놀란 윌리엄은 필라델피아에 있는 제임스 로건에게 편지를 보냈다.

"아내에게 남아 있으라고 설득하려 했는데 성공하지 못했소. 러티샤는 두 말할 필요도 없고." 그래도 적어도 해나는 윌리엄이 펜실베이니아로 돌아올 준비가 되면 함께 돌아오겠다고 약속했다.

또 다시 집안 분위기는 떠날 준비로 부산스러워졌다. 원주민들이 펜스베리에 들러 작별인사를 나누면서, 윌리엄과 맺은 계약을 어떠한 일이 있어도 깨지 않겠다고 약속했다. 한 원주민은 머리를 세 번 치면서 그 약속은 머리로 맺은 것이 아니라고 말하고는, 가슴을 두드리며 그 약속은 가슴으로 맺은 것이기에 깰 수 없다고 말했다.

포플러 가로수 길에 세운 기다란 탁자에 올려놓은 성찬을 나눈 후, 원주민들은 근처의 빈터에 불을 피우고 주위를 돌며 칸티코를 추었다. 작별을 위한 모든 행사가 끝나자, 그들은 몹시 슬퍼하며 윌리엄이 준 선물을 들고 숲속으로 사라졌다.

새로 선출된 의회가 9월 필라델피아에서 소집되었다. 우여곡절을 거쳐 이번에는 새로 작성된 『특권 헌장』에 합의했다. 종교적 자유라는 근본적인 원칙에 기반을 두고 있다는 점 등 예전 헌장과 여러 가지로 유사한 데가 많았지만, 두 가지 중요한 변화가 눈에 띄었다. 처음에는 평의회만 법안을 제시할 수 있게 했고 의회는 표결만 할 수 있었지만, 새 헌장은 의회에게도 법안 제안권을 부여했다. 또 다른 변화는 향후 3년 안으로 적시에 통보한다는 조건 하에 식민지와 델라웨어 영토는 언제라도 정부를 분리하여 운영할 수 있다는 결정이었다. 통합의 부재는 곧 실패라고 여긴 윌리엄은 이 변화를 각별히 안타까워했다. 그러나 그는 동의하고 새 헌법에 서명했다. 펜실베이니아 식민지 22년의 역사에 세 번째로 기록되는 헌법이었지만, 이 헌법은 미국 독립전쟁 때까지 존속되었다.

윌리엄이 자신의 부재 기간 동안 부총독이 총독 직을 대행할 수 있도록 적합한 사람을 지명해 달라고 의회에게 요구했지만, 의회는 윌리엄의 노고에 감사를 전하기만 하고 그의 요구를 들어주지 않았다. 이에 윌리엄이 직접 뉴저지 동서부의 총독이었던 앤드루 해밀턴을 부총독으로, 제임스 로건을 식민지 국무장관 및 평의회 서기로 각각 임명했다.

거의 모든 업무가 처리되었다. 윌리엄은 필라델피아 주민들을 결집시킨 다음 그들에게 작별을 고하고 선의의 표증으로 헌장을 전달했다. 마지막으로 예배모임에 참석하여, 언제나 그랬듯이 그 경험을 곤혹에서 벗어나고 상처를 달랠 수 있는 기회로 삼았다. 그곳에서 사랑은 언제나 밝게 빛났다. 떠나는 총독에 대하여 아이작 노리스는 다음과 같은 글을 남겼다.

"사람들 중에는 유감스러운 오해를 품은 이들도 있고, 정당치 못한 이유를 들어 반대하는 이들도 있다. 이런 오해와 반대는 우리 모두가 그의 존재로부터 안락을 얻는데도 그가 자신의 안온을 얻는데도 걸림돌이 되었다. 그러나 이것들은 외부적인 것에 불과하다. 그리고 우리가 사랑을 확인하며 헤어질 수 있다는 사실에 결국 어느 정도의 만족감을 느끼게 되었다. 그의 훌륭한 아내는 모든 일을 놀랍도록 침착하고 겸손하고 그리고 자유롭게 실천에 옮겼다. 그녀의 부드러움과 선함은 그 자체로 그녀의 성품이었고 보기 드물 정도로 비범한 성품이었다. 한 마디로 우리는 그녀를 아끼며, 그녀가 우리의 사랑을 받는 것은 너무나 당연한 일이다."

1701년 11월 3일 달마호이호가 항해를 시작했다. "항해는 신속했다. 해각에서 해협까지 26일이 소요되었다. 선상에서 첫 5일을 보낸 러티샤와 존은 여전히 쾌활하고 건강해." 윌리엄이 제임스 로건에게 썼다.

"존은 여정 내내 지나치다 싶을 정도로 기분이 좋았네."

30장

몰려오는 먹구름

윌리엄은 결국 펜실베이니아를 다시 보지 못했다. 아메리카로 돌아가 펜스베리 마너에 살면서 바지선으로 델라웨어강을 오가고, 원주민들과 옥수수 죽을 나누어 먹고, 필라델피아의 넓은 길거리를 활보하고, 도시가 성장하고 번영해가는 모습을 지켜보고자 하는 자신의 염원을 이룰 수 없었다.

펜실베이니아 정부의 통치권을 자신에게서 앗아갈 법안이 잉글랜드 의회에 상정되는 일은 겨우 막았지만 까다로운 문제투성이의 식민지가 마음의 짐이 되어 윌리엄은 이를 두고두고 안타깝게 생각했다. 때가 되어 펜실베이니아를 국왕에게 팔더라도 주민들에게 마련해 준 헌법과 자유를 무용지물로 만들지 않을 수 있었더라면, 감사한 마음으로 넘겨주었을 것이다.

사실 펜실베이니아는 급속한 성장 과정에 수반되는 모든 고통과 갈등에 시달리고 있었다. 과잉 재배한 밀의 판로를 찾지 못한 식민지 이주민들은 경제적 상황이 악화되자 면역지대 지불을 거부했다. 그들 사이에 분규가 일어나, 한 무리는 윌리엄이 하는 일 족족 반대했고 그와 관련된 일이라면 언제고 트집을 잡으려는 본국 사람들에게 윌리엄을 비난하는 편지를 보냈다. 델라웨어 영토는 식민지에서 떨어져 나와 델라웨어가 되었다.

또 다른 문제는 윌리엄이 보낸 부총독들을 펜실베이니아 주민들이 탐탁하게 여기지 않았다는 데 있었다. 통치 1년 차를 끝내고 사망한 앤드루 해밀턴 부총독은 윌리엄이 총독으로 있을 때 줄곧 본국의 무역 및 플랜테이션 위원회[174]와 모의하여 식민지 정부를

---

174) 17세기 초 잉글랜드 추밀원 산하 임시 위원회로 조직되어 무역과 식민지 문제에 관해 조언했다. 위원회의 원명은 'The Lords of the committee of the privy council appointed for the consideration of all matters relating to trade and foreign plantations'였으나 줄여서 'The Lords of trade and plantations' 또는 'Lords of trade'라고 불렸다. 현재는 국제통상부(Department of international trade) 산하 상무부(The board of trade)로 존재한다.

음해해왔다는 사실이 밝혀졌다. "차라리 남의 주머니를 털거나, 친구를 저버리든지, 아니면 내 이름을 버리고 싶다."라고 토로할 정도로 윌리엄은 마음의 상처가 컸지만, 곧바로 평상시의 관용적인 마음가짐을 되찾아 해밀턴의 부인을 돕고 아들의 일자리를 알아봐주었다.

차기 부총독으로 윌리엄이 선택한 이는 존 에반스라고 불리는 26세의 젊은이였다. 퀘이커는 아니었지만, "진지하고, 합리적이고, 신중해서 직무 수행에 바람직한 사람이다."라고 윌리엄은 판단했다. 그러나 또 다시 그의 인물 평가는 잘못된 것으로 드러났다. 젊은 에반스는 진지하거나 합리적이거나 신중하거나 바람직한 거와는 전혀 거리가 먼 사람이었다. 한 마디로 구제불능이었다. 그의 사생활은 추문이 난무했고, 공무 집행은 공분을 살 정도로 부실했다. 거듭된 실정으로 마침내 펜실베이니아는 한 목소리로 윌리엄에게 에반스 부총독을 퇴출해달라고 간청했다. 윌리엄은 즉각적으로 민원을 처리했지만, 펜실베이니아는 이미 많은 피해를 입었다.

한편 잉글랜드에서는 메리 여왕이 먼저 세상을 떠났고, 윌리엄 왕이 뒤 따라 서거했다[175]. 1702년 제임스 2세의 차녀 앤이 왕좌에 올랐다. 앤 여왕은 퀘이커들에게 유화적이었고, 아버지의 옛 친구인 윌리엄에게 각별히 우호적이었다. 윌리엄은 다시 켄징턴에 거처를 마련하여 조정을 상대로 여러 가지 업무를 훌륭하게 수행했다. 그러나 그 당시 아직은 『로빈슨 크루소』의 명성을 얻기 전의 다니엘 디포가 항쇄형[176]을 면할 수 있도록 힘썼지만 성공하지는 못했다.

윌리엄의 가족은 수가 불어나고 있었다. 활기 넘치는 존에 이어 덩치가 큰 귀염둥이 토미, 해나, 마거릿, 리처드와 데니스가 차례로 태어났다. 윌리엄 2세[177]는 아름다운 아기 줄리엘마 마리아의 동생으로 할아버지가 "순전한 사라센"이라 부르는 스프링겟, 그리고 윌리엄 3세를 낳았다. "이제 우리 가족은 윌리엄 대, 중, 소가 다 갖추어졌다."라고 윌리엄은 썼다.

러티샤는 펜실베이니아에서 돌아온 후 이내 윌리엄 매스터스를 잊고(그에게 엄청난 분노를 초래함) 부유하지만 무례한 홀아비인 윌리엄 오브리와 결혼했다. 윌리엄이 "돈

---

175) 메리는 1694년에, 윌리엄은 1702년에 세상을 떠났다.
176) 죄인에게 큰 칼을 씌우는 형벌.
177) 윌리엄 펜과 줄리엘마 스프링겟의 아들 빌리를 지칭한다.

타령하는 인간"으로 부른 사위는 장인이 금전적으로 극도로 쪼들릴 때 딸의 지참금을 대놓고 요구해 재정적 어려움을 가중시켰다.

그러나 무엇보다도 아버지의 가슴을 가장 아프게 한 자식은 윌리엄 2세였다. 윌리엄이 펜실베이니아에 있는 동안, 아들은 술 마시고 자신의 재정 한도를 넘어 돈을 쓰는 등 런던에서 말썽을 피워댔다. 그 결정적인 2년 동안 아들과 함께 지냈더라면 제대로 구제할 수 있었을 거라고 애통해 한 윌리엄은 아들의 채무를 청산해주었고, 방탕한 친구들에게서 떨어뜨려 큰 일은 아니지만 어느 정도 책무를 지워주면 정신 차리고 잘못된 행동을 바로 잡을 거라는 희망으로 아들을 자신의 대표 자격으로 아메리카에 보내기로 결정했다.

윌리엄은 충직한 제임스 로건에게 서한을 보내 빌리를 잘 감시해 달라고 부탁했다. "펜스베리로 아들과 함께 가서, 조언 해주고, 만나는 사람들을 정리, 축소하여 좋은 사람들을 소개해 주길 바라네. 뉴욕으로 놀러 가는 일도, 난잡하게 어울리는 일도 없었으면 하네. 자기가 잘 하겠다고 약속했으니…그 아이는 머리도 있고 예전에 좋은 사람들도 사귀었으니 아끼는 마음으로 지혜를 내어 잘 다루어주길 바라네."

여러 차례 출발이 지연되었다가 마침내 빌리가 아메리카에 도착하자, 윌리엄은 로건에게 또 다시 편지를 썼다.

"그를 주시해야 하고, 한 수 앞서 생각해야 하거니와, 그에게 득이 된다면 과하다 싶을 정도로 간섭해도 좋네. 낚시와 짧게 하는 여행(원주민 방문 등)은 기분 전환에 좋지 싶어. 퀘이커 친우들에게 되도록 인내심을 가지고 그 아이를 대해달라고 부탁해 주게. 펜실베이니아 일에 묶여 그 어떤 다른 문제보다 내 아이 일로 더 큰 대가를 치러야 했지만, 그래도 희망을 버리고 싶지는 않네."

뉴욕으로 한가하게 놀러가는 일이 없도록 지시를 받았지만, 빌리는 자기가 원하는 대로 사냥을 하고 낚시를 해야 직성이 풀렸다. 윌리엄은 과중한 업무 중에도 시간을 내어 빌리가 부리는 사냥개에 대해 한마디 썼다. "사슴, 여우, 늑대 사냥에 두세 쌍 정도의 우수한 사냥개를 풀어 사용할 경우, 관리에 만전을 기하라고 당부해주길 바라네."

모든 것이 다 준비되었다. 젊은 빌리의 인생 수정은 최대한 용이하게 그리고 분란 없이 실행될 참이었다. 그러나 단 한 가지 윌리엄이 미처 생각하지 못한 변수가 있었다. 에반스란 인물의 존재였다. 26세의 부총독과 22세의 빌리는 이내 죽고 못 사는 사이로 발전하여 서로에게 상상할 수 있는 최악의 영향을 끼쳤다.

빌리가 아메리카에 도착한 그 해가 다 가기도 전에, 두 사람은 공공장소에서 망신스러운 난동에 연루되어 야간 경비원과 싸움을 벌였다. 그 일이 있고 만인과 만사에 분노가 치민 빌리는 펜실베이니아를 걷어 차버리고, 친우회에서도 탈퇴하였다. 이런 행동에 대해 친우회는 총독의 아들이라는 지위에도 불구하고 빌리를 질타했다. 끝내 빌리는 자기 가족에 대한 책임을 아버지에게 전가하고는 프랑스로 떠나버렸다.

"자신의 영혼 뿐 아니라 자기 나라와 가족에게도 가장 큰 고통을 주는 존재가 되어버렸다."라고 윌리엄은 썼다.

아들의 사치스럽고 방자한 행각은 가족에게 커다란 부담을 안겼다. 1707년이 되자, 오랫동안 먹잇감을 찾아 빙빙 돌던 매처럼 재정적 재앙이 윌리엄의 머리 위를 급습했다. 브리스틀에서 활동하던 퀘이커 필립 포드는 오래 전부터 윌리엄의 대리인으로 두터운 신임을 받아왔다. 윌리엄은 펜실베이니아를 저당 잡아 담보로 제공하고 아메리카 여정에 필요한 돈 2만 8천 파운드를 그로부터 빌렸다. 그 당시 윌리엄은 적어도 그것을 담보로 생각했다. 그러나 놀랍고도 끔찍하게도, 면밀히 검토하지 않고—치명적으로 비즈니스 관행에 벗어나—자신이 서명한 서류가 알고 보니 저당권 서류가 아니라 매각 증서인 걸로 드러났다. 이 증서에 의하면, 윌리엄이 필립 포드에게 2만 8천 파운드를 받고 펜실베이니아를 팔았고 다시 그로부터 임대했다는 거였다! 필립 포드가 세상을 뜨자, 그의 아내와 아들이 1만 4천 파운드의 채무상환 청구서를 들고 나타나 윌리엄에게 변제를 요구했다. 그레이스처치 거리 모임집 바로 옆에 거주하는 퀘이커 헨리 골드니와 법조 경험이 있는 줄리엘마 쪽 친척 허버트 스프링겟이 윌리엄에게 도움의 손길을 내밀었다. 관련된 모든 서류를 톺아본 결과 수년에 걸쳐 포드 가족이 조직적으로 윌리엄을 기만해 온 사실을 밝혀냈다. 윌리엄이 토지를 매각할 때마다, 마치 자기네가 토지 소유주인 양, 토지 매각금을 챙겼고 동시에 윌리엄으로부터는 토지 매각에 대한 수수료를 청구했다. 이자율을 이리 저리 조작하여 불법적인 요율을 적용하여 1만 4천 파운드로 청구액을 부풀렸고 한술 더 떠서 자기네가 펜실베이니아를 구매했기 때문에 법적으로 자기네 소유라고 우겼다.

윌리엄은 중재를 통해 문제를 해결하자고 제안했다. 포드 가는 이를 거부했다.

이에 이 사안은 상법부로 올라갔는데, 매각 증서가 하자가 없다고 본 법원은 윌리엄이 포드 가에게 지불하지 않은 펜실베이니아 임대료를 2천 파운드의 채무로 판결했다. 그의 친구들은 지불하지 말라고 조언했다. 1708년 1월 윌리엄은 그레이스처치 거리 모임을 마치고 나오다가 채무 불이행 혐의로 체포되었다.

그 해 1월에서 12월까지, 채무불이행 죄수가 된 윌리엄은 1670년 자신의 재판이 있었던 세션스 하우스 법원청사 근처, 올드 베일리 거리에 있는 채무자 감옥에서 지내야 했다.

예전의 수형 생활은 나이가 어렸을 때 일어난 일이었고 고매한 대의를 위해 싸운 여파로 얻은 경험이었다. 이제 나이가 든 윌리엄에게 이 죄목은 더 없이 비루하고 치욕스러웠다. 그래도 그는 용기를 잃지 않고 긍정적으로 지내려고 노력하였다. 필라델피아에서 런던으로 온 아이작 노리스가 윌리엄에 대해 이렇게 말했다. "압박을 받으면 받을수록 그는 더 높이 일어섭니다. 정신적 투지로써 어려움을 참고 견뎌내고 싸워 극복해 내는 것 같습니다. 보다시피 그의 존재를 떠받치고 있는 토대는 여전히 건재합니다."

그가 사용하는 방들은 꽤 편안하여, 그곳에서 친구들을 접견하거나 예배 모임을 열 수 있었다. 그의 가족은 런던 근교, 템스강 유역의 브렌트퍼드에서 지냈다. 친구들은 그의 오명을 씻어 주기 위해 바삐 움직였다. 결국 포드 가의 사기행각은 만천하에 드러났고, 펜실베이니아에 대한 새로운 헌장을 요구한 그들의 청원은 잉글랜드 정부가 단호하게 거부해버렸다. 결과에 기가 죽은 포드 가는 자세를 낮추어 합의할 의향을 표시했다. 7천 파운드를 주면 모든 일을 없었던 것으로 하고 펜실베이니아에 대한 소유권도 포기하겠다는 것이었다.

해나의 아버지 토마스 캘로힐과 여러 퀘이커가 협력하여 펜실베이니아를 —이번에는 실제로— 저당 잡아 7천 파운드를 모금했고, 1708년 12월에 윌리엄은 자유의 몸이 되어 올드 베일리를 떠났다.

윌리엄은 역경을 헤치고 일어섰다. 정세가 처음에는 언제 그랬는지 눈치도 못 챌 정도로 조용히 변화하고 있었다. 펜실베이니아 주민들은 윌리엄이 신임 부총독으로 보낸 찰스 구킨을 좋아했다. 1710년 선출된 의회는 전체가 새로운 인물로 구성되었으며, 예전 의원은 단 한 명도 자리를 지키지 못했다. 새로 선출된 의원들은 모두 윌리엄에게 우호적이었다.

의회 선거를 치르고 의회의 제 1차 회기가 시작된 그 기간 중 어느 시점에 이르러,

윌리엄은 펜실베이니아에 어조가 강하면서도 유려한 편지를 보냈다. 이 편지에서 그는 펜실베이니아가 분열과 정쟁을 극복하고 함께 힘을 모아, 그가 그토록 많은 희생을 치루면서 그들에게 가져다 준 자유와 기회를 선용하여 "아직은 보잘것없는 우리 삶의 터전에 사랑과 평화와 근면이 깃들게 하고, 진리라는 동일하고 진정한 목적을 매개로 맺어진 우리가 다시 친구로 만나서 끝까지 친구로 살 수 있게" 해달라고 촉구했다.

펜실베이니아는 그동안 겪어온 그 모든 중압감과 갈등에도 불구하고 꺾이지 않았던 맑은 영혼을 오롯이 표출하며 윌리엄의 요청에 화답했다. 의회는 윌리엄에게 큰 부담이 되었던 정부 운영비용을 처리하기 위하여 관련법을 일제히 통과시켰다. 그리고 노예수입을 억제할 목적으로 이에 대해 과중한 세금을 부과하는 법도 통과시켰다. (그러나 윌리엄이 전부터 원해왔던 이 세법은 불행하게도 국왕에 의해 거부되었다.) 윌리엄이 언제나 소망하고 예상한 대로, 펜실베이니아 사람들은 자리를 잡고 함께 미래를 건설해 나갔다.

윌리엄의 가족은 버크서의 루스콤으로 이사와 넓고 쾌적한 주택에서 거주했다. 윌리엄이 어려울 때 퀘이커 친우들이 모아 빌려준 돈은 조금씩 갚아 모두 변제되었다.

윌리엄은 다시 집필활동을 시작했다. 일상적으로 쓰는 편지 외에도, 간략한 전기 몇 편과 옛 친구의 일기에 첨부할 서문 등을 썼다. 집무실 안에서 이리 저리 걸어 다니며 강조할 점이 있으면 지팡이로 바닥을 치면서 비서에게 받아 적게 했다. 이따금 글쓰기를 멈추고 사람들이 들고 온 문제를 해결해주곤 했다.

글쓰기 작업, 근처 레딩에서 열리는 퀘이커 모임, 그리고 정원과 집안을 꽉 채우는 아이들 존재의 축복들로, 윌리엄은 마침내 행복과 평안을 되찾았다.

31장

승리

그러나 지나간 기나긴 세월의 투쟁, 가슴앓이, 실망과 패배로 윌리엄은 피폐해졌다. 1712년에는 중풍으로 마비가 왔다. 그때부터 1718년 세상을 뜰 때까지, 비록 끝까지 맑은 영혼과 밝은 마음을 지키기는 했지만 그의 기억은 거의 사라졌다. 윌리엄을 대신하여 가장의 역할을 한 사람은 현실적이고 용기 있고 사랑스러운 해나였다.

윌리엄은 조던스[178]의 벽돌로 된 고요하고 아담한 모임집 근처, 크게 자란 나무들의 그늘 아래에 페닝턴 부부, 줄리엘마, 그리고 리크먼스워스에서 죽은 세 아기들과 함께 묻혔다.

레딩 퀘이커들은 윌리엄에게 다음과 같은 글을 헌사 했다.

한마디로, 그는 학식이 풍부했으나 자만하지 않았고, 날카로운 지성을 가졌지만 경솔하게 나서지 않았으며, 대화 중 익살스런 태도를 취하면서도 무게감과 진지함을 잃지 않았습니다. 특출한 정신의 소유자였으나 야심의 오점을 남기지 않았고, 부적절한 경박함도 지나친 엄숙함과도 거리가 멀었습니다. 그는 한 인간이자, 학자였고, 친구였으며, 사변적 사고가 타고난 뛰어난 목회자였습니다. 그에 대한 기억은 이 세상의 현자들이 받들고 의인들이 기릴 것입니다.

저 멀리 펜실베이니아에서는 원주민들이 그토록 아꼈던 위대한 지도자의 죽음을 애통해 했다. 그들은 해나에게 짐승 가죽을 보내 아내의 보살핌 없이 거친 가시밭길을 헤쳐 나갈 수 있도록 그를 위해 적절한 옷을 짓게 하였다.

---

178) 잉글랜드 버킹엄셔의 작은 마을.

윌리엄의 말년은 그야말로 문제투성이의 험난한 여정이었던 터라 동시대를 살던 일부 사람들에게 그가 인생을 패배로 마감한 것처럼 보일 수도 있었을 것이다. 그러나 그는 한번도 개인적 영달을 위하여 성공을 좇지 않았고, 오로지 평생을 바쳐 싸웠던 대의의 승리만을 갈구했다. 바로 이 점에서 윌리엄은 진정한 승자였다. 마음으로 하느님의 말씀을 들은 어린 소년은 성장하여 런던탑으로부터 세상에 이렇게 단언했다.

"그 어느 누구에게도 양심에 거스르는 일을 한 적이 없기에, 한 치라도 양보하느니 차라리 이 감옥을 내 무덤으로 삼겠습니다."

오늘날 우리가 과거로부터 전해온 유산의 일부로 당연시하는 종교적 자유는 그가 몸바쳐 싸웠고, 그로 인해 고초를 치르면서 지켜냈던 대의였다.

열두 명의 평범하지만 진실한 시민들에게 용기를 주어 견고한 입장을 지키도록 했던 일은 신성한 배심원 재판제도가 영원히 확립될 수 있게 했다.

과거 한 키 큰 젊은이는 미래를 내다볼 줄 아는 정치가가 되어 칼 한 자루도 지니지 않고 당당하게 원주민들을 찾아가 그들의 친구가 되었고, 종교의 자유와 민주적 정부를 반석으로 한 위대한 주를 건설하였다. 오늘날 미국 헌법에는 윌리엄이 작성한 최초의 『펜실베이니아 헌장』의 흔적이 여실하다.

퇴위된 왕의 친구라는 이유로 고초를 당하고 쫓김을 당한 그는 개인적 난관을 딛고 서서 유럽평회계획을 수립하였다. 그것은 "평화를 이루기 위한 가장 진실한 도구는 전쟁이 아니라 정의다"라는 원칙에 입각한 것이었다. 그러나 평화를 실현하는 데 있어서 우리는 아직도 윌리엄의 뒤를 쫓고 있을 뿐이다.

윌리엄 펜

지 은 이 엘리자벳 자넷 그레이
옮 긴 이 퀘이커서울모임
펴 낸 곳 퀘이커서울출판부 실반트리
신고번호 제 514-2020-000001호
주   소 03759 서울 서대문구 성산로24길 22-12 (신촌동)
실반트리 39012 경상북도 군위군 군위읍 장대길 76
전   화 010-4812-9495
전자우편 friendseoul@gmail.com

제1판 제1쇄 2020년 8월 15일

책값 22,000원
ISBN 979-11-969991-3-1 (03990)